Studierendenmigration und Entwicklung

Sascha Krannich · Uwe Hunger

Studierendenmigration und Entwicklung

Eine Fallstudie am Beispiel des KAAD

 Springer VS

Sascha Krannich
Universität Gießen
Gießen, Deutschland

Uwe Hunger
Hochschule Fulda
Fulda, Deutschland

ISBN 978-3-658-32047-8   ISBN 978-3-658-32048-5   (eBook)
https://doi.org/10.1007/978-3-658-32048-5

Die Deutsche Nationalbibliothek verzeichnet diese Publikation in der Deutschen National-
bibliografie; detaillierte bibliografische Daten sind im Internet über http://dnb.d-nb.de abrufbar.

Springer VS ist ein Imprint der eingetragenen Gesellschaft Springer Fachmedien Wiesbaden
GmbH und ist ein Teil von Springer Nature.
Die Anschrift der Gesellschaft ist: Abraham-Lincoln-Str. 46, 65189 Wiesbaden, Germany

Vorwort

Dieses Buch ist das Ergebnis von fast drei Jahren Feldforschung (Anfang 2016 bis Ende 2018) in sechs Ländern auf vier Kontinenten. Neben dem Studienland Deutschland waren es die von uns ausgewählten Herkunftsländer der Stipendiat*innen und Alumni[1] des Katholischen Akademischen Ausländer-Dienstes (KAAD): Georgien, Israel/Palästina, Indonesien, Kolumbien und Ghana. Dieser „lange Weg der Forschung" war nur mit der Unterstützung von Kolleg*innen und (inzwischen) auch vielen Freund*innen in diesen Ländern möglich.

An erster Stelle möchten wir uns bei Dr. Heike Rumbach-Thome vom Sekretariat der Deutschen Bischofskonferenz, Bereich Weltkirche und Migration, bedanken. Ohne sie wäre das Forschungsprojekt, das sie von Anfang bis Ende begleitete, nicht zustande gekommen. Für die großzügige finanzielle Förderung bedanken wir uns beim Verband der Diözesen Deutschlands (VDD). Unseren Kolleg*innen am Forschungskolleg der Universität Siegen (FoKoS), wo das Projekt angesiedelt war, danken wir für die fachliche und organisatorische Unterstützung, und dem Cheflektor Politik Dr. Jan Treibel beim Springer VS Verlag für die gute Zusammenarbeit.

Ein ganz großes Dankeschön gilt darüber hinaus natürlich dem KAAD selbst, vor allem dem Generalsekretär Dr. Hermann Weber, aber auch den Referatsleiter*innen Dr. Heinrich Geiger (Asien-Referat), Dr. Christina Pfestroff und Dr. Nora Kalbarczyk (Nahost-Referat), Dr. Thomas Krüggeler (Lateinamerika-Referat), Dr. Marko Kuhn (Afrika-Referat) und Markus Leimbach (Osteuropa-Referat) sowie allen weiteren Mitarbeitenden des KAAD. Sie haben uns immer sehr herzlich in ihrem Haus in Bonn empfangen und uns in zahlreichen geduldigen und spannenden Gesprächen und Interviews die einzigartige über 60-jährige Geschichte und Arbeit des KAAD nähergebracht. Sehr gerne erinnern wir uns auch an die zahlreichen Stunden, die wir mit Alumni-Akten zur Vorbereitung auf die Forschungsreisen in der Bibliothek

---

1   Gemeint sind mit diesem Begriff alle ehemaligen Stipendiat*innen des KAAD.

des KAAD verbracht haben. In den Lektürepausen haben uns die KAAD-Mitarbeitenden immer mit Tee und Gebäck versorgt und mit spannenden Berichten aus den einzelnen Ländern unterhalten. Dabei wurde uns augenscheinlich bewusst, welche globale Reichweite dieses Projekt hat und das dafür drei Jahre eigentlich zu kurz sind. Ferner bedanken wir uns auch bei anderen Ideen- und Impulsgebern für das Projekt. Dazu gehören vornehmlich Prof. Dr. Margit Eckholt, Mitglied im Akademischen Ausschuss des KAAD, die das Projekt von Anfang unterstützte und wertvolle Ideen dazu beisteuerte, und Prof. Dr. Peter Hünermann, der Ehrenpräsident des KAAD ist und der uns in mehreren Gesprächen eindrucksvoll die Geschichte des KAAD schilderte.

Unsere größte Dankbarkeit schulden wir aber den Alumni in den Herkunftsländern, von deren Gastfreundschaft, Unterstützung und Hilfsbereitschaft wir einfach nur überwältigt waren. Die Forschungsaufenthalte waren nicht nur einfach das nüchterne Sammeln von Daten, sondern auch das staunende Eintauchen in neue Welten und Kulturen, die uns durch die Alumni geöffnet und nähergebracht wurden. Unvergesslich bleiben Momente wie Diskussionen mit georgischen Alumni über die politische Entwicklung in Georgien am Fuße des Kasbek, Ausflüge mit kolumbianischen Alumni in die Berge um Bogotá und Medellín, ein Gespräch mit einem ghanaischen Alumnus über neue Bewässerungsmethoden in Ghana auf einer Kakaoplantage in der Nähe von Kumasi oder Berichte über die unternehmerischen Ziele indonesischer Alumni während einer Alumni-Konferenz in Pontianak auf der Insel Borneo. In besonderer Erinnerung bleibt auch der gemeinsame Besuch jüdischer, christlicher und muslimischer Stätten im Heiligen Land in Jerusalem und Bethlehem, die wir auch mit den Augen der palästinensischen Alumni sehen durften. Diese eindrucksvollen und sehr schönen Momente haben uns und unsere Forschung sehr geprägt.

Sascha Krannich und Uwe Hunger

Gießen und Fulda im August 2020

Inhalt

Verzeichnis der Aufnahmen und Tabellen

Aufnahmen

Tabelle

Abkürzungsverzeichnis

AdöR	Nationalagentur für das staatliche Eigentum, Tiflis
AGGN	African Good Governance Network
AUDA	Vereinigung Rückkehrender Akademiker aus Deutschland
BMZ	Bundesministerium für wirtschaftliche Zusammenarbeit und Entwicklung
CAPAZ	Instituto Colombo-Alemán para la Paz
CDG	Carl Duisberg Gesellschaft
CIM	Centrum für Internationale Migration
DAAD	Deutscher Akademischer Ausländerdienst
DIAP	Deutsche Internationale Abiturprüfung
DZHW	Deutsches Zentrum für Hochschul- und Wissenschaftsforschung
EKD	Evangelische Kirche in Deutschland
ELN	Ejército de Liberación Nacional
FARC	Fuerzas Armadas Revolucionarias de Colombia
FES	Friedrich-Ebert-Stiftung
FESCOL	Friedrich-Ebert-Stiftung Colombia
FNS	Friedrich-Naumann-Stiftung
GET	Ghana Education Trust Fund
GFMD	Global Forum on Migration and Development
GIZ	Gesellschaft für Internationale Zusammenarbeit
HBS	Heinrich-Böll-Stiftung
HGF	Helmholtz-Gemeinschaft Deutscher Forschungszentren
ICETEX	Instituto Colombiano de Crédito Educativo y Estudios Técnicos en el Exterior
ICLEI	International Council for Local Environmental Initiatives
IEC	International Education Center Georgia
ILO	International Labor Organization
IOM	Internationalen Organisation für Migration

ISSER	Institute of Statistical, Social, and Economic Research, Legon University, Ghana
KAAD	Katholischer Akademischer Ausländerdienst
KAS	Konrad-Adenauer-Stiftung
KASWA	Regional KAAD Partner Committee for West Africa
KHG	Katholische Hochschulgruppe
KMKI	Katholische Indonesische Studierendenfamilie
KNUST	Kwame Nkrumah University of Science and Technology
KONTAK	Alumni-Gruppe in Indonesien
MINT	Mathematik, Informatik, Naturwissenschaft und Technik
MTN	Mobile Telephone Networks Group
OECD	Organisation für wirtschaftliche Zusammenarbeit und Entwicklung
SECIS	Service of European Churches for International Students
SVR	Sachverständigenrat deutscher Stiftungen für Integration und Migration
TEUSI	Staatliches Institut für ökonomische Beziehungen in Tiflis
UNESCO	United Nations Educational, Scientific and Cultural Organization
UNO	United Nations Organization
UNU	UNO-Universitätsnetzwerk
USAID	United States Agency for International Development
WASCAL	West African Science Service Centre on Climate Change and Adapted Land Use
ZEF	Zentrum für Entwicklungsforschung der Universität Bonn

Einleitung

Der Katholische Akademische Ausländer-Dienst (KAAD) fördert seit nunmehr sechs Jahrzehnten Studien- und Forschungsaufenthalte von jungen, begabten Menschen aus Afrika, Asien, dem Nahen Osten sowie Lateinamerika in Deutschland. Die Idee für dieses Stipendienwerk geht auf Diskussionen auf dem deutschen Katholikentag im Jahr 1954 in Fulda zurück. Hier wurden vor dem Hintergrund der jüngsten Erfahrungen des Zweiten Weltkriegs die ersten Überlegungen angestellt, eine Fördereinrichtung für Studierende aus sog. Entwicklungsländern (damals noch „Länder der Dritten Welt") zu gründen. Die Idee dahinter war, die nach dem Zweiten Weltkrieg an deutschen Hochschulen rasch ansteigende Zahl afrikanischer, asiatischer und lateinamerikanischer Studierender als mögliche Brückenbauer*innen zu den Ortskirchen in ihren Herkunftsländern zu gewinnen. Dabei standen zunächst asiatische Länder im Blickpunkt. Bereits im Wintersemester 1956/57 wurden die ersten ausländischen Studierenden gefördert, drei aus China, drei aus Indien und einer jeweils aus Japan, Pakistan und Vietnam (Weber 2008: 302).

Von Beginn an war die Philosophie des KAAD an dem Prinzip der „Weltkirche" ausgerichtet, d.h. die internationalen Studierenden sollten nicht nur als „kirchliche Laien" die Sphären von Kirche und Wissenschaft in ihrem Herkunftsland miteinander verbinden und zu einer Verbesserung der Stellung der Kirchen in den Herkunftsländern der Stipendiat*innen beitragen, die Arbeit sollte auch allgemein der Entwicklung in den Herkunftsländern dienen und die Lebensbedingungen vor Ort verbessern. In diesem Zusammenhang hat der KAAD nicht nur darauf Wert gelegt, dass sich die Stipendiat*innen und Alumni in den Ortskirchen in den Herkunftsländern und während ihres Studiums in der Kirchgemeinde in Deutschland engagieren, sondern auch entwicklungsrelevante Themen bearbeiten. Damit sollten nicht nur die Ortskirchen gestärkt, sondern auch der akademische Austausch zwischen dem Globalen Norden und Süden angekurbelt werden. Die Stipendienprogramme des KAAD sind daher sowohl Ausdruck eines *„dialogisch-*

S. Krannich und U. Hunger, *Studierendenmigration und Entwicklung*,
https://doi.org/10.1007/978-3-658-32048-5_1

weltkirchlichen" Interesses der Katholischen Kirche in Deutschland" als auch eines *„entwicklungspolitischen"* (KAAD-Jahresberichte 2010ff.), wobei beides auf das Engste miteinander verbunden ist.

Die Geschichte und Arbeit des KAAD ist dabei immer ein Spiegelbild weltpolitischer Entwicklungen gewesen (Interview mit einem Vertreter des KAAD, Bonn, 2016). Zu Beginn der Arbeit des KAAD, der anfangs noch „Auslandsdienst" und noch nicht „Ausländerdienst" hieß[1], stand die Blockkonfrontation zwischen Ost und West und der Kalte Krieg. In dieser Zeit ging es auch darum, die Arbeit der Ortskirchen im Rahmen der Weltkirche gegen den wachsenden sozialistischen Einflussbereich der Sowjetunion in den Ländern des Globalen Südens zu stärken. So wurden die Stipendienprogramme für Studierende und Forschende aus Asien ausgebaut und um ein Lateinamerikaprogramm erweitert. Im Zuge der Kubakrise 1962 wurden die Stipendien für Kuba aufgestockt. Auch die Unabhängigkeitserklärungen zahlreicher afrikanischer Länder in den 1960er Jahren und der damit einhergehende Kampf um die Einflussnahme in diesen Ländern zwischen der westlichen („ersten") Welt und sozialistischen („zweiten") Welt, führten zu einer Erhöhung des Engagements des KAAD für Studierende und Forschende aus diesen Ländern. Dabei war die Absicht, neben der Stärkung der Ortskirchen, auch zum Aufbau einer akademischen Landschaft in diesen Ländern beizutragen. In den meisten Ländern Subsahara-Afrikas gab es damals überhaupt noch kein universitäres Wissenschaftssystem, die meisten Universitäten wurden erst nach der Unabhängigkeit der Länder gegründet. In den Augen des KAAD sollten insbesondere Rückkehrer*innen aus Deutschland einen Beitrag zum Aufbau von Universitäten in diesen Ländern leisten (Hünermann 2019).[2]

Im Laufe der Jahrzehnte kamen immer mehr Förderländer hinzu. Zwar wurden weiterhin vor allem Studierende und Forschende aus asiatischen, afrikanischen und lateinamerikanischen Ländern gefördert, jedoch sah man zunehmend auch die Notwendigkeit kirchliche Laien aus Ländern des sog. Ostblocks zu fördern. In diesem Rahmen wurde 1968 ein erstes Osteuropaprogramm eingerichtet, das vor allem polnische und ungarische Katholiken förderte. Zudem wurden in den 1970er und 1980er Jahren auch vermehrt „Sonderprogramme" zur Förderung inter-

---

1   Offiziell wird der KAAD 1958 als eingetragener Verein mit Sitz in Bonn gegründet. Die erste Vorsitzende wird Maria Alberta Lücker, die eine tragende Rolle in den ersten Jahren des KAAD spielt und wesentlich zur Konzeption der ersten Stipendienprogramme beiträgt.

2   Dies erklärt auch, warum die meisten Universitäten sich auch heute noch vorwiegend auf Lehre, und weniger auf Forschung konzentrieren, was zum einen an Geldmangel liegt, aber eben auch an der fehlenden Forschungstradition, die sich erst noch weiterentwickeln muss.

nationaler Studierender aus Krisenländern ins Leben gerufen. So wurden auf dem Höhepunkt des Vietnamkriegs z. b. 735 Studierende und Forschende aus Vietnam (1975) und 1981 kurz nach Ausbruch des ersten Golfkriegs 415 Stipendiat*innen aus dem Iran gefördert. So hohe Förderzahlen für bestimmte Länder waren in der Geschichte des KAAD einmalig und brachten den KAAD auch kurzfristig in finanzielle Probleme (Weber 2008: 305).

Dabei arbeitete der KAAD von Beginn an eng mit anderen kirchlichen Institutionen zusammen, vorwiegend mit den Diözesen in Deutschland, die auch die Arbeit des KAAD hauptsächlich finanzieren, sowie mit den katholischen Hilfswerken Misereor (das ebenfalls wie der KAAD im Jahr 1958 gegründet wurde) und dem später gegründeten katholischen Hilfswerken Adveniat (1961 zur Unterstützung für Lateinamerika und Karibik gegründet) und Renovabis (1993 zur Unterstützung von Mittel-, Ost- und Südosteuropa sowie Kauskasusregion gegründet). Seit den 1980er Jahren wurde auch die Kooperation mit den katholischen Stipendienwerken in der Schweiz – dem bereits 1927 gegründeten „Justinus-Werk" – und Österreich – dem 1959 gegründeten „Afro-Asiatischen Institut" – intensiviert. Dabei tauschten sich die drei Förderwerke vor allem über eine bessere Koordinierung der Förderung von Studierenden aus dem Globalen Süden aus. Im Jahr 1996 schlossen sich die drei Förderwerke und Organisationen aus sieben weiteren europäischen Ländern zum „Service of European Churches for International Students" (SECIS) zusammen. Ferner wurde in den letzten Jahrzehnten auch mit der deutschen Carl Duisberg Gesellschaft (CDG) zusammengearbeitet und vereinzelt auch mit dem Cusanuswerk, der Bischöflichen Studienförderung für deutsche Katholik*innen (Weber 2008: 304).

Das Jahr 1988 markiert eine Zäsur in der Geschichte des KAAD: So wurde der KAAD zum ersten Mal in seiner damals dreißigjährigen Geschichte grundlegend umstrukturiert und erhielt mit Prof. Peter Hünermann seinen ersten Präsidenten (im Amt von 1985 bis 2002). Seitdem werden nicht nur Studierende und Forschende aus sog. Entwicklungsländern gefördert, die sich zum Zeitpunkt der Bewerbung bereits in Deutschland befinden, sondern auch Studierende und Forschende, die sich direkt aus den Herkunftsländern heraus bewerben. Zudem wurden einzelne Schwerpunktreferate jeweils für Afrika, Asien, Lateinamerika und den Nahen Osten gegründet. Diese sollten eine zusätzliche Länderspezialisierung und einen intensiveren Austausch mit diesen Regionen ermöglichen (Interviews mit Mitarbeitenden des KAAD, Bonn, 2016). Diese neue Förderungsstruktur für Bewerber*innen in den Herkunftsländern konnte erst durch die Etablierung von Partnergremien an Universitäten in den Herkunftsländern ermöglicht werden, die bei der Auswahl geeigneter Bewerber*innen helfen. Hünermann reiste hierfür „um die halbe Welt", um langfristige Kooperationen mit Partneruniversitäten, zumeist katholische

Universitäten, in den Ländern vor Ort aufzubauen. Dabei konnte er auf ein umfangreiches Netzwerk zurückgreifen, das er bereits im Rahmen seiner Tätigkeiten für das Stipendienwerk Lateinamerika-Deutschland aufgebaut hatte (Eckholt 2011: 15). Mit dem Ende des Kalten Krieges kamen neue Schwerpunktländer des KAAD in Osteuropa und Asien hinzu. So wurde im Jahr 1992 auch das fünfte und bislang letzte Regionalreferat mit dem Schwerpunkt Osteuropa und Kaukasus gegründet. Diese Grundstruktur des KAAD besteht bis heute fort.

Heute fördert der KAAD drei Gruppen von Studierenden bzw. Forscher*innen: Stipendienprogramm 1 (S1) richtet sich an internationale Studierende und Forschende, die sich aus dem Ausland bewerben. Stipendienprogramm 2 (S2) fördert internationale Studierende und Forschende, die sich zum Zeitpunkt der Bewerbung bereits in Deutschland aufhalten. Stipendienprogramm 3 (Osteuropaprogramm) sieht seit Anfang der 1990er Jahre die Förderung von kürzeren Studien- und Forschungsaufenthalten von Bewerbern speziell aus osteuropäischen Ländern vor. Seit seiner Gründung im Jahr 1958 förderte der KAAD fast 10.000 Stipendiat*innen aus dem Globalen Süden. Was seit Gründung des KAAD gleich ist, dass eine Voraussetzung der Förderung des KAAD die Rückkehr der Studierenden nach ihrem Studium in ihr Herkunftsland ist.

Auch hat die Arbeit des KAAD seit seiner Gründung kaum etwas an Aktualität und Wichtigkeit verloren. Zwar hat sich die Lage der Welt seit Beginn der Tätigkeit des KAAD in vielen Bereichen verbessert (Entkolonialisierung, Ende des Kalten Krieges, höhere Lebenserwartungen in vielen Ländern), in vielen Herkunftsländern der Studierenden ist die politische, wirtschaftliche und auch religiöse Situation aber vielfach immer noch schwierig. In einigen Teilen der Welt herrschen nach wie vor noch Hunger und Armut und werden politische und religiöse Minderheiten verfolgt. Teilweise herrscht in einigen Herkunftsländern auch noch Krieg oder droht jederzeit auszubrechen. Ein besonders dramatisches Beispiel ist dabei etwa die Lage in dem KAAD-Förderland Nigeria, wo die islamistisch-terroristische Gruppierung Boko Haram den Norden des Landes und Teile der Nachbarländer in kriegsähnliche Zustände versetzte und vor allem Christen und Muslime umbringt. Große politische Lösungen scheinen nach dem „Scheitern der großen Theorien" (Menzel 1992) in weite Ferne gerückt und entwicklungspolitische Aktivitäten auf der Mikroebene der Zivilgesellschaft rücken immer mehr in den Vordergrund (Thränhardt 2005).

Dabei spielen insbesondere auch die Frage der Migration und der Umgang mit ihr mehr und mehr eine Schlüsselrolle (ebd.). Gab es jedoch über Jahrzehnte kaum einen Dissens darüber, dass die Migration von Hochqualifizierten aus Entwicklungs- in Industrieländer immer negative Folgen für Entwicklungsländer habe (‚Brain Drain') und die betroffenen Migrant*innen daher möglichst schnell wieder in ihre Herkunftsländer zurückkehren bzw. ihre Länder erst gar nicht verlassen sollten,[3] so haben seit Beginn des 21. Jahrhunderts immer mehr Studien gezeigt, dass die Auswanderung nicht per se negativ sein muss, sondern dass die Entwicklungsländer langfristig durchaus von der Auswanderung profitieren können, auch wenn die Migrant*innen nicht direkt wieder in ihr Herkunftsland zurückkehren (vgl. dazu Hunger 2000, 2003; Van Hear 2003; de Haas 2007; Pries 2010; Portes/Zhou 2012; Candan 2013; Hunger/Candan 2013; Metzger 2015; Krannich 2016, 2017; Krannich/Metzger 2018). Bleiben die Migrant*innen nämlich länger und können sich im Aufnahmeland etablieren und gute Positionen in Wirtschaft, Politik und Gesellschaft erreichen, so können sie ihre gewonnenen Erfahrungen, ihr erwirtschaftetes Kapital, ihr erworbenes Know-how, ihre Kontakte usw. – bei entsprechenden Voraussetzungen im Herkunftsland – möglicherweise viel effektiver wieder zurücktransferieren und gewinnbringender für ihr Herkunftsland einbringen (und damit einen ,Brain Gain' initiieren)[4], als wenn sie direkt zurückgekehrt bzw. nie ausgewandert wären. Zudem bedeutet Migration seit geraumer Zeit nicht mehr nur die Wanderung von A nach B, sondern in vielen Fällen ein permanentes Hin- und Herwandern zwischen zwei oder sogar mehreren Ländern, zwischen denen sich dann ein neuer, sog. transnationaler sozialer Raum (Pries 2008, Faist et al. 2013) aufspannt, der die bisherigen nationalstaatlichen Grenzen umfasst bzw. auch ein Stück weit auflöst. Dieser Trend wird auch dadurch begünstigt, dass sich durch die neuen Kommunikations- und Transportmöglichkeiten die weltweite Mobilität von Menschen und Gütern in den letzten Jahrzehnten stark vereinfacht hat (Pries 2010, Portes/Fernández-Kelly 2015).

Vor dem Hintergrund dieser neuen wissenschaftlichen Erkenntnisse haben inzwischen auch eine Reihe in der Entwicklungszusammenarbeit tätiger Orga-

---

3   Aus der Sicht der Dependenztheorien war ,Brain Drain' eine von den Industrieländern verfolgte Strategie, um die Abhängigkeit der Entwicklungsländer aufrechtzuerhalten und zu verstärken (vgl. etwa Bhagwati 1976, 1983, Galeano 1988). Anhänger der Modernisierungstheorie, die stets die positiven Effekte des Freihandels und freien Kapitalverkehrs zwischen Industrie- und Entwicklungsländern betonten (vgl. Kaiser/Wagner 1991: 335ff.), betrachteten die Auswanderung der „besten Köpfe" aus den Entwicklungsländern ebenfalls kritisch und interpretierten sie als Verlust von Humankapital, der einen negativen Einfluss auf die sozioökonomische Entwicklung der Abgabeländer habe (so noch Körner 1999).

4   Man spricht daher davon, dass sich der anfängliche Brain Drain langfristig in einen Brain Gain (also einen Gewinn für das Abgabeland) verwandeln kann (Hunger 2000). Idealtypisch ist dieser Prozess vom Brain Drain zum Brain Gain in Indien zu beobachten gewesen. Ähnliche Entwicklungen konnten in den letzten Jahren aber auch in anderen Entwicklungsländern beobachtet werden, die lange Jahre ebenfalls von Brain Drain betroffen waren und nun versuchen, ihre Auslandseliten zurückzugewinnen und von ihrem Know-how und erworbenem Kapital zu profitieren (vgl. Hunger 2003, 2004).

nisationen ihre Programme zur Regulierung und Steuerung der internationalen Migration angepasst. So wurde etwa in Deutschland durch die Deutsche Gesellschaft für Internationale Zusammenarbeit (GIZ) ein neues Centrum für Internationale Migration (CIM) eingerichtet, das eine Reihe von speziellen Migrationsprogrammen eingeführt hat, die eine sog. Brain Circulation, also die Hin- und Rückwanderung der Migrant*innen „zum Wohle aller Beteiligter", befördern sollen.[5] Auch der Umgang mit internationalen Studierenden wurde grundlegend überdacht. Durften ausländische Studierende bis vor kurzem – vor dem Hintergrund der oben beschriebenen Anti-Brain-Drain-Doktrin – nach Abschluss ihres Studiums gar nicht in Deutschland bleiben, sondern mussten in ihre Heimatländer zurückkehren, so hat man inzwischen diese Regelung deutlich gelockert und internationalen Studierenden erlaubt, nach Beendigung ihres Studiums bis zu 18 Monaten in Deutschland nach einem geeigneten Arbeitsplatz zu suchen und ganz hier zu bleiben, wenn sie einen entsprechenden Arbeitsplatz gefunden haben. Der Grundsatz der KAAD-Förderung, dass die Stipendiat*innen sich bei der Annahme ihres Stipendiums zu einer Rückkehr in ihr Herkunftsland nach Ablauf ihres Stipendiums verpflichten *müssen*, ist vor diesem Hintergrund in den vergangenen Jahren ein Stück weit hinterfragt worden. Aber kann die Zukunft darin liegen, dass internationale Studierende nach ihrem Studium allesamt in ihrem Studienland bleiben und hier sozusagen das inländische Fachkräfteproblem lösen? Oder sollte es nicht auch weiterhin eine Rückkehrverpflichtung geben?

Diese Fragen wurden im Rahmen des Forschungsprojekts „Das entwicklungsbezogene Engagement von internationalen Studierenden und Alumni. Wie kann es am besten gefördert und unterstützt werden?" am Beispiel der Stipendien- und Alumni-Arbeit des KAAD grundlegend untersucht.[6] Dabei ging es jedoch nicht nur um die Frage der Rückkehr und unter welchen Voraussetzungen diese wahrscheinlich und ratsam ist, sondern um die ganze Breite des entwicklungsbezogenen bzw. kirchlichen Engagements der Stipendiat*innen im Kontext der KAAD-Welt, inklusive transnationaler Engagementformen im Rahmen sozialer Netzwerke und einem Transfer von Normen, Ideen und demokratischen Werten. Dabei sollte auch die Frage untersucht werden, wie das entwicklungsbezogene Engagement durch Stipendienprogramme, wie den KAAD, seiner Partnergremien und -organisationen im In- und Ausland, und geeignete politische Rahmenbedingungen am besten gefördert und unterstützt werden kann. Bevor wir auf die Ergebnisse unserer Untersuchungen (vgl. Kapitel 3–5 „Ergebnisse") und ihrer Bedeutung (Kapitel 6

---

5   Vgl. http://www.cimonline.de/de/index.asp.

6   Das Projekt wurde von April 2016 bis September 2018 am Forschungskolleg „Zukunft menschlich gestalten" der Universität Siegen (FoKoS) durchgeführt.

„Diskussion und Schlussfolgerungen") eingehen, wollen wir vorher kurz erläutern, wie wir methodisch vorgegangen sind, um diese Fragestellung zu untersuchen (Kapitel 2 „Untersuchungsdimensionen und methodisches Vorgehen").

Untersuchungsdimensionen und methodisches Vorgehen

2

2.1 Untersuchungsdimensionen

Um das entwicklungsbezogene Engagement der KAAD-Studierenden bzw. Alumni vor diesem Hintergrund möglichst differenziert und umfassend zu untersuchen, wurde ein mehrdimensionales und multiperspektivisches Forschungsdesign entwickelt, das es ermöglichen sollte, die verschiedenen Faktoren und Dimensionen, die in diesem Prozess eine Rolle spielen, in den Blick zu nehmen und auch systematisch miteinander zu vergleichen. So macht es für das entwicklungsbezogene Engagement der Stipendiat*innen möglicherweise einen Unterschied, ob sie tatsächlich ins Herkunftsland zurückgekehrt sind oder nicht bzw. wie sie darüber denken. Um ihre Aktivitäten systematisch voneinander unterscheiden zu können, wurden in einem ersten Schritt grundsätzlich zwei Untersuchungsgruppen voneinander unterschieden: KAAD-Alumni, die in ihr Herkunftsland zurückgekehrt sind, und KAAD-Alumni, die nicht in ihr Herkunftsland zurückgegangen sind. Zudem wurden internationale Studierende und Forschende, die aktuell vom KAAD gefördert werden und sich in Deutschland aufhalten, in die Untersuchung aufgenommen, um sie zu ihren aktuellen Aktivitäten sowie zu ihren Erwartungen und Einschätzungen bzgl. einer möglichen Rückkehr zu befragen. Um einen Vergleich zu der Welt außerhalb des KAAD zu ermöglichen, wurde zudem auch eine Gruppe internationaler Studierender in die Untersuchung einbezogen, die nicht vom KAAD gefördert werden, um die Bedeutung der Unterstützungsnetzwerke des KAAD und seiner Partnerorganisationen in Deutschland und in den Herkunftsländern besser einschätzen zu können.

Zudem wurde nach verschiedenen Fachrichtungen differenziert. So gingen wir davon aus, dass es einen Unterschied machen kann, welches Fach man studiert bzw. studierte und welche strukturellen Rahmenbedingungen in den jeweiligen Berufsfeldern im Herkunfts- bzw. im Studienland vorzufinden sind, an die ggf. an-

© Der/die Autor(en) 2021
S. Krannich und U. Hunger, *Studierendenmigration und Entwicklung*,
https://doi.org/10.1007/978-3-658-32048-5_2

9

geknüpft werden kann. Im Hinblick auf die verschiedenen Fachdisziplinen wurden drei verschiedene Fächergruppen untersucht:

- *MINT-Fächer* (Mathematik, Informatik, Naturwissenschaft und Technik). Absolvent*innen aus diesen Fächern spielen gerade aus entwicklungspolitischer Perspektive eine herausgehobene Rolle, etwa wenn es um die Entwicklung und Übertragung neuer Produktionsverfahren und Technologien geht. Diese Gruppe ist zudem auch in den Industrieländern sehr umworben, weshalb ihre Rückkehr ins Herkunftsland noch einmal mehr in Frage gestellt wird, zumal auch sprachliche Barrieren hier weniger bestehen, da vielfach Englisch als Arbeitssprache gilt.
- *Medizin und Gesundheitswissenschaften.* Auch diese Gruppe stellt eine sehr entwicklungsrelevante Fachgruppe dar. Auf der einen Seite leiden viele Länder bereits heute unter einer enormen gesundheitlichen Unterversorgung und sind ausländische Ärzt*innen in Industrieländern sehr begehrt, so dass ein weiterer Brain Drain in diesem Bereich nicht unwahrscheinlich erscheint und äußerst kritische Auswirkungen haben würde. Auf der anderen Seite könnten Mediziner*innen (und andere im Gesundheitswesen Tätige) durch ein Auslandsstudium oder eine Weiterbildung im Ausland möglicherweise wichtige Fachkenntnisse erwerben, die sie anschließend gewinnbringend in den Entwicklungsprozess ihres Heimatlandes einbringen könnten.
- *Rechts-, Wirtschafts-, Geistes-, Kultur- und Sozialwissenschaften.* Auch diese Gruppe stellt ein spezifisches Potenzial für die Entwicklung in den Herkunftsländern der Migrant*innen dar, und zwar insbesondere im Hinblick auf die politische, rechtliche und gesellschaftliche Entwicklung insgesamt. So ist der Transfer von demokratischen Werten und Verfahrensweisen (social remittances) mindestens ebenso wichtig wie die Förderung der technologischen Entwicklung und medizinischen Versorgung in den Herkunftsländern.

Schließlich wurde das Untersuchungsdesign auch in religiöser bzw. kirchlicher Hinsicht differenziert, da in den Herkunftsländern auch in religiöser bzw. kirchlicher Hinsicht unterschiedliche Anknüpfungspunkte bzw. Hindernisse für ein entwicklungsbezogenes und religiöses Engagement bestehen. Ein besonderes Augenmerk wurde dabei auf die KAAD-Gremien und -Organisationen und andere kirchliche Organisationen gelegt, welche Rolle sie spielen und wie sie das kirchlich-entwicklungsbezogene Engagement der Stipendiat*innen unterstützen und prägen.

2.2 Qualitative Länderfallstudien

Alle drei Faktorenbündel bzw. Dimensionen (Rückkehr, Fachrichtungen, Her-kunftslandkontexte) wurden anhand von fünf Fallstudienländern, in denen die dargestellten Untersuchungsgruppen und Fragedimensionen mit jeweils unter-schiedlichen Schwerpunkten abgebildet wurden, analysiert. Hierbei handelte es sich um Palästina/Israel, Indonesien, Ghana, Georgien und Kolumbien. Im Hinblick auf die unterschiedlichen Fachrichtungen stand Israel/Palästina dabei für den Fall, dass viele Mediziner*innen zu den Geförderten zählen, Indonesien für einen Schwerpunkt im Bereich MINT, Georgien und Kolumbien für einen Schwerpunkt bei Rechts-, Kultur- und Sozialwissenschaften und Ghana für den Bereich Umwelt und Landwirtschaft.

In den ausgewählten Fallstudienländern waren zudem die religiösen Kontexte unterschiedlich. So ist Kolumbien stark katholisch geprägt, Georgien vor allem georgisch-orthodox und Indonesien muslimisch. In Israel/Palästina leben über-wiegend Menschen jüdischen oder muslimischen Glaubens und in Ghana bekennen sich gleich große Teile der Bevölkerung zu christlichen Kirchen, zum Islam und zu traditionellen Religionen. Generell gibt es in allen fünf Ländern (in unterschiedlicher Ausprägung) staatliche und gesellschaftliche Intoleranz oder Gewalt gegenüber religiösen Minderheiten. Es sollte untersucht werden, inwieweit sich dies auch auf die Arbeit der Alumni vor Ort auswirkt, zumal die staatliche und gesellschaftliche Intoleranz gegenüber religiösen Minderheiten weltweit zunimmt. Alle fünf Länder wurden im Rahmen von drei- bis achtwöchigen Feldaufenthalten besucht, um dort die Alumni und Partner*innen des KAAD innerhalb der Strukturen vor Ort zu erleben und zu interviewen. Zusätzlich wurden Interviews mit Studierenden und Almuni sowie mit den Programmverantwortlichen in Deutschland durchgeführt.

Der erste Feldaufenthalt fand in Georgien im September und Oktober 2016 im Rahmen eines Forschungsaufenthaltes an der KAAD-Partneruniversität Sukhan-Saba Orbeliani Universität in Tiflis statt. Die Interviews mit Alumni des KAAD wurden vor allem in Tiflis und vereinzelt in anderen Städten und Regionen des Landes (wie in Kachetien) geführt. Auch Vertreter*innen verschiedener Universitäten (wie der Sulkhan-Saba Orbeliani Universität oder der Staatlichen Universität Tiflis), staatlicher Einrichtungen und deutscher entwicklungsrelevanter Organisationen und Institutionen – u. a. DAAD, Goethe-Institut und Konrad-Adenauer-Stiftung – sowie ehemalige georgische Studierende, die in Deutschland studiert haben, da-bei aber nicht vom KAAD gefördert wurden, wurden interviewt. Zudem wurden teilnehmende Beobachtungen in Universitäten, staatlichen Einrichtungen und anderen relevanten Organisationen und Institutionen durchgeführt sowie an ver-schiedenen Veranstaltungen teilgenommen, wie z. B. einem KAAD-Alumnitreffen in der Orbeliani Universität in Tiflis. Auch der damals stattfindende Besuch des Papstes im Micheil-Meschi-Stadion wurde von uns beobachtet.

Der zweite Feldaufenthalt wurde in Israel und Palästina im November und Dezember 2016 unternommen. Die Interviews und Beobachtungen wurden in verschiedenen Städten Israels und Palästinas durchgeführt. Die ersten Interviews wurden in Tel Aviv gemacht mit Vertreter*innen deutscher Institutionen und Organisationen, die in der Entwicklungs- und Forschungszusammenarbeit tätig sind (u. a. DAAD, FES und HBS) sowie israelischer Institutionen (u. a. der Universität Tel Aviv). Die meisten Interviews mit KAAD-Alumni wurden in der Region um Bethlehem (Bethlehem, Beit Jala und Beit Sahour) durchgeführt, weil sich dort mit der Bethlehem Universität die Partneruniversität des KAAD befindet und dort die meisten Alumni des KAAD leben und arbeiten. Weitere Interviews mit Alumni wurden in der palästinensischen Hauptstadt Ramallah durchgeführt. Zudem wurden in Bethlehem und Umgebung ehemalige palästinensische Studierende, die nicht vom KAAD gefördert wurden, sowie Vertreter*innen von palästinensischen Organisationen und Institutionen, Krankenhäusern, Kirchen und NGO's interviewt. Teilnehmende Beobachtungen wurden in verschiedenen privaten und staatlichen Krankenhäusern durchgeführt, um die Ergebnisse der Interviews besser einordnen zu können und um einen Vergleich der Krankenversorgung und -behandlung zu haben. Ferner wurden auch Beobachtungen an der KAAD-Partneruniversität in Bethlehem sowie in Kirchen und staatlichen Einrichtungen gemacht (wie z. B. im palästinensischen Gesundheitsministerium in Ramallah).

Die sechswöchige Feldforschung in Indonesien im Mai und Juni 2017 wurde im Rahmen eines Forschungsaufenthalts an der KAAD-Partneruniversität Atma Jaya Universität Jakarta unternommen. Mehr als zwei Drittel unserer Interviews mit indonesischen KAAD-Alumni wurden in Jakarta durchgeführt, wo sich die meisten Alumni nach ihrer Rückkehr niedergelassen haben. Ferner wurden auch Interviews mit Alumni in der zweitgrößten Stadt Indonesiens, Jogyakarta, sowie während einer KAAD-Alumi-Tagung in Pontianak auf der Insel Borneo im Juni 2017 durchgeführt. Wie auch in den anderen Fallstudienländern wurden Interviews mit ehemaligen indonesischen Studierenden in Deutschland durchgeführt, die ein Stipendium einer anderen Stiftung erhalten oder ohne Stipendium in Deutschland studiert haben. Ferner wurden auch Interviews mit Vertreter*innen deutscher Organisationen und Institutionen in Indonesien gemacht, darunter GIZ, DAAD, KAS und FES. Diese Interviews dienten einem besseren Verständnis der sozialen und wirtschaftlichen Lage in Indonesien und der besonderen Situation der Rückkehrer*innen. Um die Ergebnisse besser einordnen zu können, wurden auch hier Beobachtungen in Unternehmen der Alumni sowie in Einrichtungen deutscher Organisationen und Institutionen in Indonesien durchgeführt.

Die vierte Forschungsreise wurde in Kolumbien von Oktober bis Dezember 2017 im Rahmen eines Forschungsaufenthaltes an der Universidad Javeriana in Bogotá unternommen. Die meisten Alumni wurden in der Landeshauptstadt Bogotá, die das politische und wirtschaftliche Zentrum des Landes darstellt, befragt. Zudem auch Alumni in Medellin, der zweitgrößten Stadt des Landes. Interviews mit ehemaligen Studierenden, die nicht vom KAAD gefördert wurden, wurden ebenfalls durchgeführt. Ähnlich wie in den anderen Fallstudienländern, wurden auch Interviews mit Vertreter*innen des DAAD, Goethe-Instituts sowie der Friedrich-Ebert-Stiftung und Heinrich-Böll-Stiftung durchgeführt. Zudem wurden Beobachtungen an Universitäten, Unternehmen und staatlichen Einrichtungen in Bogotá und Medellin durchgeführt.

Die fünfte und letzte Feldforschung wurde in Ghana im Rahmen eines Forschungsaufenthalts an der Kwame-Nkruma-Universität in Kumasi (KNUST) im Februar und März 2018 durchgeführt. Im Rahmen unserer Studie wurden Alumni zunächst während eines Aufenthalts in der Hauptstadt Accra interviewt, danach in Kumasi, der zweitgrößten Stadt des Landes, und anschließend in Tamale, einer Universitätsstadt im Norden des Landes, wo viele KAAD-Alumni als Forschende und Mitarbeitende an der Universität tätig sind. In Accra und Tamale wurden zudem ehemalige Studierende ohne KAAD-Stipendium interviewt. Ferner wurden auch ergänzende Interviews und Gespräche mit Vertreter*innen des DAAD, Goethe-Instituts, der GIZ sowie anderer relevanter Organisationen und Institutionen, wie der KAS geführt, die zu einem besseren Verständnis der entwicklungspolitischen Situation in Ghana beitragen sollten.[7]

Zusätzlich wurden Interviews in Deutschland durchgeführt. Um die Strukturen und Arbeit des KAAD zu verstehen, wurden alle Mitarbeitende der KAAD-Geschäftsstelle in Bonn interviewt sowie mehrere Gremienmitglieder des KAAD. Diese Interviews wurden direkt in der Geschäftsstelle des KAAD oder im Rahmen der KAAD-Jahresakademien in Bonn in den Jahren 2016, 2017 und 2018 (jeweils Ende April oder Anfang Mai) geführt. Ferner wurden auch ergänzende Interviews mit Vertreter*innen der katholischen Hochschulgemeinden in Bonn und Münster durchgeführt, um das Auswahlverfahren des KAAD zu besser verstehen. Wie in den Herkunftsländern, wurden auch Alumni aus allen fünf Fallstudienländern, die nach dem Studium nicht in ihr Herkunftsland zurückgekehrt, sondern in Deutschland geblieben sind, interviewt. Zudem wurden auch aktuelle Stipendiat*innen des KAAD befragt. Diese Interviews wurden entweder direkt im Studienort oder per Skype durchgeführt.

---

7   Detaillierte Auflistungen aller durchgeführten Interviews und Beobachtungen sind im Anhang.

In diesem Rahmen wurden insgesamt 245 Interviews realisiert, davon mit 87 KAAD-Alumni in den fünf Fallstudienländern, 48 mit aktuellen Stipendiat*innen bzw. Alumni in Deutschland, 18 mit Mitarbeitenden des KAAD in Bonn und mit weiteren Partner*innen des KAAD in Deutschland sowie weitere 50 mit Vertreter*innen von KAAD-Partnerorganisationen und anderen Institutionen der Entwicklungszusammenarbeit in den Fallstudienländern. Dabei wurden 42 Interviews mit (ehemaligen) Studierenden aus den fünf Fallstudienländern, die nicht vom KAAD gefördert wurden, durchgeführt (Vergleichsgruppe). Die Interviews wurden auf Deutsch, Englisch und Spanisch durchgeführt. Ergänzt wurde die Feldforschung durch die erwähnten Beobachtungen, wie z. B. im Rahmen von Veranstaltungen der Alumni, an Universitäten, staatlichen Institutionen, Krankenhäusern, Kirchen, Kanzleien, Unternehmen usw. (insgesamt 58 Beobachtungen).

Tab. 1 Anzahl durchgeführter Interviews nach Fallstudienland und Interviewgruppe

Land	Interviewgruppe	Anz. d. Interviews
Israel/ Palästina	Palästinensische KAAD-Studierende/Alumni	26
	Ehemalige palästinensische Studierende ohne Stipendium (Vergleichsgruppe)	11
	Entwicklungsrelevante Organisationen und Institutionen in Israel/Palästina	13
Indonesien	Indonesische KAAD-Studierende/Alumni	32
	Ehemalige indonesische Studierende ohne Stipendium (Vergleichsgruppe)	8
	Entwicklungsrelevante Organisationen und Institutionen in Indonesien	6
Ghana	Ghanaische KAAD-Studierende/Alumni	30
	Ehemalige ghanaische Studierende ohne Stipendium (Vergleichsgruppe)	4
	Entwicklungsrelevante Organisationen und Institutionen in Ghana	10
Georgien	Georgische KAAD-Studierende/Alumni	15
	Ehemalige georgische Studierende ohne Stipendium (Vergleichsgruppe)	14
	Entwicklungsrelevante Organisationen und Institutionen in Georgien	8
Kolumbien	Kolumbianische KAAD-Studierende/Alumni	32
	Ehemalige kolumbianische Studierende ohne Stipendium (Vergleichsgruppe)	5
	Entwicklungsrelevante Organisationen und Institutionen in Kolumbien	13
	Mitarbeitende und Mitglieder des KAAD	18
	Insgesamt	245

Quelle: Eigene Zusammenstellung

2.3 Dokumentenanalyse und quantitative Befragung

Parallel zu den Länderfallstudien wurde in der ersten Projektphase ein umfassender Überblick über die Geschichte des KAAD im Allgemeinen und über die Förderungsprogramme und konkrete Alumni-Arbeit des KAAD im Besonderen gewonnen. Hierzu wurden die organisationsinternen Daten, Statistiken und Publikationen des KAAD analysiert, v. a. Stipendien-Datenbanken[8], Jahresberichte, Tagungsberichte, Arbeitspapiere, Tagungsberichte, die sich im KAAD-Archiv in Bonn befinden sowie Unterlagen und Veröffentlichungen der Alumni-Vereine in den Fallstudienländern. Des Weiteren wurden intensive Länderrecherchen in Bezug auf Politik, Wirtschaft, Gesundheitswesen, Bildungs- und Wissenschaftssystem sowie die Migrationspolitik des jeweiligen Fallstudienlandes durchgeführt. Neben der Literatur- und Dokumentenanalyse wurden auch explorative Experteninterviews durchgeführt, insbesondere mit KAAD-Verantwortlichen und Vertreter*innen von Alumni-Vereinen. Die Interviews dienten der Erschließung des Themas sowie einem besseren Verständnis der Arbeit des KAAD und zur Vorbereitung vertiefender Interviews mit den Alumni.

Ergänzt wurde die Untersuchung durch eine quantitative Befragung aller (erreichbarer) Alumni und aktueller Stipendiat*innen des KAAD in Form einer Online-Befragung. Mit der quantitativen Online-Befragung wurde erst begonnen, als bereits ein Teil der Interviews (sowohl in Deutschland als auch in ein paar Herkunftsländern) gemacht wurden, damit Fragen in die Befragung integriert werden konnten, die vorher noch nicht auftauchten und sich erst im Laufe der Interviews als wichtig herausstellten. Bei der Untersuchung wurden insgesamt 3.347 Stipendiat*innen sowie Alumni angeschrieben, wovon 569 geantwortet haben, so dass die Rücklaufquote rund 17 Prozent betrug. Die Teilnehmenden der Online-Befragung waren zu 57 Prozent männlich und zu 43 Prozent weiblich und zwischen 21 und 79 Jahre alt. Der Altersdurchschnitt betrug 40 Jahre. Der Großteil der Befragten war katholisch (70 %). Die restlichen 30 Prozent waren überwiegend christlich-orthodox (ca. 14 %), evangelisch (4 %) sowie sunnitisch (2 %) oder schiitisch (0,5 %). Und nur ein sehr kleiner Teil war entweder buddhistisch oder hinduistisch (unter 0,5 %). Nur knapp 4 Prozent aller Teilnehmenden gehören keiner Konfession an. Die Teilnehmenden kamen aus 61 Ländern, davon die meisten aus den Fallstudienländern Kolumbien (8 %), Ghana (7 %) und Indonesien (5 %). Ferner auch aus

---

8 Die Stipendien-Datenbanken lieferten uns wichtige Hintergrundinformationen zu den Alumni und Stipendiat*innen in Bezug auf Geschlecht, Konfession, Herkunft, Bewerbungsmotivation, Studien- und Forschungsschwerpunkte sowie auf ehrenamtliches Engagement und Netzwerkaktivitäten.

Polen (knapp 5 %), der Ukraine (4 %), Kenia (4 %), Ecuador (3,5 %), Israel/Palästina (3,0 %), Guatemala (3,0 %) und Rumänien (3,0 %). Davon besitzen die allermeisten ausschließlich einen Pass ihres Herkunftslandes (94 %), und nur knapp zwei Prozent besitzen nur einen deutschen Pass. Knapp vier Prozent besitzen sowohl einen deutschen als auch einen ausländischen Pass. Die Studien- bzw. Forschungsaufenthalte der Stipendiat*innen in Deutschland wurden hauptsächlich in den letzten 20 Jahren durchgeführt.

Die Fragen des Online-Fragebogens bezogen sich in erster Linie auf das Leben und die Erwartungen vor dem Studium in Deutschland (Schule und Studium im Herkunftsland, Motivation für ein Studium in Deutschland, Erwartungen an das Leben und das Studium in Deutschland etc.), die Erfahrungen während des Studiums (Studienzeit, Stipendium, Tätigkeiten neben dem Studium, Erfahrungen in der deutschen Gesellschaft, Kontakte während des Studiums in das Herkunftsland, Herausforderungen etc.) und (ggf.) die weitere Entwicklung nach dem Studium, also nach der Rückkehr ins Herkunftsland (Arbeit, soziales Engagement, weitere Beziehungen nach Deutschland, Herausforderungen etc.), dem Verbleib in Deutschland oder der Weiterwanderung in ein anderes Land (Arbeit, Engagement, weitere Kontakte in das Herkunftsland, Herausforderungen etc.). Dieser Struktur folgt der nachfolgende Ergebnisteil unserer Untersuchung. Zudem lassen wir im Folgenden die Stipendiat*innen häufig selbst zu Wort kommen, um dem stark empirischen Charakter der Studie Rechnung zu tragen.

Ergebnisse: Vor dem Studium

3

3.1 Auswahl der Stipendiat*innen

Ein Ziel des KAAD ist es, möglichst viele Studierende aus finanziell benachteiligten Familien zu fördern, um ihnen einen sozialen Aufstieg durch Bildung zu ermöglichen und damit zu einer Bekämpfung der Armut in den Herkunftsländern beizutragen. In unserer Onlineumfrage gab fast die Hälfte der Alumni an, dass sie aus einer Familie der unteren Mittelschicht stammen (49,7 %), ein weiteres Viertel aus der oberen Mittelschicht (24,9 %), ca. 12 Prozent ordneten ihre Familie der Unterschicht und 2 Prozent der Oberschicht in ihren Herkunftsländern zu. In Ghana stammen besonders viele Alumni aus finanzschwachen Familien, die traditionsgemäß ihr Einkommen in der Landwirtschaft erzielen. Über drei Viertel der interviewten ghanaischen Alumni und Stipendiat*innen haben mindestens ein Elternteil, das in der Landwirtschaft arbeitet oder früher arbeitete. Häufig arbeiteten sogar beide Elternteile und auch die näheren Verwandten in der Landwirtschaft. Eine 27-jährige ghanaische Stipendiatin, die aus einem Dorf in der Nähe von Tamale im Norden Ghanas kommt, beschreibt ihre soziale Herkunft folgendermaßen:

„Ich komme aus einer Familie mit sehr geringem Einkommen. Meine Eltern sind Farmer außerhalb von Tamale. Als ich dort aufwuchs liefen die meisten Kinder noch nackt herum. Die meisten Familien konnten sich noch keine moderne Kleidung leisten. Heute ist das etwas besser geworden. Auch meine Eltern können sich gut von der eigenen Ernte ernähren und können zudem auch ein kleines Geschäft betreiben, um selbstgeerntetes Gemüse zu verkaufen, vor allem Mais. [...] Ich habe noch vier Geschwister, alle jünger, die wollen in der Landwirtschaft arbeiten. Für mich wäre das nichts, ich würde schon gerne in einer Stadt leben und arbeiten" (Interview mit einer ghanaischen Stipendiatin, Bonn, 2017).

© Der/die Autor(en) 2021
S. Krannich und U. Hunger, *Studierendenmigration und Entwicklung*,
https://doi.org/10.1007/978-3-658-32048-5_3

Zudem haben viele ghanaische Alumni relativ viele Geschwister, teilweise bis zu zwölf. Dazu gehört auch ein Alumnus, der in armen Verhältnissen in einem Dorf im äußersten Nordwesten Ghanas aufgewachsen ist und sechs weitere Geschwister hat. Alle seine Vorfahren waren Subsistenzbauern mit einem geringen Einkommen. Er ist der erste Akademiker in der Familie und der erste, der im Ausland war. Mittlerweile ist er Professor an der KNUST-Universität in Kumasi und baut ein eigenes Haus für seine Familie mit zwei Kindern. Ein anderer Alumnus betont, dass das ländliche Leben in Ghana den Zugang zu Bildung erschwert:

> *„Die nächste Schule war über 140 km von meinem Heimatdorf entfernt, d. h. ich musste sehr früh meine Eltern verlassen, um in die Schule gehen zu können. Viele Kinder gehen deswegen nicht in die Schule, weil sie zu weit weg ist und sie nicht getrennt von ihren Eltern leben wollen und ein Umzug auch zu teuer ist. Das ist nicht gut, weil man als Kind seine Eltern braucht. So geht es vielen Kindern in Ghana. Ich habe gemerkt, dass man das ändern muss"* (Interview mit einem ghanaischen Alumnus, Kumasi, Ghana, 2018).

Die interviewten Alumni aus Kolumbien stammen ebenfalls aus eher einkommensschwachen Familien. Ohne staatliche Unterstützung hätte man kaum eine Chance gehabt, ein Studium aufzunehmen. Ein kolumbianischer Alumnus sagte dazu:

> *„Nein. Ich stamme aus einer Familie, die wenige Möglichkeiten hatte. Meine Mutter war alleine. Sie hatte kein Geld mein Studium zu finanzieren. Meine Familie besteht aus vier Mitgliedern: meine Mutter und drei Kinder. Ich bin der jüngste davon. Die anderen zwei haben die Universität auch besucht, wobei sie ihr Studium am Abend gemacht haben, das heißt sie mussten am Tag arbeiten, um ihr Studium am Abend zu finanzieren. Ich war der einzige, der tagsüber studiert hat, und naturgemäß habe ich diesen ICETEX-Kredit[9] dafür bekommen, aber ich habe nicht gearbeitet"* (Interview mit einem kolumbianischen KAAD-Alumnus, Bogotá, Kolumbien, 2017).

Demgegenüber kommen die geförderten indonesischen Alumni aus eher wohlhabenderen Familien. Das hängt auch damit zusammen, dass viele von ihnen von katholischen Chinesen abstammen, die im 19. und 20. Jahrhundert auswanderten und erfolgreiche Unternehmen in Indonesien gründeten oder später relativ gut

---

9   ICETEX (Instituto Colombiano de Crédito Educativo y Estudios Técnicos en el Exterior Mariano Ospina Pérez) ist ein Studienkredit in Kolumbien, der dem deutschen BAFöG vergleichbar ist.

bezahlte Stellen in der Energie- und Technologiebranche bekommen haben. Auch die nachfolgenden Generationen entschieden sich später für ein Studium eines MINT-Faches. Eine interviewte Alumna kommt zum Beispiel aus einer wohlhabenden Mittelschichtsfamilie. Beide Elternteile haben BWL in Jakarta studiert. Heute arbeitet der Vater im indonesischen Finanzministerium und die Mutter für eine indonesische Großbank. Sie konnten es sich daher leisten, ihre Tochter auf eine katholische Privatschule zu schicken (Interview mit einer indonesischen Alumna, Jakarta, Indonesien, 2017). Der Vater eines anderen Alumnus, der als Kind mit seinen Eltern aus China kam, hat Rechtswissenschaft in der javanesischen Stadt Bandung studiert und konnte es sich leisten, das Bachelorstudium seines Sohnes in Jakarta und auch einen Teil seines Masterstudiums in Deutschland zu finanzieren (Interview mit einem indonesischen Alumnus, Pontianak, Indonesien, 2017). Eine andere Alumna, die aus einer Juristenfamilie kommt, sagte:

> *"I grew up in a village close to Yogyakarta. My mother worked as a lawyer, my grandpa too, and my father as an English teacher. My father died five years ago, and my mother is retired now and lives alone in a small house in Yogyakarta. But she always supported me and is still supporting me"* (Interview mit einer indonesischen Alumna, Jakarta, Indonesien, 2017).

Die georgischen und palästinensischen Alumni kommen aus unterschiedlichen sozialen Verhältnissen. So sehen ungefähr die Hälfte der interviewten georgischen Stipendiat*innen und Alumni ihre soziale Herkunft in der gebildeten urbanen Mittelschicht. In Palästina sind es sogar fast zwei Drittel der Interviewten. Eine Alumna aus Ramallah erklärte:

> *„Auch heute ist es noch so, dass man in Palästina seine Kinder nur in eine gute Schule und dann vielleicht sogar an eine Universität schickt, wenn man den Wert von Bildung begreift. Viele Eltern, die auf dem Land leben und die wirtschaftlichen Beziehungen in den Städten nicht verstehen, wollen ihre Kinder lieber in Handwerksberufen sehen. Das ist auch ok so, aber in den Städten, wo die gut ausgebildeten Fachleute leben, setzt man andere Prioritäten. Dort versucht man, dass die Kinder eine gute Ausbildung bekommen und auch studieren"* (Interview mit einer palästinensischen Alumna, Ramallah, Palästina, 2016).

In allen untersuchten Ländern haben die KAAD-Alumni ähnliche religiöse Hintergründe. Die meisten Alumni kommen aus katholischen Familien: über 80 Prozent der interviewten Alumni und rund 70 Prozent der online befragten Alumni. Das liegt hauptsächlich an der katholischen Ausrichtung des KAAD, der in erster

Linie die akademische Ausbildung in Deutschland und Karriere katholischer Studierender und Wissenschaftler*innen in den Herkunftsländern unterstützen will. Zu einem geringeren Teil (bis zu 30 % pro Jahrgang) werden aber auch gezielt Studierende anderer Konfessionen gefördert, damit nicht ausschließlich die Konfessionszugehörigkeit über die Aufnahme in die Förderung entscheidet. So waren in unserer Online-Studie über 14 Prozent der Befragten Angehörige einer orthodoxen Kirche, die meisten davon der orthodoxen Kirche Georgiens. Weitere vier Prozent waren evangelisch, zwei sunnitisch, 0,5 Prozent schiitisch. Weitere sechs Prozent gehörten anderen Konfessionen an, wie buddhistischen und hinduistischen sowie kleinerer Konfessionen, wie äthiopisch-orthodox, maronitisch oder drusisch (KAAD-Jahresbericht 2018: 136ff.).

3.2 Studium und Beruf im Herkunftsland

Ein Aspekt der Förderpolitik des KAAD ist es zudem, dass vorwiegend internationale Studierende gefördert werden, die mindestens bereits einen Bachelor-Abschluss in ihrem Herkunftsland erworben haben, weil dadurch die Studierenden bereits ein gewisses Alter erreicht haben und universitäre Erfahrungen mitbringen und sich somit wahrscheinlich auch leichter mit einem Leben und Studium im Ausland zurecht finden (Interview mit einem Vertreter des KAAD, Bonn, 2016; KAAD 2010ff.). Zudem geht man davon aus, dass sich dadurch auch die Bereitschaft unter den Stipendiat*innen erhöht, nach dem Studium in Deutschland wieder in das Herkunftsland zurückzukehren, vor allem weil man älter ist und mehr Beziehungen zum Herkunftsland aufgebaut hat (Interview mit einem Vertreter des KAAD, Bonn, 2016). Rund 80 Prozent der befragten Alumni hatte dementsprechend entweder ein Bachelor- oder ein Masterstudium im Herkunftsland absolviert. Weitere 20 Prozent hatten sogar einen Doktortitel im Herkunftsland erworben und sind danach als Postdoktorand*innen bzw. Gastwissenschaftler*innen an eine deutsche Universität oder Hochschule gegangen. Darunter waren auch Stipendiat*innen, die bereits als Professor*innen im Herkunftsland gearbeitet haben. Drei Viertel der befragten KAAD-Stipendiat*innen und Alumni haben ihre Hochschulzugangsberechtigung im Herkunftsland erworben. Das andere Viertel hat entweder eine Hochschulzugangsberechtigung an einem Studienkolleg in Deutschland erworben (knapp über 20 %) oder in einem anderen EU-Land (über zwei Prozent) bzw. in einem anderen Land außerhalb der EU (knapp drei Prozent).

Die Studiengänge und Fachrichtungen der KAAD-Alumni in den Herkunftsländern vor dem Aufenthalt in Deutschland sind dabei sehr vielfältig. Insgesamt wurden 59 verschiedene Studiengänge von den Befragten in unserer Onlineumfrage angegeben. Gut 38 Prozent der Befragten studierten/forschten im Bereich Sozialwissenschaften. Davon die meisten in den Fächern Politikwissenschaft, Volkswirtschaftslehre und Kommunikationswissenschaft. Weitere knapp 38 Prozent waren in einem MINT-Studiengang eingeschrieben, vor allem in den Fächern Biologie, Ingenieurwissenschaft und Architektur. Weitere knapp 20 Prozent studierten oder forschten in einem Fach der Geisteswissenschaften, vor allem Geschichte, Deutsche und Englische Philologie, darunter auch sog. „Orchideenfächer" wie Orientalistik und Arabistik. Knapp fünf Prozent waren schließlich für ein Studium im Bereich Kunst und Musik in Deutschland. Diese Förderzahlen spiegeln auch die akademische Philosophie des KAAD wider, der nicht nur internationale Studierende in „ökonomisch nützlichen" Fächern fördern möchte, sondern möglichst in der gesamten akademischen Bandbreite (Interviews mit Vertretern des KAAD, Bonn, 2016).

Die meisten Studierenden haben sich zudem bereits vor ihrer Förderung in Deutschland mit entwicklungsrelevanten Themen in ihren Abschlussarbeiten im Herkunftsland auseinandergesetzt, die sie häufig in ihrem späteren Studium in Deutschland weiterentwickelten. Die meisten ghanaischen Alumni haben sich bereits in ihrem Studium in Ghana mit Umwelt-, Energie- und Landwirtschaftsfragen auseinandergesetzt. Zum Beispiel verfasste ein ghanaischer Alumnus, der von 2007 bis 2010 im Studiengang „Geography and Regional Development" an der Accra University Legon studierte, eine Bachelorarbeit zum Thema „Müllmanagement und -entsorgung in der ghanaischen Region Tema". Dabei ging er der Frage nach, wie Haushalte mit einem geringen Einkommen es schaffen können, ihren Müll auf kostengünstige und nachhaltige Weise zu entsorgen. Hintergrund ist, dass die meisten Kommunen in Ghana nicht genug Geld haben, um eine kommunale Müllabfuhr zu organisieren (Interview mit einem ghanaischen Alumnus, Accra, Ghana, 2018).

Ein anderer ghanaischer Alumnus beschäftigte sich schon in den 1990er Jahren in seiner Bachelorarbeit im Fach Ökologie an der Kwame Nkrumah University of Science and Technology (KNUST) in Kumasi mit den Wasserkreisläufen im ghanaischen Regenwald und welchen Umwelteinflüssen sie unterliegen. Bereits damals war das Thema Wasserknappheit und die Gewinnung und Weiterleitung von Wasser ein vieldiskutiertes Thema in Ghana. Auch während seines Master- und Promotionsstudiums später an der Universität Bremen setzte er sich mit dem Thema Wasser auseinander. Nach seiner Rückkehr nach Ghana wurde er Dozent im Fach Ökologie an der KNUST in Kumasi, wo er früher sein Bachelorstudium absolvierte. Hier beschäftigt er sich weiterhin mit Fragen des Umweltschutzes und der Wasserqualität in ghanaischen Flüssen und Seen (Interview mit einem ghanaischen Alumnus, Kumasi, Ghana, 2018), worauf wir weiter unten noch eingehen werden.

Auch in den anderen Ländern unserer Fallstudie lassen sich Beispiele finden, bei denen sich Alumni bereits in ihren Bachelorstudiengängen mit Themen auseinandersetzen, die für ihr Land entwicklungsrelevant sind oder sein können. Ein kolumbianischer Alumnus studierte z. B. vor seinem Studium in Deutschland Rechtswissenschaft an der Universidad del Libre in Bogotá mit den Schwerpunkten Strafrecht und Strafprozessrecht in Kolumbien, insbesondere mit Bezug auf die Strafverfolgung im Rahmen des bewaffneten Konflikts in Kolumbien. Diese Studien vertiefte er zunächst im Rahmen eines Aufbaustudiums an der Universidad Externado in Bogotá und anschließend in einem zweijährigen Master of Laws-Studium (LL.M.) an der Albert-Ludwigs-Universität in Freiburg. In seiner Masterarbeit verglich er das kolumbianische mit dem deutschen Strafrecht, in dem er Vorbildcharakter für das kolumbianische Strafrecht sah und wichtige Aspekte für die Konzipierung der Strafgesetze in Kolumbien vorschlug.

Ein anderer kolumbianischer Alumnus studierte ebenfalls Jura in Kolumbien, bevor er zum Studium nach Deutschland ging. In seiner Abschlussarbeit an der privaten Universidad Externado Colombia in Bogotá, die er mit dem rückzahlungspflichtigen Stipendium des kolumbianischen Staats, dem o. g. ICETEX-Stipendium, finanzierte, beschäftigte er sich mit dem Thema „Underwriting in Kolumbien". Dabei definierte er „Underwriting" als einen Vertrag im Börsengeschäft, nach dem z. B. auch Börsenmakler Emissionen einer Unternehmensaktie in eigenem Namen unternehmen dürfen. Da dies in den 1990er Jahren in Kolumbien ein noch neues Thema war, hat er nach seinem Studium auch schnell eine Anstellung bei der Bankenaufsichtsbehörde in Bogotá bekommen (Interview mit einem kolumbianischen Alumnus, Bogotá, Kolumbien, 2017).

Verschiedene Alumni haben nicht nur studiert, sondern auch schon für einen gewissen Zeitraum Berufserfahrungen gesammelt, bevor sie nach Deutschland gekommen sind. So hat zum Beispiel ein ghanaischer Stipendiat nach seinem Masterabschluss bereits für ein paar Jahre als Lecturer im Bereich Landwirtschaft und Land-Management an der Wa University gearbeitet, bevor er nach Deutschland ging, um dort zu promovieren (Interview mit einem ghanaischen Stipendiaten, Skype, 2016). Eine Alumna aus Indonesien arbeitete bereits von 2005 bis 2007 als Juradozentin an der privaten katholischen KAAD-Partneruniversität Atma Jaya in Jakarta. Danach nahm sie ein Promotionsstudium an der Ludwig-Maximilians-Universität in München zum Thema „Wettbewerbsrecht in Indonesien und Deutschland im Vergleich" auf. In ihrer Lehre bot sie Seminare zum Wirtschaftsrecht in Indonesien und im internationalen Vergleich an (Interview mit einer indonesischen Alumna, Jakarta, Indonesien, 2017). Eine andere kolumbianische Alumna lehrte und forschte bereits über zehn Jahre an verschiedenen Universitäten in Bogotá, bevor sie ihr Promotionsstudium in Deutschland begann.

Einige Stipendiat*innen und Alumni sammelten auch bereits Berufserfahrungen in entwicklungsrelevanten Bereichen. Ein ghanaischer Stipendiat arbeitete z. B. von 2003 bis 2009 im „Ghana Descent Work Program", das von der International Labor Organization (ILO) finanziert wurde. Dabei war er für die Beobachtung der Entwicklung des lokalen Regierungshandelns zuständig, das durch das Programm der ILO effektiver und demokratischer gestaltet werden sollte. Er hat dieses Programm in einigen Kommunen evaluiert – wie z. B. in zwei Bezirken in der Nähe von Accra – und sollte feststellen, inwieweit es den lokalen Behörden gelungen ist, auch lokale Unternehmen und zivilgesellschaftliche Akteure in ihre Politik einzubeziehen. Am Ende waren die Ergebnisse aber sehr unbefriedigend für ihn, weil die ILO-Beauftragten, obwohl sie auch aus Ghana stammten, allerdings aus der Großstadt, die lokale Politikkultur in dieser ländlichen Region Ghanas seiner Meinung nach nicht verstanden. Dort gebe es klare Hierarchien und geerbte Autoritäten, die man nicht einfach demokratisch reformieren könne, indem man Unternehmen und NGOs in die Entscheidungsprozesse miteinbeziehe. Das Programm wurde dementsprechend nicht von den lokalen Eliten und großen Teilen der Gemeindebevölkerung angenommen. Danach arbeitete er noch für eine kurze Zeit für das „Ghana Poverty Reducing Program" (Interview mit einem ghanaischen Stipendiaten, Skype, 2016).

Ein anderer ghanaischer Stipendiat arbeitete vier Jahre für die Consulting-Firma Ernest and Young in Ghana, bevor er zum Studium nach Deutschland ging. Dabei hat er vor allem die ghanaische Regierung und staatliche Institutionen beraten, insbesondere in Bezug auf Entwicklungsprojekte in Ghana. Dabei konzentrierte er sich vor allem auf landwirtschaftliche Projekte, weil es seiner Meinung nach mehr technologische Entwicklung und den Einsatz guter Technologien in Ghana brauche (Interview mit einem ghanaischen Stipendiaten, Bonn, 2017).

Ein weiterer ghanaischer Alumnus hat neben seinem Bachelor- und Masterstudium an der KNUST in Kumasi als Farmhelfer in einem kleinen bäuerlichen Betrieb gearbeitet. Dabei hat er viel praktische Erfahrung für sein späteres Dissertationsthema gesammelt und viel gelernt über die Nöte der Farmer und deren Probleme mit ihren Agrarprodukten gegenüber europäischen Konkurrenten wettbewerbsfähig zu bleiben. Geholfen hat er vor allem beim Zwiebel- und Möhrenanbau. Während dieser Zeit fasste er den Entschluss, später selbst Farmer zu werden, anstatt eine wissenschaftliche Laufbahn einzuschlagen. Das Studium und die Promotion hat er nur gemacht, um mehr theoretisches Wissen über landwirtschaftliche Berufe zu sammeln. Er plant sich einmal als Farmer in der Eastern Region oder Ashanti Region in Ghana niederzulassen. Er sagte dazu:

„I think, well-educated guys should become farmers, because they don't only know how to do farming, but also know how to deal with big companies and state institutions. They know how to communicate with them. And in my special case, I also know how to communicate with European people, because I studied there, and I know how they think. This could help to improve the situation of Ghanaian farm companies in Europe and how to sell goods there" (Interview mit einem ghanaischen Alumnus, Skype, 2017).

Auch eine andere KAAD-Alumna aus Ghana hat während ihres Studiums bereits Berufserfahrungen gesammelt. Während ihres Bachelorstudiums in Agriculture Technology an der Universität Tamale machte sie ein mehrwöchiges Praktikum beim ghanaischen Landwirtschaftsministerium. In diesem Rahmen besuchte sie mit zuständigen Ministern verschiedene Farmer und konnte sich auch selbst mit ihnen unterhalten und ein Bild von der aktuellen Lage machen. Auch später während ihres Masterstudiums in Deutschland beschäftigte sie sich mit der Situation von Kleinbauern in Ghana und anderen afrikanischen Ländern (Interview mit einer ghanaischen Alumna, Skype, 2017).

Ein anderer Alumnus aus Ghana wiederum sammelte berufliche Erfahrungen in der Telekommunikationsbranche. Nach dem Bachelorstudium im Fach Electrical Engineering an der KNUST in Kumasi arbeitete er von 2004 bis 2008 für die für die südafrikanische Telekommunikationsfirma MTN Group, wo er Ideen für sein späteres Studium in Deutschland sammelte (Interview mit einem ghanaischen Alumnus, Accra, Ghana, 2018).

Alumni aus Indonesien sammelten ebenfalls bereits Berufserfahrungen im Heimatland, bevor sie sich für ein Studium in Deutschland aufmachten. Ein interviewter Alumnus arbeitete nach seinem Bachelorstudium in den 1990er Jahren für zwei Jahre für die indonesische Tamara Bank. Er war dort vor allem für die Entwicklung von Marketingstrategien und die Ausgabe von VISA- and Master-Kreditkarten zuständig. Dabei entwickelte er insbesondere Marketingstrategien für Kreditkarten, was Ende der 1990er in Indonesien ein enormer Wachstumsmarkt war (Interview mit einem indonesischen Alumnus, Jakarta, Indonesien, 2017). Eine andere indonesische Stipendiatin arbeitete vor ihrem Studium in Deutschland für das indonesische Gesundheitsministerium. Ihre Aufgabe war es, dabei zu helfen, eine allgemeine Gesundheitsversicherung für an HIV erkrankte Menschen zu konzipieren und zu implementieren. Das Problem bestand vor allem darin, dass viele Versicherungen sich weigerten, die Kosten für die HIV-Behandlung zu erstatten. So gab es viele Auseinandersetzungen zwischen Patient*innen und Versicherungsunternehmen, die häufig auch gerichtlich ausgetragen wurden. Eine allgemeine Gesundheitsversicherung für HIV-kranke Menschen wurde in Indonesien erst im Jahr 2014 eingeführt (Interview mit einer indonesischen Stipendiatin, Skype, 2017). Eine weitere indonesische Stipendiatin, die später Gesang an der Musikhochschule in Hannover studierte, absolvierte nach ihrem Musik-Bachelorstudium an der Hochschule für Musik, Theater und Medien Hannover eine künstlerische und pädagogische Ausbildung und arbeitete zudem für zwei Jahre als Lehrerin und Chorleiterin an einem Gymnasium in Jakarta (Interview mit einer indonesischen Stipendiatin, Skype, 2017).

In Kolumbien gibt es auch einige Alumni, die bereits Berufserfahrungen im Herkunftsland sammelten, bevor sie zum Studieren nach Deutschland gingen. Ein Jurastudent, der zuvor seine Abschlussarbeit zum „Underwriting-Vertrag" in Bogotá geschrieben hatte, hat direkt im Anschluss an das Studium eine Anstellung bei der kolumbianischen Bankenaufsichtsbehörde bekommen. Dort arbeitete er von 1986 bis 1989. Danach ging er für ein Jurastudium nach Deutschland. Ein anderer kolumbianischer Alumnus unterrichtete nach seinem Bachelorabschluss Literatur an einer US-amerikanischen Privatschule in Bogotá. Zudem engagierte er sich für die NGO „Mimito de Dios", die allgemeinbildenden Unterricht für hilfsbedürftige Kinder und Jugendliche aus finanzschwachen Familien anbietet. Dort unterrichtete er unter anderem Geschichte und Philosophie. Danach ging er im Jahr 2008 nach Deutschland, um in Frankfurt an der Goethe-Universität im Fach Religionsphilosophie zu promovieren (Interview mit einem kolumbianischen Alumnus, Bogotá, Kolumbien, 2017).

Auch ein anderer Stipendiat sammelte bereits vor seinem Studium in Deutschland Erfahrungen als Lehrer in Kolumbien. Er unterrichtete fast acht Jahre Englisch an einem Gymnasium in Bogotá. Bereits zuvor während seines Anglistikstudiums an der Universidad Nacional in Bogotá, wo er einen Bachelorabschluss erwarb, gab er Kindern und Jugendlichen, aber auch Erwachsenen Nachhilfeunterricht (Interview mit einem kolumbianischen Stipendiaten, Skype, 2017). Eine weitere Stipendiatin aus Kolumbien, die ein Lehramtsstudium für Spanisch und Deutsch an einer Universität in Medellin abschloss, arbeitete bereits acht Jahre am Lehrerfortbildungszentrum MOVA der Stadt Medellin, bevor sie zum Studium nach Deutschland ging (Interview mit einer kolumbianischen Stipendiatin, Heidelberg, 2018). Eine weitere Alumna aus Bogotá arbeitete vor ihrem Studium an der Universität Duisburg für ca. ein Jahr im Rahmen eines Projekts der Internationalen Organisation für Migration (IOM) in Kolumbien. Im Rahmen des Projekts arbeitete sie mit verschiedenen ethnischen Gruppen sowie hilfsbedürftigen Frauen in ländlichen Gegenden zusammen, die sehr stark vom kolumbianischen Bürgerkrieg betroffen waren (Interview mit einer kolumbianischen Alumna, Bogotá, 2017).

Die georgischen Stipendiat*innen und Alumni waren vor ihrem Studium oder Forschungsaufenthalt in Deutschland vor allem im juristischen oder akademischen Bereich tätig. Ein Stipendiat arbeitete vor seinem Promotionsstudium an der Universität Hannover für das georgische Justizministerium. Im Rahmen dieser Tätigkeit beschäftigte er sich bereits mit deutschen Gesetzen, ehe er von 2013 bis 2015 – vom KAAD gefördert – zum Thema „Deutsches und georgisches Jugendstrafrecht" promovierte. Bereits im Rahmen seiner Arbeit für das Justizministerium überprüfte er, inwieweit deutsche Grundsätze des Jugendstrafrechts in das georgische Rechtssystem implementiert werden könnten. Damals wurde er nur aufgrund seiner guten Deutschkenntnisse eingestellt, weil man händeringend einen Übersetzer mit Rechtskenntnissen suchte. Zuvor erwarb er das juristische Staatsexamen an der Staatlichen Universität Tiflis (Interview mit einem georgischen Stipendiaten, Skype, 2017).

Eine Alumna, die erst kürzlich von ihrem Masterstudium „Deutsches und Europäisches Recht" (LL.M.) an der Humboldt-Universität zu Berlin nach Georgien zurückkehrte, arbeitete vorher als Rechtsberaterin in der Nationalagentur für das staatliche Eigentum (AdöR) in Tiflis (Interview mit einer georgischen Alumna, Berlin, 2016). Ein anderer Alumnus, der inzwischen Juraprofessor an der East European University in Tiflis ist und für einen dreimonatigen Forschungsaufenthalt am Max-Planck-Institut für Ausländisches und Öffentliches Recht in Heidelberg vom KAAD gefördert wurde, arbeitete früher als Rechtsberater am Obersten Gerichtshof (Interview mit einer georgischen Alumna, Tiflis, 2016).

Ein weiterer Alumnus arbeitete vor seinem Promotionsaufenthalt an der Humboldt-Universität in Berlin von 2013 bis 2015 als Rechtsberater in der Abteilung für Internationale Beziehungen des georgischen Parlaments sowie im Ausschuss für Verteidigung und Sicherheit. Zudem arbeitete er zur gleichen Zeit neben seinen Forschungsprojekten in der Vertrauensgruppe zu Korruptionsfragen des Nationalen Parlaments in Tiflis mit. Dabei beschäftigt er sich mit der Aufklärung verschiedener Korruptionsfälle. Es kam ihm darauf an, demokratische Rechtsprinzipien und Gesetze auch im Politikalltag umzusetzen. Seit seiner Rückkehr im Jahr 2015 arbeitet er wieder als Staatsanwalt in der Abteilung für Überwachung der staatsanwaltlichen Arbeit und strategischen Entwicklung der Generalstaatsanwaltschaft Georgiens (Interview mit einem georgischen Alumnus, Tiflis, 2016).

Ein weiterer Alumnus arbeitete bereits als 23-Jähriger während seines Studiums an der Staatlichen Universität Tiflis als Lektor für Internationales sowie georgisches Verfassungsrecht am Staatlichen Institut für ökonomische Beziehungen in Tiflis (TEUSI). Während seiner Promotion war er von 2009 bis 2013 als Mitglied im parlamentarischen Ausschuss für Kulturpflege tätig. In diesem Rahmen arbeitete er maßgeblich an einem Gesetzesentwurf zum Schutz des nationalen immateriellen Kulturerbes in Georgien mit. Dabei musste er insbesondere die Recherche zu georgischen Kulturgütern besorgen sowie einen Vergleich mit Gesetzen in anderen

Ländern zu diesem Thema durchführen. Auch die Implementierung der UNESCO-Weltkulturerbe-Richtlinien in das Gesetz gehörte zu seinen Aufgaben. Von November 2015 bis April 2016 wurde er für einen Forschungsaufenthalt im Rahmen seines Dissertationsprojekts im Bereich Rechtsphilosophie an der Universität Bonn vom KAAD gefördert (Interview mit einem georgischen Alumnus, Skype, 2017).

Die meisten palästinensischen KAAD-Alumni, die wir interviewt haben, waren relativ jung als sie nach Deutschland zum Studieren kamen und hatten daher kaum berufliche oder akademische Vorerfahrungen. Viele von ihnen hatten zuvor einen Bachelor-Abschluss an einer Universität in der Westbank (v. a. in Bethlehem und Ramallah) gemacht. Ein paar wenige aber auch in Israel, wie z. B. eine Alumna, die direkt vor ihrem Studium in Heidelberg einen Bachelor an der renommierten Hebräischen Universität in Jerusalem erwarb (Interview mit einer palästinensischen Alumna, Tel Aviv-Jaffa, Israel, 2016). Die einzige Alumna, die bereits vor ihrem KAAD-geförderten Medizinstudium im Ausland studierte, war eine 68-jährige Ärztin, die in den 1970er Jahren ein Medizinstudium in Rumänien begann, es aber aus privaten Gründen bereits nach zwei Semestern abbrach (Interview mit einer palästinensischen Alumna, Ramallah, Palästina, 2016).

Einige Alumni haben vor ihrem Studium in Deutschland auch außerhalb ihres Heimatlandes studiert oder Berufserfahrungen gesammelt. So hat z. B. eine ghanaische Alumna vor ihrem Promotionsstudium in Bonn einen Masterabschluss im Fach „Landwirtschaft" an der Universität in Den Haag im Jahr 2007 erworben. Dort hat sie die ersten Kontakte für ihr späteres Promotionsstudium an der Universität Bonn geknüpft (Interview mit einer ghanaischen Alumna, Accra, Ghana, 2018). Ein kolumbianischer Alumnus hat direkt nach seinem Bachelorabschluss an der privaten katholischen KAAD-Partneruniversität Javeriana in Bogotá einen Masterstudiengang in „Religious Studies" an der Lancaster University in England von 2002 bis 2004 angehängt. In seiner Masterarbeit beschäftigte er sich mit dem interreligiösen Dialog zwischen indigenen Gruppen und mestizischen Christen in Lateinamerika. Dabei analysierte er die Bedingungen für den Dialog zwischen indigenen Weltanschauungen und Christentum in Lateinamerika aus philosophischer Sicht. Danach ging er erst einmal für ein paar Jahre zurück nach Kolumbien, bevor er 2008 nach Deutschland kam, um an der Goethe-Universität Frankfurt im Fach Religionsphilosophie zu promovieren (Interview mit einem kolumbianischen Alumnus, Bogotá, Kolumbien, 2017).

3.3   Gründe für ein Studium in Deutschland

Es gibt viele Gründe, warum sich internationale Studierende für ein Studium in
Deutschland entscheiden. Die drei Hauptgründe in unserer Studie waren: bessere
Studienangebote und Forschungsbedingungen in Deutschland (1), bereits bestehende
Kontakte nach Deutschland (2) und ein persönliches Interesse an Deutschland (3).
In einigen Fällen spielten auch mehrere Gründe gleichzeitig eine Rolle (4).

3.3.1   Studienangebote und Forschungsbedingungen
in Deutschland

Der Hochschulstandort Deutschland ist für die befragten Alumni attraktiv. Das
liegt vor allem an den im Vergleich zu den Heimatländern größeren Studienangebot
in Deutschland. Ein Alumnus aus Kolumbien beschrieb diesen Gegensatz in Bezug
auf die Situation in Kolumbien in den 1980er Jahren folgendermaßen:

*„Kolumbien war damals noch nicht so weit wie heute. Auch heute ist Kolumbien
natürlich noch weit hinter Deutschland und den meisten anderen westlichen
Ländern, aber damals war der Abstand noch größer. Es gab kaum Förderung
für Forschungsprojekte. Man hat nicht erkannt, dass Wissenschaft wichtig ist,
um das Land zu entwickeln. Heute hat man das zumindest schon mal erkannt,
aber es fehlen noch die Gelder. Ich glaube, dass das durch den internationalen
Austausch immer besser wird, und auch durch die steigende Vernetzung der
kolumbianischen Universitäten mit europäischen Universitäten. […] Auf der
anderen Seite hatte ich Kolumbien nicht als Entwicklungsland gesehen. Ich
kannte Ecuador und Venezuela, und im Vergleich zu diesen beiden Nachbarländern war Kolumbien auf jeden Fall besser, viel weiter, und viel mehr
Universitäten. In Deutschland ist mir dann bewusst geworden, dass wir doch
noch nicht so weit sind, da fehlt noch einiges"* (Interview mit einem kolumbianischen Alumnus, Bogotá, Kolumbien, 2017).

Daher wählten viele Alumni bewusst auch Deutschland als Studien- und For-
schungsland aus, um sich akademisch weiterzubilden und um auf ihrem Gebiet
tiefer einsteigen zu können. Eine andere kolumbianische Alumna sagte dazu:

*„Unsere Wissenschaft ist noch nicht so weit. Da brauchen wir noch viele Jahre.
Das war ja auch der Grund, warum mein Mann und ich in einem anderen
Land promovieren wollten. In einem Land wie Deutschland, in dem es die*

wissenschaftlichen Strukturen gibt, um sich zu spezialisieren und in die Tiefe forschen zu können. Kolumbien ist in dieser Hinsicht definitiv noch ein Entwicklungsland. Deswegen wollen auch so viele im Ausland studieren. Wissen erwerben, das es in Kolumbien noch nicht gibt" (Interview mit einer kolumbianischen Alumna, Medellin, Kolumbien, 2017).

Das Kriterium guter Forschungs- und guter Studienbedingungen an deutschen Universitäten wurde auch von vielen anderen Alumni in den Interviews genannt, warum sie sich für ein Studium oder Forschungsaufenthalt in Deutschland entschieden haben. Ein ghanaischer Alumnus hat sich zum Beispiel speziell für ein Studium an der Universität Bonn entschieden, weil dort der Studiengang „Geography of Environmental Risks and Human Security" in Kooperation mit der Universität der UNO angeboten wird. Über diesen Studiengang hat er von einem Professor in Accra gehört. Dieser Studiengang kombinierte alle Studienschwerpunkte des interviewten Alumnus und vermittelt vor allem eine globale Perspektive auf die Themen Umweltschutz und Nachhaltigkeit:

"I always wanted to have a global approach to the issues climate change, human security, and risk management, because we can deal with them only on a global level, and not from a national or local level. That's why I decided to study in Bonn, taking classes at the University of Bonn and at the University of the United Nations. There is also an UN university campus in Accra. I want to cooperate with them when I'm back in Accra" (Interview mit einem ghanaischen Alumnus, Bonn, 2018).

Eine andere ghanaische Stipendiatin wollte Landwirtschaft insbesondere in Deutschland studieren, weil es in Deutschland die modernste Landwirtschaftstechnologie gebe und eine ausgeprägte biologische und nachhaltige Landwirtschaft betrieben werde. Das Wissen dazu wollte sie in Deutschland erwerben und mit nach Ghana bringen. Sie sagte dazu:

„Deutschland ist ein führendes Land in der landwirtschaftlichen Produktion. Die deutschen Bauern haben die modernste Technologie, um ihre Äcker zu bewirtschaften und Nutztiere zu züchten. Und dabei achten sie auch noch auf die Umwelt. Viele deutsche Bauern sind organic farmers. Das finde ich sehr gut, weil es eben gesund und nachhaltig ist. Ich glaube die Deutschen sind führend weltweit darin. Davon kann ich viel lernen. Und nachhaltige Bio-Landwirtschaft kann eben auch ein Modell für Ghana sein. [...] Dieses Bewusstsein

und Wissen über nachhaltige biologische Landwirtschaft möchte ich mit nach Ghana bringen" (Interview mit einer ghanaischen Stipendiatin, Skype, 2017).

Eine Stipendiatin aus Indonesien hat sich für ein Studium der Gesundheitswissenschaft in Deutschland entschieden, weil es in Deutschland eine lange Tradition eines staatlich gesteuerten Gesundheitswesens gibt, das zu den besten der Welt gehöre (Interview mit einer indonesischen Stipendiatin, Skype, 2017). Ähnlich war es auch mit einem Alumnus aus Kolumbien, der sich für ein Jurastudium mit dem Schwerpunkt Strafrecht an der Universität Freiburg entschied, weil das deutsche Strafrecht Vorbildcharakter für Kolumbien hat. Er erklärte:

„Deutschland ist sehr wichtig für das kolumbianische Strafrecht. Das hatte einen großen Einfluss auf Kolumbien. [...] In den 1980er Jahren gab es eine Gruppe von kolumbianischen Professoren, die in Deutschland studiert haben und sie waren Berater im Parlament bei der letzten Überarbeitung oder Ausarbeitung des kolumbianischen Strafgesetzbuches. Dieses Gesetzbuch hat seinen dogmatischen Einfluss vom deutschen Recht. Es ist sehr ähnlich mit dem deutschen Strafgesetzbuch. Und deswegen waren auch viele deutsche Juraprofessoren in den letzten 20 Jahren in Kolumbien aktiv. So hat diese Verbindung angefangen. Jedes juristische Fachgebiet hat einen besonderen Einfluss von bestimmten Ländern. Zum Beispiel für Verwaltungsrecht ist es die französische Schule. Komischerweise für Strafprozessrecht haben wir einen US-amerikanischen Einfluss. Aber für Strafrecht ist es Deutschland [...]. Und viele bekannte deutsche Professoren waren hier in Kolumbien, insbesondere Klaus Roxin. Er ist sehr bekannt, er ist einer der wichtigsten Strafrechtler der Welt. [...] Ich habe angefangen die deutsche Sprache an der Uni hier in Kolumbien zu lernen, danach am Goethe-Institut. Und hier in Kolloquien habe ich einige deutsche Professoren kennengelernt. Ich habe ihnen E-mails geschickt und erklärt, warum ich in Deutschland studieren möchte. Und ich hatte drei Möglichkeiten, und zwar Konstanz, Freiburg und München. Warum habe ich mich für Freiburg entschlossen? Ein wichtiger Grund war, in Freiburg ist das Max-Planck-Institut für Internationales Strafrecht, da ist eine der größten Bibliotheken für Strafrecht der Welt, und das LL.M.-Programm dauert dort zwei Jahre, normalerweise ist LL.M. nur für ein Jahr. Das waren gute Gründe für mich nach Freiburg zu gehen. Und nicht nur Strafrecht, sondern auch öffentliches Recht als Fach zu haben. Auch die Region im Schwarzwald finde ich sehr schön, meine Verwandten wohnen in der Schweiz, also auch sehr nah. München war auch interessant, aber ein bisschen zu teuer, der Stipendienbetrag hätte dafür nicht ausgereicht, für eine Wohnung in München. Ich glaube, das

war eine richtige Entscheidung. Ich habe immer noch Verbindungen mit der Uni Freiburg, mit dem Max-Planck-Institut. Und ich habe zwei Forschungsaufenthalte nach meinem LL.M.-Studium auch dort gemacht. Letztes Jahr an der Universidad del Libre, wo ich auch Privatdozent bin, haben wir einen großen internationalen Kongress organisiert zu Ehren von Professor Klaus Roxin. Wir haben viele deutsche Professoren eingeladen, aus München, Freiburg und so weiter. Die wurden alle eingeladen aufgrund meiner Kontakte, die während meines Studiums in Deutschland und meiner Forschungen entstanden sind. Ich kann sagen, die Türen sind weit offen mit Freiburg" (Interview mit einem kolumbianischen Alumnus, Bogotá, Kolumbien, 2017).

Ein anderer Stipendiat aus Ghana hat sich bewusst für ein Studium in Deutschland entschieden, weil er während der Teilnahme an einer Summer School vor ein paar Jahren in Dortmund erfahren hat, dass es viele internationale Entwicklungsorganisationen in Deutschland gibt, die sich für die Entwicklung in Afrika engagieren. Auch in Ghana hätten die deutschen Entwicklungsorganisationen, wie die GIZ, eine gute Reputation. Er versprach sich von einem Studium in Deutschland, dass er mit vielen Organisationen in Kontakt kommt und möglicherweise nach dem Studium für eine deutsche Organisation in Ghana arbeiten könnte (Interview mit einem ghanaischen Stipendiaten, Skype, 2017).

Auch eine indonesische Stipendiatin hat sich für ein Studium in Deutschland entschieden, weil deutsche Architektur Weltruf genieße und ein Bekannter von ihr selbst Architektur in Deutschland studiert hat. Sie tat das, obwohl ihre Schwester ein Studium in Australien empfohlen hat, weil sie dort sehr positive Erfahrungen gemacht hatte (Interview mit einer indonesischen Stipendiatin, Skype, 2017). Auch viele palästinensische KAAD-Alumni haben sich bewusst für ein Medizinstudium in Deutschland entschieden, weil die medizinische Ausbildung in Deutschland einen sehr guten Ruf in Palästina genießt. Ein palästinensischer Alumnus hat es folgendermaßen auf den Punkt gebracht:

„Deutschland hat eine lange Tradition in der Medizin. Viele medizinische Erfindungen und Entdeckungen wurden in Deutschland gemacht, vor allem in Berlin. Fast jeder Palästinenser kennt das Krankenhaus Charité, vor allem von den alten Beziehungen in der DDR. Aber auch schon davor, als viele Medizin-Nobelpreisträger aus Deutschland kamen. Davon profitiert Deutschland noch heute, und mir war klar, dass ich in Deutschland auch eine gute Medizinausbildung erhalten würde. Das war eine gute Entscheidung in Deutschland zu studieren" (Interview mit einem palästinensischen Alumnus, Bethlehem, Palästina, 2016).

Neben den relativ gering entwickelten Studien- und Forschungsbedingungen gaben einige Alumni auch ganz konkret die schlechten und widrigen politischen Bedingungen im Heimatland an. Dies war zum Beispiel in Indonesien Ende der 1990er Jahre der Fall, als viele Studierende, die es sich finanziell leisten konnten, oder eben ein Stipendium bekamen, ins Ausland gingen. So erklärte zum Beispiel ein Alumnus des KAAD, dass der Zusammenbruch der Diktatur Suhartos und die damit einhergehende politische Instabilität und wirtschaftliche Unsicherheit, ihn dazu bewog, Indonesien zu verlassen und ein Studium im Ausland zu absolvieren:

"I wanted to leave at that time, because the political and economic situation was very difficult. The country was in a revolution, and many jobs were not safe. Many lost their jobs or had to be afraid to lose them. There were also riots on the streets of Jakarta. Very insecure times. In these troublesome times, I decided to leave the country and get more education, and then come back when the economic and political troubles are over. [...] Only after a few years, we could see that the change was good. Already in 2000, the economy was growing as fast as never before. New investments from abroad came to Indonesia, because it was not a totalistic regime anymore, and foreign companies felt safer in Indonesia, and the markets opened to foreign companies. [...] Also, the people felt safer in Indonesia, because their rights were more protected in a democratic state of Indonesia. Before 1998, they were afraid to say anything. After 1998, they had more freedom, and freedom of speech" (Interview mit einem kolumbianischen Alumnus, Jakarta, Indonesien, 2017).

Letztendlich entschied er sich für ein Studium der Ingenieurwissenschaft in Deutschland, das in diesem Gebiet zudem weltweit eine gute Reputation genießt.

3.3.2 Bereits bestehende Kontakte nach Deutschland

Einige Alumni aus unseren Fallstudienländern haben sich darüber hinaus für ein Studium oder einen Forschungsaufenthalt in Deutschland entschieden, weil sie bereits davor akademische oder berufliche Kontakte nach Deutschland hatten. So knüpfte zum Beispiel eine kolumbianische Alumna während eines deutsch-ko-lumbianischen Forschungsprojektes, das von der GIZ finanziert wurde, Kontakte zu deutschen Kolleg*innen an verschiedenen deutschen Universitäten. In diesem Rahmen entstand auch ihr Kontakt zu einem Professor an der Universität Münster, bei dem sie ihr späteres Promotionsstudium anfing:

"Before the KAAD, I got a scholarship for my Master's thesis, and I was also working at the university. They gave me also the permission to go to Germany to study, and then I came back to Colombia, and I was also working at the university. During that time, it was for my Master's thesis from 2007 until 2010, and then I went back to Colombia, and I was continuing working together with Germany. In the KAAD they told us about that organization, it was together with the GIZ, in this I was doing some research. I applied for some funding, and I could get money for equipment for the university, and we could do this research project. And this project was related to my Master work. So, in that case I was continuing, or applying what I was doing in Germany and also had some contact with Hanover University, because one researcher from Hanover was visiting us because of this project. She was working together with us. So, it was really interesting. And then I met my actual supervisor. He is also from the University of Münster. So, I will get my Ph.D. from University of Münster. But I actually work with Helmholtz in Leipzig. This is an environmental center, and for my Ph.D. also I was trying to combine the research in Germany and research what is still missing in Latin America, and especially in my country in Colombia, and in my research area. My research is about pesticides [Pestizide]. I'm an environmental engineer. In my Master I worked about contermination in soil, and now in my Ph.D. I'm working on pesticides in soil. So my field is soil research" (Interview mit einer kolumbianischen Alumna, Münster, 2017).

Ein anderer kolumbianischer Alumnus wollte unbedingt für ein Studium zurück nach Berlin, weil er 2012 bereits schon ein sechsmonatiges Praktikum bei der kolumbianischen Botschaft gemacht und bereits Kontakte zu Professor*innen in Berlin geknüpft hatte (Interview mit einem kolumbianischen Alumnus, Skype, 2017).

Bei den ehemaligen indonesischen Stipendiat*innen verhält es sich ganz ähnlich. Dabei spielt auch die Partneruniversität des KAAD in Indonesien, die katholische Atma-Jaya Universität in Jakarta, eine besondere Rolle. Häufig werden Studierende der Atma-Jaya Universität als Stipendiat*innen des KAAD über das Partnerauswahlgremium des KAAD in Indonesien ausgewählt. So wurde zum Beispiel einer Alumna, die bereits damals als Juradozentin an der Atma-Jaya Universität arbeitete, von der Vorsitzenden des KAAD-Partnergremiums, die zugleich auch Stellvertretende Dekanin der Atma-Jaya Universität ist, vorgeschlagen, für eine Jurapromotion nach Deutschland zu gehen. Die Wahl fiel letztlich auf ein Promotionsstudium an der Ludwig-Maximilians-Universität, weil dort einer der führenden Professoren im internationalen Wettbewerbsrecht lehrte. Dafür bekam sie auch ein KAAD-Stipendium (Interview mit einer indonesischen Alumna, Jakarta, Indonesien, 2017).

Eine andere Dozentin im Fachbereich Psychologie an der Atma Jaya Universität wurde ebenfalls aufgrund der engen Bindungen der Universität mit dem KAAD für ein Promotionsstudium in Deutschland vorgeschlagen. Eine weitere Stipendiatin entschied sich für ein Studium an der Universität Erlangen-Nürnberg, weil sie zuvor Kontakte dorthin knüpfte, als sie an einem Forschungszentrum in Jakarta arbeitete, das ein Kooperationspartner der Universität Nürnberg-Erlangen ist (Interview mit einer indonesischen Stipendiatin, Skype, 2017). Ein Alumnus wurde von seinem Professor an der Universität Bandung an die TU Dresden vermittelt, weil er bereits mehrere Jahre mit Kolleg*innen dort zusammenarbeitete und die Forschung dort in seinem technischen Bereich weltweit führend ist (Interview mit einem indonesischen Alumnus in Deutschland, Skype, 2017).

Ein georgischer Alumnus nutzte seine langjährigen Forschungskontakte nach Deutschland, um zwei vom KAAD geförderte Forschungsaufenthalte an der Universität Tübingen und der Ludwig-Maximilians-Universität München durchzuführen. Diese Aufenthalte nutzte er, um Primärquellenforschung mit deutschen Kolleg*innen zur evangelischen Religionsgeschichte in Deutschland und Georgien zu betreiben. Bereits vor diesen Forschungsaufenthalten war er mit Unterstützung eines DAAD-Forschungsstipendiums in Deutschland und plant auch seine nächsten Forschungsaufenthalte mit DAAD- und KAAD-Stipendien zu finanzieren.

In Palästina wiederum gab es nur wenige KAAD-Alumni, die bereits vor ihrem Studien- oder Forschungsaufenthalt akademische oder berufliche Kontakte nach Deutschland hatten. Eine Ausnahme ist ein Sprachwissenschaftler an der Bethlehem Universität, der vom KAAD für einen zweimonatigen Forschungsaufenthalt an der Universität Göttingen gefördert wurde. Zu diesem Forschungsaufenthalt wurde er von einem Arabistikprofessor eingeladen, den er bereits vor über 20 Jahren während einer Tagung in Jerusalem kennenlernte.

Neben den beruflichen und universitären Kontakten haben sich Stipendiat*innen und Alumni auch aufgrund privater Verbindungen für ein Studium oder einen Forschungsaufenthalt in Deutschland entschieden. Dies gilt vor allem für die ghanaischen und kolumbianischen Stipendiat*innen und Alumni. So hat sich zum Beispiel ein ghanaischer Stipendiat für ein Studium in Deutschland entschieden, weil bereits seine Brüder in Leipzig studiert haben und dort sehr zufrieden waren (Interview mit einem ghanaischen Stipendiaten, Skype, 2017). Eine andere Stipendiatin aus Ghana ist nach Deutschland gegangen, weil ihr Eheman bereits im Jahr 2014 ein Promotionsstudium an der Universität Bayreuth begonnen hatte, wofür er ein Stipendium von der Universität Bayreuth bekommen hat, und wo sie dann ebenfalls ein Masterstudium aufnehmen konnte (Interview mit einer ghanaischen Stipendiatin, Bonn, 2017). Ein anderer Alumnus besuchte im Jahr 2003 die katholische Partnergemeinde der ghanaischen Stadt Tamale in Münster. Dort knüpfte er Freundschaften und Kontakte zu Mitgliedern der Partnergemeinde. Zudem entwickelte er aufgrund des Besuchs ein Interesse an Deutschland und der deutschen Kultur. Insbesondere von der sprichwörtlichen Pünktlichkeit der Deutschen und dem hohen Entwicklungsstand der Technik in Deutschland war er fasziniert. Deswegen ist er später nach Deutschland gegangen, um im Fach Medizin zu promovieren (Interview mit einem ghanaischen Alumnus, Tamale, Ghana, 2018). Ein ghanaischer Alumnus aus der Stadt Kumasi wollte unbedingt in Deutschland studieren, weil er bereits über seine Familie enge Beziehungen nach Deutschland hatte. In seiner Kindheit hat er viel über die deutsche Geschichte und Kultur von seinem Großvater gelernt. Sein Großvater, der das deutsche Bundesverdienstkreuz verliehen bekam, hatte Deutsch bei einem deutschen Missionar in Ghana gelernt und dann selbst Deutsch in einer deutschen Schule in Accra unterrichtet. Zudem empfahl ihm ein Cousin, der an der KNUST in Kumasi Biochemie lehrte und zuvor selbst in Deutschland studierte, ein Studium in Deutschland aufzunehmen (Interview mit einem ghanaischen Alumnus, Accra, Ghana, 2018).

Eine kolumbianische Alumna ist im Jahr 2006 mit ihrem Mann, der ein Promotionsstudium an der Universität Göttingen aufnahm, nach Deutschland gezogen. Ein halbes Jahr später nahm sie auch ein Promotionsstudium im Fach Psychologie auf. Dafür bewarb sie sich von Deutschland aus für ein Stipendium beim KAAD (Interview mit einer kolumbianischen Alumna, Medellin, Kolumbien, 2017). Eine andere kolumbianische Alumna folgte ebenfalls ihrem Freund nach Deutschland, der an der Universität Regensburg ein Jurastudium absolvierte und anschließend promovierte. Später promovierte sie ebenfalls im Fach Rechtswissenschaften an der Universität Regensburg (Interview mit einer kolumbianischen Alumna, Bogotá, Kolumbien, 2017). Eine andere kolumbianische Alumna entschied sich für ein Studium in Heidelberg, weil sie bereits direkt nach dem Abitur im Jahr 2003 als Austauschschülerin nach Heidelberg kam und noch Freundschaften nach Heidelberg pflegte. Zudem hat ihr die Stadt sehr gut gefallen, die auch eine hohe Lebensqualität für Studierende biete. Das Schüler*innenaustauschprogramm zwischen ihrer Schule in Medellin und einer Schule in Heidelberg war im Jahr 2002 von deutschen Lehrer*innen gegründet worden, um Straßenkindern in Kolumbien mehr Bildungschancen und internationale Erfahrungen zu ermöglichen (Interview mit einer kolumbianischen Alumna, Heidelberg, 2018).

Eine indonesische Alumna entschied sich für ein Studium in Deutschland, weil bereits ihr Onkel und ihre Cousine in Deutschland lebten und ihr bei der Wohnungssuche und beim Einleben in Deutschland helfen konnten (Interview mit einer indonesischen Alumna, Jakarta, Indonesien, 2017). Eine andere indonesische Alumna zog mit ihrem Ehemann nach Deutschland, mit dem sie bereits in Indonesien an derselben Universität studiert hatte und der auch ein KAAD-Stipendium für sein Studium in Deutschland bekam. Sie bewarb sich auch für ein Studium in den Niederlanden, entschied sich aber letztlich für Deutschland (Interview mit einer indonesischen Alumna, Jakarta, Indonesien, 2017).

Ähnlich war es auch bei den palästinensischen und georgischen Alumni. So entschied sich z. B. eine palästinensische Alumna bewusst für ein Studium in Berlin, weil bereits ihre Schwester dort studierte und immer noch dort lebt. Ein aktueller georgischer KAAD-Stipendiat ging ebenfalls nach Berlin zum Studieren, weil ein Freund, der ebenfalls vor ein paar Jahren dort studierte, ihn von den Vorzügen der Freien Universität und der Weltstadt Berlin überzeugte. Zudem planen auch weitere seiner Freunde in Georgien in Zukunft ein Studium in Berlin aufzunehmen.

3.3.3   Persönliches Interesse an Deutschland

Ein persönliches Interesse an Deutschland spielte für die Entscheidung, ein Studium in Deutschland aufzunehmen, ebenfalls eine Rolle. Häufig hatte dieses Interesse auch etwas mit der Studienwahl im Herkunftsland zu tun. Ein kolumbianischer Alumnus studierte z. B. bereits deutsche Literatur in Kolumbien und entschied sich deshalb auch bewusst für ein Studium in Deutschland:

„Das war vor allem meine Begeisterung für deutsche Literatur. Ich konnte zwar schon etwas Deutsch, aber es war noch nicht so gut, um es in Deutschland studieren zu können. In Deutschland habe ich gutes Deutsch gelernt und kann es heute in Seminaren an der Uni hier in Bogotá unterrichten. Deswegen bin in ich damals nach Deutschland gegangen" (Interview mit einem kolumbianischen Alumnus, Bogotá, Kolumbien, 2017).

Ein anderer Kolumbianer hatte sich für ein Studium in Deutschland aufgrund seines Interesses für das deutsche Bankenwesen, das bereits ein Teil seiner Spezialisierung in seinem Jurastudium in Kolumbien war, entschieden:

„Ich bin nach Deutschland gegangen, weil das deutsche Bankenrecht damals das Vorbild für das kolumbianische Bankenrecht geworden ist. Im Hinblick auf diese Vorbildfunktion bin ich dahin geflogen mit dem Ziel ein Studium in diesem Bereich sehr stark zu vertiefen und um dann damit in Kolumbien weiter arbeiten zu können. [...] Ich bin in Deutschland angekommen, um dieses Studium durchzuführen, allerdings hatte ich vorher überhaupt keinen Kontakt zu Deutschland, hatte ich doch vorher immer ein großes Interesse an der deutschen Kultur. Dieses Interesse ist vielleicht darauf zurückzuführen, dass mein Name

Helmut ist. Das war sehr seltsam, weil meine Eltern überhaupt keine Verbindungen zu Deutschland hatten. Allerdings haben sie diesen schönen Namen für mich ausgewählt. Allerdings habe ich während meines Studiums immer daran gedacht, einmal nach Frankreich zu fliegen und dort ein Aufbaustudium auszuführen, weil das kolumbianische BGB aus dem französischen Code Civil stammt. Erst nachdem ich bei der kolumbianischen Bankenaufsichtsbehörde zu arbeiten angefangen habe und dort festgestellt habe, dass das deutsche Bankenrecht sehr wichtig für das kolumbianische Bankenrecht war, habe ich das erste Mal daran gedacht, Frankreich ist nicht richtig, richtig ist es nach Deutschland zu gehen. Demgemäß habe ich angefangen Deutsch zu lernen" (Interview mit einem kolumbianischen Alumnus, Bogotá, Kolumbien, 2017).

Eine indonesische Stipendiatin hat sich für ein Musikstudium in Deutschland entschieden, weil sie sich schon seit ihrer Kindheit für klassische deutsche Musik interessiert hat. Ihre drei Lieblingskomponisten kommen alle aus Deutschland: Bach, Beethoven und Händel. Zudem gefällt ihr der deutsche Ansatz der Musikvermittlung an den deutschen Hochschulen, der ihrer Meinung nach direkter, klarer und zielorientierter ist als der US-amerikanische oder britische Ansatz. Um klassische deutsche Musik zu studieren, musste sie ins Ausland gehen, weil das in Indonesien nicht möglich ist (Interview mit einer indonesischen Stipendiatin, Skype, 2017).

Auch einen ghanaischen Stipendiaten zog das große Interesse für klassische Musik nach Deutschland. Er wollte vor allem nach Deutschland, um die Musik seines großen Vorbilds, Johann Sebastian Bach, auf den Originalorgeln in deutschen Kirchen zu hören, auf denen schon Bach spielte. Er selbst ist sehr engagiert und spielt regelmäßig Orgel zu den Sonntagsgottesdiensten in seiner Heimatgemeinde in Ghana (Interview mit einem ghanaischen Stipendiaten, Skype, 2017).

Das persönliche Interesse für ein Studium in Deutschland entstand auch daher, dass einige Alumni bereits eine deutsche Schule im Herkunftsland vor ihrem Studium in Deutschland besuchten. Unsere Online-Umfrage ergab, dass jeder siebte KAAD-Alumni bereits eine deutsche Schule im Herkunftsland besucht hatte (50 der 354 Befragten).

3.3.4 Weitere Gründe

Manchmal spielten auch mehrere Gründe gleichzeitig eine Rolle, warum sich eine Alumna bzw. ein Alumnus für ein Studium in Deutschland entschieden hat. Eine kolumbianische Alumna hat sich sowohl aus familiären als auch aus wissenschaftlichem Interesse für Deutschland entschieden:

„Es gibt verschiedene Gründe. Das erste war, dass meine Schwester seit 25 Jahren in Deutschland wohnt. Ein Teil meiner Familie wohnt in Deutschland, meine Schwester und zwei Nichten. Ich hatte viel Kontakt mit Deutschland. Und ich finde, Deutschland ist ein sehr gutes Land zu studieren. Ich war 29 Jahre alt, ich war an der Heidelberg Universität und Frankfurt Universität, ich konnte perfekt studieren. Viele Leute haben mir vorher erzählt über die besonderen Stipendien, Kultur, die Infrastruktur und die guten Unis in Deutschland. Aber ich fand die Sprache sehr kompliziert. [...] Ich habe Soziologie an der Universidad de Colombia studiert und Politische Philosophie an der Universidad Javeriana, und die Menschen von der Literatur und Soziologie und Philosophie ist in deutscher Sprache. Die Tradition von Soziologie und Philosophie ist in deutscher Sprache. Deswegen fand ich es sehr interessant diese beiden Fächer in Deutschland zu studieren" (Interview mit einer kolumbianischen Alumna in Bogotá, Kolumbien, 2017).

Eine andere Kolumbianerin hat sich für ein Studium in Deutschland entschieden, weil das Studium eine gute Qualität hat und gleichzeitig relativ wenig kostet. Zudem interessierte sie sich für deutsche Geschichte und Kultur:

"I was already thinking to do my Master abroad since 2012. I was thinking about Spain – of course, because of the language – but I needed a scholarship, because I did not have enough money to study abroad. At the end, I decided to go to Germany, because the university system is good, you don't have to pay much for the education, and it is still a good quality. Also, the reputation of Germany is very good worldwide, also in Colombia we know about the good universities in Germany. I'm also very interested in German history and culture. These are the reasons why I wanted to go to Germany." (Interview mit einer kolumbianischen Alumna in Bogotá, Kolumbien, 2017).

Diese Beispiele zeigen, dass es vielfältige Gründe gibt für die Entscheidung ein Studium oder ein Forschungsaufenthalt in Deutschland zu absolvieren. Dabei spielen neben Karriereplanung und beruflichen Zielen eben sehr häufig auch ganz private Gründe, wie Familienbeziehungen oder Freundschaften in Deutschland eine Rolle. Dennoch war interessant zu erfahren, dass für einige der befragten Stipendiat*innen, Deutschland sozusagen nur „zweite Wahl" war. Viele wären am liebsten in die USA, Großbritannien oder nach Kanada gegangen, um dort ein Studium aufzunehmen, vor allem weil es sich dabei um englischsprachige Länder handelt, die eine gute internationale Reputation genießen. Letztendlich haben sie sich aber für Deutschland entschieden, weil das Studium hier kostengünstiger ist. In anderen Ländern, wie den USA oder Großbritannien, seien die Aufnahmehürden, insbesondere die Studiengebühren zu hoch.

3.4   Bewerbung beim KAAD

Im Gegensatz zum DAAD ist der KAAD kein akademisches Stipendienprogramm, das aktiv Werbung im In- und Ausland für seine Stipendien betreibt. Eher im Gegenteil: Der KAAD versteht sich mehr als eine „kleine akademische Familie", die potenzielle Stipendiat*innen über Mundpropaganda durch Menschen mit einem Bezug zum KAAD findet. Nach den Ergebnissen unserer quantitativen Online-Befragung erfuhren auch die Alumni mehrheitlich nicht durch die Institutionen oder Partnerorganisationen des KAAD von der Möglichkeit ein KAAD-Stipendium zu bekommen, sondern eher durch Freund*innen und Bekannte, die den KAAD kennen, entweder weil sie selbst einmal KAAD-Stipendiat*innen waren oder welche kennen, die einmal Stipendiat*innen gewesen waren. So haben über die Hälfte (56 % oder 266 von 480 Befragten) aller befragten Alumni und aktuellen Stipendiat*innen angegeben, dass sie durch Freund*innen oder Bekannte, die selbst KAAD-Stipendiat*innen oder durch Freunde/Bekannte, die den KAAD kennen, aber keine Stipendiat*innen waren oder sind, vom KAAD erfahren haben. Die Interviews mit 135 Alumni und aktuellen Stipendiat*innen haben zu ähnlichen Ergebnissen geführt. Die meisten Alumni haben von Verwandten oder Bekannten vom Stipendienprogramm des KAAD erfahren. Eine kolumbianische Alumna erfuhr zum Beispiel vom KAAD von ihrem Ehemann, der sich ebenfalls um ein Stipendium beworben hatte:

„Ich bin auf den KAAD gekommen, weil ich sehr engagiert in der Kirche bin, auch schon in Kolumbien damals. Mein Katholischsein ist mir sehr wichtig. Ich habe auch meinen Mann in der Kirche kennengelernt. Von ihm habe ich auch vom KAAD erfahren, er hatte sich auch schon um ein Stipendium dort beworben, es damals aber nicht bekommen. Dafür bekam er später dann ein Stipendium vom DAAD. Er hatte damals online für Stipendienmöglichkeiten recherchiert und dabei auch den KAAD gefunden. Er hat im Fach Veterinär-medizin studiert und promoviert" (Interview mit einer kolumbianischen Alumna in Medellin, Kolumbien, 2017).

Eine indonesische Stipendiatin erfuhr von einer guten Freundin von der KAAD-Förderung:

"A friend of mine got a scholarship from the KAAD, and she recommented me to get one too, because she was very happy with her scholarship" (Interview mit einer indonesischen Stipendiatin, Skype, 2017).

Andere Verwandte oder Bekannte, von denen die Alumni von der Möglichkeit erfahren haben, sich um ein Stipendium beim KAAD zu bewerben, waren zum Beispiel ein Cousin (Kolumbianerin), ein Kommilitone (Indonesier), ein Priester (Georgierin) oder ein Vertrauensprofessor an der Universität im Herkunftsland (Ghanaer).

Am zweithäufigsten haben die interviewten Alumni von Mitgliedern des KAAD-Partnergremiums im Herkunftsland gehört. Dies geht auf die engen Kontakte zwischen den Länderreferaten des KAAD in Bonn und den Partnergremien in den Herkunftsländern, die eine Vorauswahl unter den Bewerber*innen für ihr Land treffen, zurück. Dabei sind die Partnergremien oftmals an der katholischen Partneruniversität im Herkunftsland ansässig. So bekam ein ghanaischer Alumnus vom KAAD-Partnergremium an der Partneruniversität KNUST in Kumasi, Ghana, während seines Bachelorstudiums den Hinweis, sich beim KAAD um ein Stipendium zu bewerben (Interview mit einem ghanaischen Alumnus in Kumasi, Ghana, 2018). Das Stipendium des KAAD hat er sogar einer Finanzierung des renommierten staatlichen Stipendienwerk GETFund (Ghana Education Trust Fund) vorgezogen. Aufgrund der ghanaischen Kolonialgeschichte, zahlreicher traditioneller Verbindungen und der hohen Zahl ghanaischer Studierender in England, vergibt GETFund aber vor allem Stipendien für ein Studium in Großbritannien. Zudem bewerben sich viele Ghanaer*innen beim KAAD um ein Stipendium für einen Master- oder Promotionsstudiengang in Deutschland, die bereits schon im Rahmen des Sur-Place-Stipendienprogramms[10] für Bachelorstudierende an ghanaischen Universitäten vom KAAD gefördert wurden.

Ferner erfuhren die KAAD-Alumni, die sich von Deutschland aus um ein Stipendium beworben haben, vom KAAD durch die katholische Hochschulgemeinde (KHG). Die folgenden Aussagen dreier kolumbianischer Alumni machen deutlich, dass die Mitarbeiter der KHG Beratungen und Informationsveranstaltungen zum Stipendienprogramm des KAAD anbieten:

---

10 Das Sur-Place-Stipendienprogramm des KAAD fördert Studierende im Rahmen ihres Bachelorstudiums im Herkunftsland, vor allem in afrikanischen Ländern.

„Mitarbeiter in der KHG haben mir das empfohlen. Es gab damals auch einen sehr netten Mitarbeiter, ich glaube ein Vertrauensmann des KAAD, der mich über die Stipendienmöglichkeiten des KAAD beraten hat. Er hat auch das erste Bewerbungsgespräch mit mir gemacht" (Interview mit einer kolumbianischen Alumna in Bogotá, Kolumbien, 2017).

„Es gibt eine KHG in Gießen und ich bin immer dorthin gegangen für die Gottesdienste und zu manchen Leuten da. Einer der Leute dort hat über Stipendium des KAAD einen Vortrag gehalten, und ich habe gedacht, ich könnte dieses Stipendium bekommen, weil ich hatte nicht so viel Geld, und ich habe mich beworben. Ich wurde dann ein Jahr und drei Monate vom KAAD gefördert" (Interview mit einer kolumbianischen Alumna in Deutschland, Skype, 2017).

"I have a friend in the program, who is also a KAAD scholar. She is from Simbabwe. We both are Catholic, and she invited me to the KHG. And there I asked for an appointment, and they told me all about the scholarship. And I did my application for the KAAD throught the contact person at the KHG" (Interview mit einer kolumbianischen Alumna in Deutschland, Skype, 2017).

Eine andere Alumna aus Kolumbien erfuhr vom KAAD während eines Deutschkurses, den sie am Goethe-Institut in Bogotá belegte:

"I found out about the KAAD in the German class at the Goethe Institute in Bogotá. A friend in my class at the Goethe Institute told me about the KAAD. After the class, I contacted Krüggeler by e-mail that I found on the webpage of the KAAD. And Krüggeler told me to write Carlsos Henao who is the head of the partner committee of the KAAD in Colombia. He wrote back directly and sent me all the requirements for the application. They answered very fast and had good advices. They helped me a lot" (Interview mit einer kolumbianischen Alumna in Bogotá, Kolumbien, 2017).

Der Bewerbungsprozess selbst um ein KAAD-Stipendium unterscheidet sich deutlich zwischen den zwei Stipendienprogrammen des KAAD, also ob man sich vom Herkunftsland aus (Stipendienprogramm 1) oder in Deutschland (Stipendienprogramm 2) bewirbt.

Im Herkunftsland findet die Bewerbung über das Partnergremium des KAAD statt, das eine Vorauswahl der Bewerber*innen trifft und Empfehlungen von Bewerber*innen für ein Stipendium an den KAAD und den Auswahlausschuss in Deutschland abgibt. Um die konkreten Schritte der Bewerbung deutlich zu machen, erläutern wir im Folgenden den Prozess am Beispiel einer ghanaischen Bewerberin, die sich von Ghana aus für ein Stipendium beworben hat (S1-Programm). Zuerst musste sie alle notwendigen Bewerbungsunterlagen sammeln (Motivationsschreiben, CV, Empfehlungsschreibens einer Professorin*eines Professors der Universität Tamale – ein Schreiben eines deutschen Professors*einer deutschen Professorin ist nicht notwendig – beglaubigte Zeugnisse, Empfehlungsschreiben eines katholischen Pfarrers, eine Notenübersicht des BA-Studiums und die BA-Abschlussarbeit). Für die Bewerberin waren das sehr viele Unterlagen und sie hat mehrere Monate gebraucht, um alle Unterlagen zu besorgen. Nach Einreichen der Unterlagen hat es weitere zwei Monate gedauert, bis sie zu einem ersten Bewerbungsgespräch des KAAD-Auswahlgremiums eingeladen wurde. Dafür wurde sie nach Kumasi eingeladen. Die Kosten für die rund zehnstündige Busfahrt von Tamale nach Kumasi und die Übernachtungskosten in Kumasi wurden vom Partnergremium übernommen (wurde also mit Geldern des KAAD finanziert). Das Auswahlgespräch mit vier Mitgliedern des Partnergremiums (bestehend aus drei KAAD-Alumni, die jetzt Professoren an der Kumasi-Uni sind und zwei katholischen Pfarrern; ein Pfarrer konnte nicht kommen) dauerte ca. eine Stunde und verlief sehr gut. Es wurden hauptsächlich Fragen zu ihrer Motivation nach Deutschland zu gehen, ihrem Glauben und religiösem Engagement sowie ihrem Studium in Tamale und Vorstellungen über das Studium in Deutschland gestellt. Am gleichen Tag wurden noch fünf weitere Bewerber*innen um ein KAAD-Studium für Bewerbungsgespräche vom Partnergremium nach Kumasi eingeladen. Nach vier Wochen bekam sie die Nachricht vom Partnergremium, dass sie für die nächste Bewerbungsrunde ausgewählt wurde und ihre Unterlagen nach Deutschland geschickt werden. Dort haben dann die Mitarbeitenden des KAAD eine weitere Auswahl getroffen und ihre Auswahl für ein Stipendium an den akademischen Ausschuss des KAAD (bestehend aus deutschen Professor*innen und Vertrauensdozent*innen) weitergegeben, die die endgültige Entscheidung für die Vergabe von Stipendien treffen. Die endgültige Zusage für ihr Stipendium hat die Bewerberin nach ca. fünf Monaten erhalten (Interview mit einer ghanaischen Stipendiatin, Bonn, 2017).

Für die Bewerber*innen, die sich von Deutschland aus bewerben, treffen die Katholischen Hochschulgemeinden an den Universitäten vor Ort die Vorauswahl und geben ihre Empfehlungen an den KAAD und den Auswahlausschuss weiter. Auch hier kann der Bewerbungsprozess bis zu vier und sechs Monaten dauern. In Ausnahmefällen aber auch bis zu einem Jahr. Dies wurde von einigen Bewerber*innen auch bemängelt, da der Bewerbungsprozess um Studienplatz und Stipendium in Deutschland für viele sehr schwierig war, alle notwendigen Bewerbungsunterlagen im Herkunftsland beizuschaffen:

"The application process was very long and complicated. It took me one year to collect all the application documents. For the application, I needed the invitation letter from a German university, and a letter from a priest in Bogotá. That was very expensive and took a lot of time, because I had also to drive to all these people, they wanted to see me and talk to me. They did not just send me the forms and letters. They had a lot of questions, but I understand, they wanted to know me. [...]
And also a big problem: it took a lot of time to get the letter from the German university, from Essen. I needed two letters of recommendation, one of the Professor at the university in Bogotá and from the United Nations that was easy to get. However, the whole application process took a long time, and sometimes I was frustrated, of course" (Interview mit einer kolumbianischen Alumna in Bogotá, Kolumbien, 2017).

Bei dem aufwendigen Bewerbungsprozess wurde auch bemängelt, dass den deutschen Behörden alle notwendigen Unterlagen ausschließlich auf Deutsch vorgelegt werden dürfen. Dies erschwerte vielen Alumni die Bewerbung, weil bei den meisten zu diesem Zeitpunkt die Deutschkenntnisse noch nicht so gut sind. Eine indonesische Stipendiatin merkte dazu an:

"The whole process of application and the communication with German bureaucrats was very long, and it was sometimes frustrating, because I did not understand the paper stuff, I did not understand German. Everything was very complicated. Also, later in Dresden it was difficult to communicate with the people in the city offices, because they don't speak English and seem to be unfriendly and impatient with people who don't understand their culture and language. But I have heard that even Germans, I mean German citizens have problems with their bureaucrats, and the special German Juristensprache" (Interview mit einer indonesischen Stipendiatin, Skype, 2017).

Es gab aber auch positive Stimmen zum Bewerbungsprozess:

„Die Bewerbung ging ziemlich schnell und fand ich auch einfach. Auch ziemlich unkompliziert. Im gesamten Prozess wurde ich immer gut informiert und wusste was ich zu machen hatte" (Interview mit einer indonesischen Stipendiatin, Skype, 2017).

*„Die Bewerbung war sehr unkompliziert und hatte circa sechs Monate ge-
dauert. Die Vertrauensperson des KAAD bei der KHG hatte mich sehr gut im
Bewerbungsprozess beraten"* (Interview mit einer ghanaischen Stipendiatin,
Skype, 2017).

Bei der Auswahl der Stipendiat*innen achtet der KAAD auch darauf, ob man die
Bewerber*innen schon kennt und bereits ein Vertrauensverhältnis besteht. Demnach
gab es bereits schon mehrere Fälle, in denen Alumni mehr als einmal vom KAAD
gefördert wurden, so zum Beispiel einmal im Rahmen des Sur-place-Stipendienprogramms im Heimatland und dann für einen Master- oder Promotionsstudiengang in Deutschland (wie z. B. bei mehreren ghanaischen Alumni) oder für ein
Master- und ein Promotionsstudium in Deutschland oder für zwei oder mehrere
Forschungsaufenthalte im Rahmen des Postdocs oder der Professur in Deutschland, wie dies zum Beispiel bei mehreren georgischen Forschenden der Fall war.
Dahinter steckt die Idee, sich als eine Art „akademische Familie" zu verstehen. Ein
ghanaischer Alumnus, der sowohl für sein Master- als auch Promotionsstudium
in Deutschland gefördert wurde, drückte dies auch entsprechend aus:

*„Ich gehörte sozusagen schon zur Familie und es war schon ein gewisses Ver-
trauen da. Der KAAD wusste, dass ich mein Studium gut abgeschlossen hatte
und mich gut in Deutschland verhalten hatte. Sie wussten auch, dass ich einen
guten Job als Lecturer an der KNUST in Kumasi mache"* (Interview mit einem
ghanaischen Alumnus, Kumasi, Ghana, 2018).

In einigen Fällen kooperiert der KAAD auch mit den Partneruniversitäten in Bezug auf die Stipendienfinanzierung. So zahlt der KAAD in einigen Fällen nur 60
Prozent des Stipendiums, während die Partneruniversität für den Rest des Geldes
aufkommt. Ein Beispiel für ein solches Arrangement ist die bereits erwähnte Atma
Jaya Universität in Jakarta, Indonesien. Im Rahmen des Stipendienabkommens
verpflichten sich die ausgewählten Stipendiat*innen dazu, nach dem geförderten
Studium in Deutschland als Lehrkräfte oder Wissenschaftler*innen an die Partneruniversität zurückzukehren. Das Auslandsstudium bzw. der Gastaufenthalt
in Deutschland dient damit sozusagen der Weiterbildung des eigenen Lehr- und
Wissenschaftspersonals. Damit konnte zum Beispiel eine Juradozentin mit einem
KAAD-Stipendium für vier Jahre zur Promotion an die Ludwig-Maximilians-Universität nach Deutschland. Nach ihrer Rückkehr verpflichtete sie sich allerdings für
mindestens weitere 12 Jahre an der Atma Jaya Universität Jura zu lehren (Interview
mit einer indonesischen Alumna in Jakarta, Indonesien, 2017). Ähnliche Abkommen
bestehen auch mit den KAAD-Partneruniversitäten KNUST in Kumasi, Ghana,

Bethlehem University in Palästina, Sulkhan-Saba-Universität Tiflis in Georgien sowie der Universidad Javeriana Bogotá und früher der Universidad Bolivariana in Kolumbien.

3.5 Sprachkurs im Herkunftsland

Um sich auf das Studium in Deutschland vorzubereiten besuchten einige Stipendiat*innen Deutschkurse im Heimatland, entweder an einer Universität oder einem Sprachinstitut wie dem Goethe-Institut. Dies gilt vor allem für diejenigen Alumni, die zunächst ein Studium ohne KAAD-Stipendium in Deutschland begonnen und sich erst später für ein Stipendium beworben haben, aber eben zunächst einen Nachweis für Grundkenntnisse in der deutschen Sprache benötigten, um ein Studium an einer deutschen Hochschule aufzunehmen.

Zwei ghanaische Alumni absolvierten jeweils einen Deutschkurs an einer Universität in Ghana: Für sechs Monate an der Cape Coast University und für zwei Jahre an der Legon University in Accra. Zwei weitere Ghanaer belegten jeweils einen Deutschkurs für sechs Monate mit sechs Stunden pro Woche am Goethe-Institut in Accra. Beide fanden den Deutschkurs sehr schwierig und zeitintensiv. Auch ein kolumbianischer Alumnus belegte einen Deutschkurs am Goethe-Institut in Bogotá bevor er zum Studium nach Deutschland ging:

„Ich habe 14 oder 16 Monate hier am Goethe-Institut Deutsch gelernt, wobei ich bedauerlicherweise keine Zeit hatte nach dem Unterrichtsbesuch Hausaufgaben und alles sofort zu erledigen, weil ich sehr beschäftigt war als Anwalt, als Jurist zu arbeiten" (Interview mit einem kolumbianischen Alumnus in Bogotá, Kolumbien, 2017).

Eine andere Kolumbianerin belegte sogar für vier Jahre einen Deutschkurs am Goethe-Institut in Bogotá:

„Vor meiner Reise habe ich etwa vier Jahre Deutsch am Goethe-Institut gelernt und dort hatte ich auch die Möglichkeit, kulturelle Aspekte zu lernen mit deutschen Professoren. Wir hatten Landeskunde und so. Und ich war ein bisschen vorbereitet für den Kulturschock. Das war nicht so stark für mich, ehrlich gesagt. Die größte Herausforderung für mich war die Sprache. Mir war bewusst, dass die Sprache ein Mittel war, um mich zu integrieren, war die Beherrschung der Sprache" (Interview mit einer kolumbianischen Alumna in Bogotá, Kolumbien, 2017).

Die indonesischen Alumni belegten einen Deutschkurs im Herkunftsland entweder am Goethe-Institut oder am Studienkolleg in Jakarta jeweils für sechs Monate oder einem Jahr, um ein A1- und A2-Sprachniveau zu erreichen.

Einige palästinensische Alumni hingegen lernten bereits Deutsch in der Schule. So war z. B. ein Alumnus Schüler an der renommierten deutschen Schule „Talitha Kumi" in Bait Dschala nahe Bethlehem, die 1950 vom Diakoniewerk Kaiserwerth gegründet worden war und an der überwiegend deutsche Lehrer*innen unterrichten (Talitha Kumi 2018). Dort lernte sie seit der ersten Klasse Deutsch und legte nach der zwölften Klasse die Deutsche Internationale Abiturprüfung (DIAP) ab. Trotz ihrer bereits sehr guten Deutschkenntnisse erwarb sie ein zusätzliches Sprachzertifikat beim DAAD, bevor sie ihr Studium an der Universität Heidelberg aufnahm. Mit der Qualität ihres Spracherwerbs in Palästina war sie sehr zufrieden:

> *„Die deutsche Schule in Bait Dschala ist sehr bekannt und man bekommt dort sehr gute Sprachkenntnisse vermittelt. Das ist die Nummer eins für Deutsch in Palästina. Auch sonst ist die schulische Ausbildung dort sehr gut. Meine Eltern haben mich dorthin geschickt, nicht nur um Deutsch zu lernen, sondern insgesamt eine gute Bildung zu bekommen. Dort ist auch meine Idee entstanden, in Deutschland zu studieren. Aber bevor ich dann endlich für ein Studium in Deutschland zugelassen wurde, wollte ich mir meine guten Deutschkenntnisse noch einmal vom DAAD in Palästina bestätigen lassen, damit ich auch gute Chancen für ein Stipendium habe"* (Interview mit einer palästinensischen Aluma in Deutschland, Skype, 2016).

Ergebnisse: Während des Studiums

4

4.1 Sprachkurs in Deutschland

Wie gerade geschildert, müssen, bevor ein Studium in Deutschland aufgenommen werden darf, Grundkenntnisse in der deutschen Sprache nachgewiesen werden. Generell werden Deutschkenntnisse auf dem Sprachniveau von B2 verlangt. Deswegen bietet der KAAD seinen Stipendiat*innen einen Deutschkurs in Bonn an, den die Stipendiat*innen vor ihrem Studium absolvieren können. Je nach bereits vorhandenen Deutschkenntnissen kann der Sprachkurs zwischen einem Monat und sechs Monaten dauern. Die kompletten Kosten dafür übernimmt der KAAD. Diejenigen Stipendiat*innen, die bereits schon vorher einen Deutschkurs entweder in Deutschland – falls sie zum Zeitpunkt der Bewerbung schon in Deutschland waren – oder im Herkunftsland erfolgreich absolviert haben oder die deutsche Sprache bereits schon in der Schule oder privat gelernt haben (s. o.), müssen den Deutschkurs des KAAD in Bonn nicht belegen. Allerdings haben nur die wenigsten der Befragten einen Deutschkurs im Herkunftsland vorher belegt. Ein unserer Untersuchung betraf dies nur ein paar wenige Alumni. Der KAAD kooperiert dabei mit dem Kreuzberg-Institut in Bonn und schickt seine Stipendiat*innen zum Deutschkurs regelmäßig dorthin. Alle anfallenden Kosten (Unterricht, Übernachtung und Verpflegung) werden dabei vom KAAD übernommen. Je nach Vorkenntnissen und sprachlichen Anforderungen im späteren Studium dauert der Sprachkurs zwischen vier und sechs Monaten.

Der gemeinsame Sprachkurs hilft vielen dabei, die Probleme zu Beginn ihrer Zeit in Deutschland leichter zu bewältigen. Das liegt vor allem daran, dass die Stipendiat*innen während dieser Zeit in der Regel zusammen in einem Wohnheim in Bonn wohnen und sich bei Problemen wie Heimweh oder dem Erlernen der deutschen Sprache gegenseitig unterstützen können. Überhaupt haben die meisten Alumni, die einen Sprachkurs in Bonn belegt haben, sehr positive Erinnerungen an diese Zeit:

© Der/die Autor(en) 2021
S. Krannich und U. Hunger, *Studierendenmigration und Entwicklung*,
https://doi.org/10.1007/978-3-658-32048-5_4

„Ich habe den Deutschkurs des KAAD in Bonn im Frühling und Sommer 2000 besucht. Der hat mir sehr gut gefallen und hat mir über die schwere Anfangszeit in Deutschland hinweggeholfen, weil viele gleichaltrige andere Stipendiaten des KAAD mit ähnlichen Erfahrungen aus verschiedenen Ländern mit mir den Kurs zusammen gemacht haben. Wir konnten uns gegenseitig über die schwierige Anfangszeit helfen und haben zusammen die Hausaufgaben für den Deutschkurs gemacht" (Interview mit einem ghanaischen Alumnus in Kumasi, Ghana, 2018).

„Das war eine sehr schöne Zeit für mich, weil ich da viel Zeit hatte, wohnte mit anderen Stipendiaten aus Afrika zusammen, mit denen ich viel zusammen unternommen habe, und Deutsch dabei gelernt habe" (Interview mit einer ghanaischen Stipendiatin, Skype, 2017).

„Wir haben auch viel zusammen gemacht, zusammen gekocht, ins Café gegangen und Ausflüge gemacht. Dabei konnten wir uns immer zusammen über die komplizierte deutsche Sprache aufregen" (Interview mit einer ghanaischen Stipendiatin in Bonn, 2017).

Nach der Zeit des gemeinsamen Sprachkurses in Bonn, verteilen sich die Stipendiat*innen an die einzelnen Universitäten in ganz Deutschland. Häufig fühlen sie sich dort zunächst wieder einsamer, weil viele der während des Sprachkurses neu gewonnenen Freund*innen dann wieder fehlen. Deswegen ist auch die KAAD-Jahresakademie immer wieder ein freudiger Anlass zum Feiern für viele, weil sie dort ihre Freund*innen aus den gemeinsamen Sprachkursen wiedersehen. Bonn ist deshalb eine positive Symbolstadt für viele Stipendiat*innen.

Es gibt auch Alumni, die nach ihrem Vorbereitungssprachkurs noch einen weiteren Sprachkurs während des Studiums besuchen, wenn die Deutschkenntnisse noch nicht ausreichend für das Studium waren.

„In Germany, with the KAAD at the Kreuzberg Institute in Bonn: When you get the scholarship, you get this famous course. For me, it was three or four months before I could start my Master. For me my first semester was the most horrible thing ever, because I could not understand any of the things they were talking about, because it was a really specific kind of language, and I had only four months of German. So, it was only the basic stuff, just to speak on the street or go to the grocery store, but not for specialized classes. So, for me it was the most difficult time, more difficult than writing my Master's thesis. It was crazy, my mind was full with the notes and words, and grammar and

everything possible. To write in German was very difficult, and my defense was also in German. [...] I could get only these four months. I think it was because of the agreement with my university in Colombia. Because normally the KAAD gave like up to one year German class or something like that. I got only four months, and the rest was doing part of my first semester. I was taking some courses that the KAAD was also funding at the Goethe Institute in Dresden, and I was preparing myself for the test. [...] Yes, because I had to continue with my German classes, because I was asking the KAAD for more funding for my German classes, because I was not able to understand everything in my classes at the TU Dresden. And the KAAD gave me this course at the Goethe Institute in Dresden." (Interview mit einer kolumbianischen Alumna in Deutschland, Skype, 2017).

Diejenigen, die bereits in Deutschland waren, als sie sich für ein KAAD-Stipendium beworben haben (S2-Stipendienprogramm), haben ebenfalls oftmals vor ihrem Studium noch einen Deutschkurs belegt, wie z.B. ein indonesischer Alumnus, der einen Deutschkurs am Studienkolleg belegt hat, während er dort gleichzeitig seine Hochschulreife für ein Studium an einer deutschen Hochschule erworben hat. Eine andere indonesische Alumna belegte zuerst für ein komplettes Jahr einen Intensiv-Deutschkurs in Berlin, bevor sie dort ihr Studium an der Technischen Universität aufnahm. Eine ghanaische Alumna entschied sich dafür, nur einen einmonatigen Sprachkurs an der Universität Bonn zu machen, weil sie ihre spätere Doktorarbeit an der Universität auf Englisch verfasste und auch mit den Kolleg*innen nur auf Englisch kommunizierte. Während ihrer gesamten fast fünfjährigen Zeit in Deutschland lernte sie nur ein paar Wörter Deutsch. Ein kolumbianischer Alumnus machte dagegen einen achtmonatigen Deutschkurs an der Universität Gießen bevor er dort mit seinem Studium anfing. Ein anderer kolumbianischer Alumnus absolvierte sowohl einen Deutschkurs am Goethe Institut in Bogotá für eineinhalb Jahre als auch später in Marburg, bevor er sein Jurastudium dort anfing. Er wollte noch einen zweiten Deutschkurs belegen, weil er sich nach dem ersten noch nicht gut auf sein Jurastudium vorbereitet sah:

„Ja, aber das hat doch nicht gereicht. Ich brauchte noch ein halbes Jahr in Marburg. Ich habe dort sehr, sehr fleißig Deutsch gelernt. Und nachdem ich den Kurs beendet hatte, habe ich in der Juristischen Fakultät angefangen, um die juristische Sprache zu beherrschen. [...] Zu allererst, die deutsche Sprache zu beherrschen. Mir war klar, dass wenn ich den Sprachkurs am Anfang nicht bestehen würde, dann müsste ich nach sofort nach Kolumbien zurück. Deswegen habe ich am Anfang sehr hart Deutsch gelernt. Dann natürlich das tägliche Leben. Am Anfang war ich in Deutschland absolut alleine. Das war nicht so einfach, aber immer mit Lust und Liebe kann man alles. Deswegen habe ich das mit großer Freude gemacht, und das war gut" (Interview mit einem kolumbianischen Alumnus in Bogotá, Kolumbien, 2017).

4.2   Studium in Deutschland

Nach dem KAAD-geförderten Sprachkurs in Bonn und/oder eventueller anderer Sprachkurse fangen die Stipendiat*innen in der Regel direkt mit dem Studium oder der Promotionsarbeit an einer deutschen Universität an. In unserer Online-Befragung waren über die Hälfte der Alumni für ein bis drei Jahre für ein Studium oder einen Forschungsaufenthalt in Deutschland (50,11 %, 223 von 445 befragten Alumni). Fast ein Fünftel (84 bzw. 18,88 %) gab sogar an, für bis zu sechs Jahren für ein Studium oder einen Forschungsaufenthalt in Deutschland gewesen zu sein, und weitere fünf Prozent für sieben bis neun Jahre (22 bzw. 4,94 %). Von den Befragten hatten zudem fast alle bereits ein Studium im Herkunftsland absolviert. Die meisten der Befragten (über drei Viertel, 344 von 354 bzw. 77,3 %) waren bisher einmal mit einem KAAD-Stipendium für ein Studium oder einen Forschungsaufenthalt in Deutschland, knapp 12 Prozent (53 bzw. 11,91 %) zweimal und weitere rund zehn Prozent sogar noch häufiger.

Die Stipendiat*innen wählten zudem häufig Themen für ihre Abschluss- oder Doktorarbeiten aus, die auch relevant waren für die Entwicklung des Herkunftslandes. So haben sich Georgier*innen in ihren Abschluss- und Promotionsarbeiten hauptsächlich mit Rechtsfragen in Bezug auf das georgische Rechtssystem beschäftigt. Interessanterweise sind das vor allem junge Alumni zwischen 25 und 35 Jahren, die erst in den letzten fünf Jahren in Deutschland für einen Master- oder Promotionsaufenthalt waren, aber bereits mehrjährige Berufserfahrung im georgischen Staats- oder Rechtswesen oder als Dozent*innen an georgischen Universitäten vor ihrem Studienaufenthalt in Deutschland gesammelt haben. Dabei beschäftigen sie sich in ihren Master- und Doktorarbeiten immer mit einem spezifischen Rechtsvergleich zwischen dem deutschen und georgischen System. So befasst sich z. B. ein Alumnus in seiner Doktorarbeit mit Naturrechtsphilosophie und Grundrechten in Deutschland und Georgien im Vergleich. Ein anderer Alumnus untersucht in seiner Arbeit die Unterschiede im deutschen und georgischen Strafrecht und ein weiterer Alumnus die Unterschiede speziell im Jugendstrafrecht.

Mit dem Einfluss des deutschen Handelsrechts auf das georgische Handelsrecht im Rahmen der Freihandelsabkommen zwischen der EU und Georgien beschäftigte sich eine Alumna in ihrer Masterarbeit an der Humboldt-Universität in Berlin. Sie

bekam ein sechsmonatiges Stipendium vom KAAD. Für ihr Studium in Deutschland
unterbrach sie für ein Jahr ihre Tätigkeit als Rechtsberaterin an der oben genannten Nationalagentur für das staatliche Eigentum (AdöR). Ein weiterer Alumnus
absolvierte einen KAAD geförderten Forschungsaufenthalt im Rahmen seiner
Doktorarbeit zum Thema „Strafrecht für Minderjährige. Ein Vergleich zwischen
Deutschland und Georgien" an der Ruhr-Universität in Bochum. Neben seinem
Studium engagierte er sich in der NGO „Georgian Young Lawyers Association", die
sich für die Umsetzung demokratischer Rechte und Werte in Georgien einsetzt. Er
plant seine Zukunft als Rechtsanwalt in Georgien. Ein anderer Alumnus, der heute
Juraprofessor an der East European University in Tiflis ist, forschte zum Thema
„Perspektiven zur Implementierung eines Zweikammernsystems in Georgien"
am Max-Planck-Institut für Ausländisches und Öffentliches Recht in Heidelberg.

Die palästinensischen Stipendiat*innen haben sich im Rahmen ihres Studiums
und ihrer Promotion vornehmlich mit medizinischen und gesundheitsrelevanten
Themen auseinandergesetzt. Themen der Forschungsarbeiten sind zum Beispiel
„Neue therapeutische Ansätze in der Behandlung von Frühgeborenen" in den 1990er
Jahren an der Ludwig-Maximilians-Universität (Promotion). Ein anderes Beispiel ist
ein Alumnus, der Innere Medizin mit Spezialisierung auf Diabeteskrankheiten von
1999 bis 2006 an der Universität des Saarlandes in Saarbrücken studiert hat. Viele
machten zudem eine Facharztausbildung in Deutschland. Andere promovierten
mit Unterstützung eines KAAD-Stipendiums im Fachbereich Psychologie, mit
Schwerpunkten in der klinischen sowie Arbeits- und Organisationspsychologie.
Themen der Doktorarbeiten waren etwa „Phonologische Prozesse bei arabisch-
sprechenden Kindern mit einer funktionellen Dyslalie", „Effectivity of Multiple
Context Exposure in Attenuating Return of Fear and the Mechanism behind it"
(am Beispiel palästinensischer Bewohner*innen in der West Bank). Zudem gibt es
Masterarbeiten zum Thema „The Prevalence and Determinants of Post-Traumatic
Stress Disorder (PTSD) among Palestinian Children Exposed to Political Violence:
a Systematic Review and Meta-Analysis" oder die Diplomarbeit zum Thema „Ent-
wicklungsverläufe und Entwicklungsmerkmale in den Zeichnungen palästinensischer Kinder". Andere Arbeitsthemen mit Bezug auf Palästina waren „Assiwar
– Palestinian Feminist Movement in Support of Victims of Sexual Abuse", „Islam
und sozialer Wandel zwischen politischem Realismus und religiöser Pflicht am
Beispiel der Muslimbrüder in Jordanien" und die „Analyse der Denkmalpflege in
den palästinensischen Autonomiegebieten".

Ghanaische Stipendiat*innen setzen sich in ihren Master- oder Forschungsarbeiten überwiegend mit landwirtschaftlichen Themen in Ghana auseinander, und
zwar disziplinübergreifend, d. h. unabhängig ihrer Forschungsdisziplin. So schrieb
z. B. eine Alumna, die Geoinformatik in Stuttgart studiert hat und heute für ein

deutsches Landvermessungsunternehmen arbeitet, ihre Masterarbeit zum Thema „Estimation of Forest Biomass in Ghana". Ein anderer Alumnus schrieb seine wirtschaftswissenschaftliche Doktorarbeit über „Agricultural Export in Ghana and its Connections to Local Supply Development". In diesem Bereich forscht er weiterhin. Eine andere Alumna, die heute Landwirtschaft an der Universität Legon in Accra lehrt, schrieb ihre Doktorarbeit über das Thema „Marketing and Market Queens – A Study of Tomatoe Female Farmers in the Upper East Region of Ghana". Dabei untersuchte sie die wirtschaftlichen Herausforderungen für Kleinbäuerinnen in der Tomatenproduktion in Nordghana. Ein Alumnus, der in Bonn zum Thema „Import Liberalization of Agricultural Commodities: Implications for Food Security, Rural Income and Poverty in Sub-Sahara Africa" forschte, untersuchte die Zusammenhänge zwischen Marktliberalisierung und Nahrungsmittelverteilung in Nordghana.

Ähnliche Themen wurden auch in den Arbeiten „Global Food and Global Security", „Emergent Urban Land Market and Inter-Generational Land Relations in North Western Ghana", „Innovation Management in Knowledge Intensive Business Services in Ghana", „Urban Growth in Ghana: The Socio-Economic and Environmental Implications in the Wa Municipality" behandelt. Dabei geht es immer um die zentrale Frage, inwieweit marktwirtschaftliche Strukturen die Lebensmittelversorgung in Ghana verbessern können und inwieweit staatliche Behörden dabei korrigierend eingreifen sollten, um eine bessere Lebensmittelverteilung in Ghana sicherzustellen. Das ist insbesondere im Norden Ghanas ein zentrales Problem, da aufgrund von ungünstigen Umweltfaktoren (Trockenheit, unfruchtbare Böden etc.) und fehlender Infrastruktur eine gute Lebensmittelversorgung der Bevölkerung nur bedingt gewährleistet werden kann. Dies ist auch ein zentraler Grund für relativ überteuerte Lebensmittelprodukte in Ghana.

Andere Arbeiten der ghanaischen Stipendiat*innen und Alumni beschäftigen sich mit umweltpolitischen Aspekten und Umweltverschmutzung, wie z. B. „Woodfuel Consumption, Deforestation and Farmer Adoption of Agroforestry Practices for Woodfuel Production: A Case Study of the Ashanti Region of Ghana", „Mercury Concentrations in Biological, Water and Soil Samples from Artisanal Gold Mining Communities in Adansi Traditional Area" oder „Arsenic Contamination of Groundwater in and around Obuasi Municipality of Ghana". Allein am interdisziplinären Zentrum für Entwicklungsforschung (ZEF) der Universität Bonn haben sechs ghanaische KAAD-Alumni promoviert, die sich alle in ihrer Arbeit mit einem Thema aus dem Umwelt-, Energie- und Landwirtschaftsbereich in Ghana beschäftigt haben. Darunter war auch eine ghanaische Alumna, die im Rahmen des sog. Glowa-Forschungsprojektes, das vom ZEF durchgeführt wurde, promoviert. Das Glowa-Forschungsprojekt war ein großes Projekt, das sich mit der

Entwicklung von nachhaltigen Bewässerungssystemen für die Landwirtschaft in Nordghana beschäftigt (Interview mit ghanaischen Stipendiaten, Ghana, 2018).

Ein aktueller Stipendiat, der im Bereich „geografische Entwicklungsforschung" an der Universität Bayreuth promoviert, beschäftigt sich mit den Auswirkungen von Globalisierung und Klimawandel auf die gemeinschaftliche Landnutzung in Kommunen im Süden Ghanas. Im Rahmen seines Promotionsprojekts geht er jedes Jahr für ca. drei Monate nach Ghana, um Feldforschung in den ausgewählten Kommunen vor Ort zu machen. Er interviewt dann lokale Akteur*innen und führt Beobachtungen in kommunalen Einrichtungen durch (Interview mit ghanaischen Stipendiaten, Bonn, 2017).

Kolumbianische Stipendiat*innen setzten sich demgegenüber in ihren Examensarbeiten vor allem mit dem Friedens- und Demokratieprozess in Kolumbien auseinander. Typische Titel von Master- und Doktorarbeiten sind „Die Entwicklung von demokratischen Strukturen in indigenen Kommunen Kolumbiens nach dem Rückzug der FARC-Guerillas", „Die Rolle der Jugend bei der Entwicklung in der Post-Konfliktphase am Beispiel der Stadt Villavicencio und des Departements Meta" und „Empowerment and Representativeness of Gender: Perspectives from the Violence and Crime in the Case of Bogotá, Colombia". Ein bereits oben erwähnter kolumbianischer Alumnus, der Internationales Strafrecht im LLM-Studiengang an der Universität Freiburg studierte, beschäftigte sich in seiner Masterarbeit mit der Rolle des Internationalen Strafgerichtshofs im Friedensprozess in Kolumbien. Er untersuchte die Frage, inwieweit der Internationale Strafgerichtshof für Verbrechen im Rahmen des Bürgerkriegs in Kolumbien zuständig ist, für den Fall, dass die kolumbianische Justiz Bürgerkriegsverbrechen nicht verfolgt.

Ein weiterer Alumnus studierte im Masterstudiengang „Intercultural Conflict Management" an der Alice Salomon Hochschule Berlin. Er schrieb seine Abschlussarbeit zum Thema „Rolle, Organisation und Repräsentanz von Frauen im Friedensprozess in Kolumbien". Er kam zu dem Ergebnis, dass Frauen am meisten unter dem Konflikt gelitten haben, aber im aktuellen Friedensprozess kaum eine Rolle spielen. Er schloss seine Masterarbeit im März 2017 ab (Interview mit einem kolumbianischen Alumnus in Deutschland, Skype, 2017). Darüber hinaus beschäftigten sich die kolumbianischen Alumni in ihren Arbeiten auch mit anderen Themen, die einen Bezug zum Herkunftsland Kolumbien oder einen Vergleich Kolumbiens mit Deutschland zum Inhalt hatten, wie z. B. die Doktorarbeit „Verwaltungsrecht im Vergleich: deutsches, französisches und kolumbianisches Recht" oder „Der Vergleich des Schriftstellers der deutschen Romantik Novalis mit den Schriften eines indigenen Schriftstellers aus dem Süden Kolumbiens". Eine andere Alumna, die sich in ihrer MA-Arbeit mit Fortbildungsmöglichkeiten im Bereich „erneuerbare Energien" für Grundschullehrer*innen in der Stadt Medellin in

Kolumbien beschäftigte, erhielt den DAAD-Preis 2017 für ihre wissenschaftliche Leistung und ihr großes Engagement für die deutsch-kolumbianischen Hochschulbeziehungen (DAAD 2017).

Die Schwerpunkte der indonesischen Alumni liegen wiederum auf natur- und wirtschaftswissenschaftlichen Themen. In ihren Master- und Doktorarbeiten beschäftigten sie sich häufig mit Themen, die auch für Indonesien entwicklungsrelevant sind und auf die sie sich häufig in ihrem späteren Beruf in Deutschland oder Indonesien beziehen oder zurückgreifen konnten. Ein Alumnus, der von 1986 bis 1996 an der RWTH Aachen einen Diplom-Studiengang im Fach Elektrotechnik absolvierte, schrieb seine Diplomarbeit über das Thema „Glasfaseranwendung in der Produktion". Der Alumnus entschloss sich damals bewusst, diesen Studiengang in Aachen zu studieren und über dieses Thema zu schreiben, weil die RWTH Aachen in diesem Bereich zu den führenden Forschungseinrichtungen weltweit gehört und man zu diesem Thema in Indonesien damals noch nicht forschen konnte. Nach seiner Rückkehr nach Indonesien, machte sich der Alumnus in Jakarta mit einem Telekommunikationsunternehmen selbstständig und konnte sich dabei auf sein im Studium erworbenes Fachwissen zu Elektrotechnik und Glasfaserherstellung stützen (Interview mit einem indonesischen Alumnus in Pontianak, Indonesien, 2017).

Ein anderer indonesischer Alumnus studierte 1998 und 1999 im Masterstudiengang „Global Production Engineering" an der TU Berlin und anschließend den Masterstudiengang Wirtschaftsingenieurwesen von 1999 bis 2002, ebenfalls an der TU Berlin. In diesen beiden Studiengängen schloss er sein Studium mit den Arbeiten zum Thema Handelsmöglichkeiten im Ingenieurbereich in Europa und Asien ab. Eine andere Alumna schrieb ihre Masterarbeit zum Thema „Private Owned Business Sector in Education" im Rahmen des Studiengangs „Global Production Engineering" an der TU Berlin, den sie in den Jahren von 2000 bis 2003 absolvierte. Ihre Masterarbeit war entscheidend für die Idee, sich später in Indonesien in der Vermittlung von indonesischen Studenten an ausländische Universitäten selbstständig zu machen (Interview mit einer indonesischen Alumna in Jakarta, Indonesien, 2017).

Eine andere Alumna promovierte an der Ludwig-Maximilians-Universität in München im Bereich International Competition Law von 2006 bis 2011. Das Thema ihrer Arbeit war „Unilateral Restraints in the Retail Business: A Comparative Study on Competition Law in Germany and Indonesia". Dabei verglich sie die Einzelhandelsbeschränkungen im Nahrungsmittelsektor zwischen Deutschland und Indonesien und untersuchte, was Indonesien von Deutschland übernehmen könnte. In ihrer Arbeit kam sie zu dem Ergebnis, dass Indonesien einige Einzelhandelsschutzbestimmungen von Deutschland übernehmen könnte, u. a. zum Schutz gegen Monopolbildung. Nach ihrer Promotion kehrte sie nach Indonesien zurück, um weiter als Rechtswissenschaftlerin an diesem Thema an der Partneruniversität des KAAD in Indonesien, der Atma Jaya-Universität, zu arbeiten (Interview mit einer indonesischen Alumna in Jakarta, Indonesien, 2017).

Eine aktuelle Stipendiatin aus Indonesien beschäftigte sich im Rahmen ihres zweijährigen Masterstudiengangs Health Care Studies an der Fachhochschule Hamburg intensiv mit dem Gesundheitssystem in Indonesien. Dabei verglich sie das indonesische Gesundheitssystem, das im Jahr 2014 vom indonesischen Staat eingeführt wurde, mit dem deutschen Gesundheitssystem. Sie untersuchte insbesondere was Indonesien bei einer Verbesserung seines noch jungen Systems von Deutschland lernen könnte. Insbesondere die elektronische Verwaltung der staatlich versicherten Patient*innen und die Kostenübernahme für Leistungen niedergelassener Ärtz*innen weisen im indonesischen System ihrer Meinung nach noch erhebliche Mängel auf (Interview mit einer indonesischen Stipendiatin, Skype, 2017). Ein indonesischer Promotionsstudent im Fach Computer Engineering an der TU Dresden arbeitet im Rahmen seiner Doktorarbeit sehr eng mit einer Forscher*innengruppe des Bandung Institute of Technology zusammen. In seiner Arbeit beschäftigt er sich mit der Anwendung von Holz in der indonesischen Architektur. Dabei geht es darum, eine Bauweise von mehrstöckigen Häusern mit Holz zu entwickeln, die beim Auftreten von Erdbeben stabiler sind als herkömmliche Stahl- und Betonhäuser (siehe hierzu noch weiter unten).

4.3 Tätigkeiten neben dem Studium

4.3.1 Berufliche Tätigkeiten

Einige Stipendiat*innen haben neben dem Studium eine berufliche Tätigkeit ausgeübt. So haben ein paar Alumni vor oder nach dem Stipendium gearbeitet, um sich das Studium zu finanzieren. Auffällig ist dabei, dass dies vor allem bei indonesischen Stipendiat*innen der Fall war und weniger bei georgischen, palästinensischen, ghanaischen und kolumbianischen Stipendiat*innen. Eine indonesische Alumna hatte z. B. während ihres Studiums für eine Consulting-Firma im Baubereich in Karlsruhe gearbeitet. In diesem Nebenjob beriet sie Unternehmen in Bezug auf den Infrastrukturbau in unterschiedlichen Leistungsphasen wie Planung, Durchführung und Dokumentation. Zu den Kund*innen gehörte u. a. die Deutsche Bahn. Obwohl dieser Nebenjob dazu führte, dass sich ihr Studienabschluss um zwei Semester hinauszögerte, war diese Arbeit sehr wichtig für sie und diente als

Brücke zwischen Studium und Beruf und verhalf ihr zu einem schnellen Berufseinstieg nach dem Studium:

„Der Job war sehr wichtig neben meinem Studium, weil ich dadurch den Job nach dem Studium bekommen habe. Sonst hätte ich den vielleicht nicht bekommen. Da habe ich schon viel über die deutsche Bürokratie und deutsche Gesetze gelernt. Das habe ich später im Beruf auch alles wieder gebraucht" (Interview mit einer indonesischen Alumna in Jakarta, Indonesien, 2017).

Eine andere indonesische Alumna hat ihr viertes Promotionsjahr durch einen Job in einem Callcenter in München finanziert, weil sie das KAAD-Stipendium nur für die ersten drei Jahre der Promotionszeit erhalten hatte. Ein weiterer indonesischer Alumnus arbeite zum Ende seines Diplomstudiums im Jahr 2002 als wissenschaftliche Hilfskraft am Fraunhofer Institut in Berlin. Diese Stelle war auf ein paar Monate befristet.

Vereinzelt haben aber auch Stipendiat*innen aus anderen Ländern einen Nebenjob während des Studiums ausgeübt, als sie noch kein KAAD-Stipendium hatten oder es bereits abgelaufen war und sie noch Möglichkeiten zur Finanzierung des Studiums suchten. Ein ghanaischer Alumnus hatte sich zum Beispiel während des Studiums etwas Geld am Berliner Flughafen als Gepäckträger dazu verdient. Ein anderer ghanaischer Alumnus gründete 2016 neben seinem Studium in Leipzig sogar einen Online-Schuh-Store namens „KOLIKOWEL.com". In wenigen Ausnahmen haben Alumni während ihres Stipendiums mit einer Sondergenehmigung des KAAD eine Kurzzeittätigkeit neben dem Studium ausgeübt. So hat sich zum Beispiel eine georgische Stipendiatin etwas Geld zu ihrem Stipendium bei McDonalds dazu verdient.

Ein kleiner Teil der Stipendiat*innen hatte zudem ein Praktikum während des Studiums gemacht. So absolvierte ein ghanaischer Stipendiat ein Praktikum bei einer Consultant-Firma in Leipzig, die Unternehmen in Finanz- und Marketingstrategien berät. Eine kolumbianische Alumna machte ein sechsmonatiges Praktikum bei der kolumbianischen Botschaft in Berlin, während ihres Urlaubssemesters an der Pädagogischen Hochschule in Heidelberg.

Als Begründungen für die geringen beruflichen Tätigkeiten neben den Studium führten die Alumni und aktuellen Stipendiat*innen an, dass es zum einen schwer war einen Nebenjob während des Studiums zu finden und zum anderen es im Rahmen des Stipendiums vom KAAD nicht vorgesehen ist, neben dem Studium einer beruflichen Tätigkeit nachzugehen. Zudem wollten sich die meisten der Befragten voll und ganz auf ihr Studium konzentrieren, was eben auch durch die finanzielle Unterstützung des KAAD möglich gemacht wurde.

4.3.2 Ehrenamtliche Tätigkeiten

Die Fokussierung der meisten Stipendiat*innen auf das Studium und wenig Tätigkeiten neben dem Studium spiegelt sich auch bei den eher geringen ehrenamtlichen Tätigkeiten neben dem Studium in Deutschland wider. Weniger als 3 % der befragten Alumni und aktuellen Stipendiat*innen gaben in unserer Onlineumfrage an, sich regelmäßig (monatlich oder wöchentlich) neben ihrem Studium sozial oder politisch in Deutschland engagiert zu haben (nur 10 von 383 befragten Alumni und Stipendiat*innen). Demgegenüber war das kulturelle und religiöse Engagement der Alumni und aktuellen Stipendiat*innen in Deutschland etwas ausgeprägter: Fast ein Drittel der befragten Stipendiat*innen und Alumni war regelmäßig, d. h. wöchentlich oder monatlich, in religiösen Kontexten aktiv (119 von 383 Befragten). Das im Vergleich zum sozialen und politischen relativ hohe religiös-kulturelle Engagement liegt natürlich auch am religiösen Charakter des Stipendienprogramms des KAAD. So ist der KAAD sehr gut mit katholischen Einrichtungen in Deutschland vernetzt. Dazu gehören neben den Ortskirchen in Hochschulstädten vor allem die Katholischen Hochschulgemeinden (KHGs). Die akademischen und kulturellen Angebote der KHG werden auch von KAAD-Stipendiat*innen, die überwiegend katholisch sind, gut angenommen. Im Rahmen unserer Online-Befragung gab fast die Hälfte der Befragten an, regelmäßig in der KHG gewesen zu sein, weitere 40 Prozent der Befragten sagte, zumindest manchmal oder einmal während ihres Studiums in der KHG gewesen zu sein. Nur 11 Prozent gaben an, nie dort gewesen zu sein (n=390). Die Stipendiat*innen gehen in die KHGs entweder zum Mittag- oder Abendessen oder um Freund*innen zu treffen bzw. um an kulturellen Veranstaltungen oder gemeinsamen Messen teilzunehmen oder einfach nur zum Gebet. Ein kolumbianischer Alumnus sagte dazu:

„Ich war bei verschiedenen Veranstaltungen in der KHG. Ich war sehr engagiert. Der Pfarrer dort hat immer internationale Gottesdienste organisiert. Ich war bei Sportaktivitäten dort, Aktionen für Obdachlose, ja, viele Aktivitäten. Das war eine gute Gemeinde" (Interview mit einem kolumbianischen Alumnus in Bogotá, Kolumbien, 2017).

Ein aktueller Stipendiat aus Ghana:

„Ich gehe regelmäßig zum Mittagessen und zu Veranstaltung in der KHG, vor allem internationale Veranstaltungen, auf denen internationale Studenten ihre Länder vorstellen. Ich gehe auch zu den Messen, die von der KHG durchgeführt werden. In München wohne ich in einem katholischen Studentenwohnheim

mit Priestern und Nonnen, das mir sehr gut gefällt. Ich unterhalte mich gerne mit den Nonnen und Priestern über wichtige gesellschaftliche Fragen, wie zum Beispiel Politik in Deutschland, aber auch in Afrika. Ich habe schon viel durch diese Gespräche gelernt" (Interview mit einem ghanaischen Stipendiaten, Skype, 2017).

Die indonesischen Stipendiat*innen und Alumni engagieren sich neben der KHG auch sehr stark in der indonesischen Studierendengruppe KMKI („Keluarga Mahasiswa Katolik Indonesia", „Katholische Indonesische Studentenfamilie"), die bereits vor mehreren Jahrzehnten von katholischen Studierenden aus Indonesien in Aachen gegründet wurde. Eine indonesische Stipendiatin des KAAD, die sichsich als Mitglied bei KMKI engagiert, sagte:

„Ich habe mich bei KMKI engagiert. KMKI ist der größte indonesische Studentenverein in Deutschland. Die sind auch sehr katholisch und machen viele Veranstaltungen. Da wollte ich Mitglied sein und habe auch einige Veranstaltungen in Karlsruhe organisiert. Das hat immer großen Spaß gemacht, auch weil wir alle Indonesier sind, die was erreichen wollen. Zu den christlichen Feiertagen wie Weihnachten waren wir immer zusammen und haben uns über unsere Ideen und Zukunftspläne ausgetauscht. KMKI ist sehr stark unter Naturwissenschaftlern und Technikstudenten. An der Uni Aachen gibt es eine sehr große Gruppe" (Interview mit einer indonesischen Stipendiatin, Skype, 2017).

Die studentischen Aktivitäten von KMKI haben vor allem eine religiöse Ausrichtung wie die Durchführung von heiligen Messen auf Indonesisch, Kreuzwegandachten, Gebets- und Leseabende und gemeinsam organisierte Wallfahrten in Deutschland oder ins europäische Ausland.

Generell zeigte sich eine große Beteiligung an religiösen Veranstaltungen unter den Stipendiat*innen und Alumni. An Gottesdiensten oder anderen religiösen Veranstaltungen in Deutschland (in Kirchen, Moscheen etc.) haben laut unserer Umfrage fast 60 Prozent der Befragten teilgenommen. Rund ein Drittel haben „manchmal" teilgenommen, etwas über zwei Prozent einmal und nur knapp fünf Prozent überhaupt nicht (n=390).

Insgesamt muss man aber sagen, dass die Stipendiat*innen und Alumni darüber hinaus nur wenig am allgemeinen sozialen Leben in Deutschland teilhaben. Vielmehr bleiben sie in ihrer Freizeit untereinander, also zumeist zusammen mit anderen Stipendiat*innen des KAAD oder Studierenden aus denselben Herkunftsländern. Ein ghanaischer KAAD-Stipendiat organisierte zum Beispiel Business-Seminare für andere KAAD-Stipendiat*innen, in denen sich die Stipendiat*innen über Job- oder Businessideen in Deutschland und in den Herkunftsländern austauschen konnten. Dafür reiste er zwei Mal zurück nach Ghana, um die Seminare in Kumasi vorzubereiten und mit Kolleg*innen durchzuführen. Zudem merkten die interviewten Alumni häufig an, dass es schwierig ist, sich in Deutschland gesellschaftlich zu engagieren. Ein befragter ghanaischer Alumnus sagte dazu:

> „Wo sollte ich das machen. Die deutschen Vereine waren für mich ziemlich geschlossen. Außerdem wird in den deutschen Organisationen nur Deutsch gesprochen. Für einen Ausländer ist es sehr schwierig da reinzukommen" (Interview mit einem ghanaischen Alumnus in Deutschland, Skype, 2018).

Eine andere Stipendiatin aus Ghana meinte:

> „Für ein gesellschaftliches oder religiöses Engagement habe ich leider keine Zeit. Das Studium erfordert alles von mir" (Interview mit einer ghanaischen Stipendiatin, Skype, 2017).

4.4 Herausforderungen in Studium und Alltag

Es ist nicht überraschend, dass die Alumni einige Herausforderungen gerade zu Beginn ihrer Studien- und Forschungszeit in Deutschland zu bewältigen haben. Dazu gehören vor allem das Erlernen einer neuen Sprache, der Umgang mit einer neuen Kultur und das Einleben in eine Hochschullandschaft, die sich zumeist erheblich von den Hochschulen unterscheidet, die die Studierenden aus den Herkunftsländern kennen. All diese verschiedenen Herausforderungen, die im Alltags- und Universitätsleben gleichzeitig auf die Studierenden zukommen, müssen zur gleichen Zeit bewältigt werden. Eine Aussage eines indonesischen Alumnus bringt dies auf den Punkt:

> „Ich lebte wie in zwei Welten. Ich war in Gedanken noch in Indonesien und bei meinem Alltagsleben in Jakarta. Gleichzeitig musste ich aber alles managen in Deutschland, Studium, Wohnung, Freizeit und Behördengänge. Das war sehr schwierig am Anfang das alles unter einen Hut zu bekommen" (Interview mit einem indonesischen Alumnus in Jakarta, Indonesien, 2017).

Zudem wurden die Alumni mit Herausforderungen konfrontiert, die sie vorher im Herkunftsland nicht vorhergesehen haben bzw. erwartet haben. Ein zentrales Problem für die Alumni, über das sie sich vorher nicht bewusst waren, war die ‚deutsche Mentalität' und die kulturellen Gepflogenheiten in Deutschland, die sehr fremd für sie waren und sehr „kühl" auf sie wirkten. Folgende Zitate von verschiedenen Alumni mach dies deutlich:

„Die deutsche Mentalität, eigentlich die gesamte Kultur, war ein Problem. Ich konnte nicht verstehen, warum die Deutschen so kühl und distanziert waren, nicht nur zu Fremden, sondern auch untereinander. Man hat nur wenig Spaß miteinander gehabt. Das habe ich mich schon sehr alleine manchmal gefühlt" (Interview mit einer ghanaischen Alumna in Accra, Ghana, 2018).

„Ich hatte große Probleme mich mit den Deutschen zu verständigen. Sie erschienen mir immer sehr distanziert und wenig interessiert. Auch mir war die deutsche Sprache und Kultur sehr befremdlich am Anfang, weil einfach alle Regeln in der Kommunikation und im Umgang miteinander anders waren als in Ghana. Es wurde weniger gesprochen und miteinander gegessen und gefeiert. Es lag aber auch mit an mir, denn ich war am Anfang auch sehr schüchtern und konnte nur schwer auf die Leute zugehen. Ich hatte am Anfang eigentlich nur Zeit mit den anderen Stipendiaten aus Afrika verbracht. Das hat mir auch geholfen über die schwierige Anfangszeit hinwegzukommen. Das ging allen von uns am Anfang so. Das hat sich erst im Laufe des Studiums geändert, als ich mich mehr geöffnet habe und auch die deutschen Kommilitonen, die ähnliche Interessen im Studium wie ich hatten, auf mich zugekommen sind." (Interview mit einem ghanaischen Alumnus in Kumasi, Ghana, 2018).

„Die gegenseitige Distanz der Deutschen war für mich das größte Problem" (Interview mit einer kolumbianischen Alumna in Bogotá, Kolumbien, 2017).

"It was difficult to learn German, of course. But it was also difficult to make friends with Germans. It can take really long, and sometimes you even don't get in touch with them. Germans are very closed, and I had only friends, who were also KAAD scholars. Later I got also some German friends, but it took over one year. I guess that is a special German mentality, much different than our mentality in Indonesia" (Interview mit einer indonesischen Alumna in Jakarta, Indonesien, 2017).

Die distanzierte Kommunikationsweise der Deutschen machte sich auch im wissenschaftlichen Bereich für die Alumni bemerkbar. Ein ghanaischer Stipendiat äußerte sich dazu:

> *„Es war sehr schwer am Anfang, sich auf das akademische Arbeiten in Deutschland einzustellen. Gerade als Doktorand arbeitet man hier sehr alleine. In Ghana arbeitet man häufiger im Team und ist im ständigen Austausch mit den anderen Doktoranden und dem Betreuer. Daran musste ich mich erst einmal gewöhnen, dass das hier so anonym ist"* (Interview mit einem ghanaischen Stipendiaten, Skype, 2017).

Die Alumni bedauerten, dass es sehr schwierig ist und sehr lange dauern kann, bis man eine Freundschaft mit Deutschen aufgebaut hat:

> *„Es ist sehr schwer Freundschaften mit Deutschen aufzubauen, oder Netzwerke aufzubauen. Das dauert sehr lange in Deutschland, weil die Deutschen sehr distanziert sind. In Kolumbien ist alles mehr auf emotionaler Ebene. Dort muss man auch über private Dinge sprechen, um eine Beziehung aufzubauen, auch an der Arbeit. Und man muss Dinge zusammen unternehmen, damit man sich besser kennenlernt und miteinander arbeiten kann. Es ist überhaupt nicht schlimm über private Dinge an der Arbeit zu sprechen. […] Ich würde sagen, ich habe keine deutschen Freunde, sondern nur Bekannte. In Heidelberg mache ich mehr Sachen mit meinen polnischen Freundinnen zusammen, wie Volleyball spielen, oder ich treffe mich mit einer älteren kolumbianischen Freundin zu Kaffee trinken in der Heidelberger Altstadt. […] Ich habe öfter Heimweh nach Kolumbien. Ich vermisse vor allem meine Freunde und meine Familie in Medellin"* (Interview mit einer kolumbianischen Alumna in Deutschland, Heidelberg, 2018).

Eine andere kolumbianische Alumna hat es ähnlich drastisch formuliert:

> *„Ich glaube, wir hätten keine sehr guten Jobaussichten gehabt. Außerdem waren die alltäglichen Herausforderungen gerade für mich zu groß. Ich hatte große Probleme mich an das Klima anzupassen, die Leute waren zu schwer, sehr distanziert. Ich habe das irgendwie akzeptiert, so nach drei Jahren. Ich hatte auch nur eine richtige deutsche Freundin in über fünf Jahren, sonst waren meine Bekanntschaften alle eher aus Lateinamerika. Wir sind in der Mentalität einfach zu verschieden. Mein Mann konnte damit besser umgehen. Der hatte auch einige deutsche Freunde. Aber vielleicht sind Männer da anders.*

[...] Ich konnte keine guten Gastgeber in Deutschland finden. Ich hatte wenig Kontakt zu Deutschen, aber das liegt auch ein bisschen an mir, weil ich sehr schüchtern bin" (Interview mit einer kolumbianischen Alumna in Medellin, Kolumbien, 2017).

Ein ghanaischer Stipendiat bemängelte vor allem die fehlende Unterstützung durch seine deutschen Kolleg*innen und fühlte sich häufig alleine gelassen:

„Die Anonymität in der Wissenschaft: Man ist doch sehr auf sich allein gestellt. Das ist im Alltag auch so. Es gibt viele Individualisten in Deutschland, aber wenig Team-Player. Ich glaube, ich wäre noch besser und noch schneller in meiner Doktorarbeit, wenn ich mehr Unterstützung bekommen würde. Manchmal würde es schon reichen, wenn ich mich mit einem Kollegen über meine Arbeit austauschen könnte, oder einfach mal über Gott und die Welt zu plaudern" (Interview mit einem ghanaischen Stipendiaten, Skype, 2017).

Andere formulierten es ähnlich:

„Vor allem die Einsamkeit war ein großes Problem in Deutschland für mich. Es war schwer deutsche Freunde zu bekommen [...] In Deutschland habe ich mich unwohler gefühlt als in den Niederlanden. Man kann das an einer Situation verdeutlichen, die mir so in den Niederlanden vorher nicht passiert ist: Als ich 2008 in Deutschland ankam, habe ich einen älteren Mann auf der Straße nach dem Weg zu einem Internetcafé gefragt, aber er hat nicht geantwortet, sondern ist weggelaufen. Dann kam er wieder zurück und mir einen Euro gegeben. Den habe ich nicht angenommen, und habe mich sehr unwohl in dieser Situation gefühlt" (Interview mit einer ghanaischen Alumna in Accra, Ghana, 2018).

Dabei wird häufig auch die mangelnde Spontanität unter den Deutschen kritisiert:

„In Deutschland kannst du nicht einfach einen Freund oder Bekannten spontan besuchen. Nein. Sondern du musst dich erst vorher anmelden, du nicht einfach zu ihnen ins Haus gehen, sie müssen sich erst auf deinen Besuch vorbereiten. Das ist bei uns in Ghana ganz anders, da kannst Du immer einfach und spontan vorbeikommen. Man sieht dann einfach, was man zusammen macht" (Interview mit einem ghanaischen Alumnus in Accra, Ghana, 2018).

Viele internationale Studierende – egal ob sie aus Georgien, Ghana, Palästinma, Indonesien oder Kolumbien kommen – nehmen zudem das berufliche und alltägliche Miteinander in Deutschland als „zu konkurrenzorientiert" wahr. Eine kolumbianische Alumna hat das in den Seminaren an der Universität als ein einschneidendes Erlebnis wahrgenommen und formulierte es drastisch:

„Die Deutschen sind sehr wettbewerbs- und konkurrenzorientiert. Ich war schockiert, dass sogar meine Kommilitonen in den Seminaren an der Hochschule sehr auf sich bezogen sind. Das Klima war sehr rau und kalt, und jeder wollte der Beste sein. Das hat mir gar nicht gefallen. Auch weil das noch sehr junge Leute erst zwischen 20 und 25 Jahre alt waren, viel Jünger als ich. Die haben sich voneinander abgegrenzt, Gruppen gebildet und andere ausgeschlossen. Sie wollten dadurch besser werden und bessere Noten bekommen. Man hat sich nicht untereinander geholfen. Da waren die Deutschen in einer Gruppe unter sich, und auch die türkischen Studenten in einer Gruppe unter sich. Das habe ich nicht verstanden, und kannte ich auch nicht. Auch ich wurde öfter ausgegrenzt. Auch weil ich eine Latina bin. Da habe ich mich manchmal alleine gefühlt, auch diskriminiert. Solchen Wettbewerb mag ich nicht, wir sollten mehr zusammen lernen und uns gegenseitig helfen. Den Deutschen fehlt auch manchmal Empathie, vor allem gegenüber Leuten aus anderen Kulturen" (Interview mit einer kolumbianischen Alumna in Deutschland, Heidelberg, 2018).

Auch die anfänglichen Behördengänge, u. a. zur Registrierung beim Einwohnermeldeamt oder zur Einschreibung bei der Universitätsverwaltung, bereiteten den Alumni einige Schwierigkeiten, weil sie viele Dokumente, die auf Deutsch verfasst waren, nicht verstanden haben. Auch eine geeignete Wohnung bzw. ein geeignetes Zimmer zu finden, stellte sich manchmal ebenfalls als problematisch für die Alumni dar. Eine kolumbianische Alumna dazu:

„It was very difficult to find an apartment in Duisburg. The first month I was in a small apartment alone, but I didn't like it, it was quite expensive, and I felt lonely. Then I could move into an apartment that I shared with other students from other countries in a Studentenwohnheim. I liked that much more, because I was not so alone, and we did a lot of things together, like cooking, running, sports, and watching movies" (Interview mit einer kolumbianischen Alumna in Bogotá, Kolumbien, 2017).

Stipendiat*innen, die eigene Kinder und eine Ehefrau oder einen Ehemann in ihrem Heimatland zurücklassen mussten und alleine nach Deutschland zum Studieren gekommen sind, hatten noch größere Probleme, weil sie natürlich ihre Familie vermissten und sich so gut es eben ging aus der Distanz um sie kümmern mussten. Ein Alumnus aus Ghana berichtete, dass es ihm am Anfang extrem schwerfiel, ohne seine Ehefrau und zwei kleinen Töchter in Deutschland zu leben. Dass er seine Familie nicht mit nach Deutschland bringen durfte, war eine Voraussetzung, um das KAAD-Stipendium zu bekommen. Das wurde damit begründet, dass ein Stipendium nicht die Lebenshaltungskosten für eine vierköpfige Familie abdecken würde und es die Rückkehrbereitschaft des Stipendiaten nach der Promotion wahrscheinlich verringern würde. Der Alumnus sagte dazu:

„Die Kälte und die Dunkelheit, das hat mich fast depressiv gemacht, und dann hat mir natürlich meine Familie noch mehr gefehlt. Mit dem Frühling und im Sommer wurde es besser" (Interview mit einem ghanaischen Alumnus in Deutschland, Skype, 2017).

Ähnlich ging es auch einem anderen ghanaischen Stipendiaten, der sogar drei Kinder und seine Ehefrau in Ghana zurücklies, die daraufhin zu seinen Eltern und seinem Bruder in die Stadt Wa im Norden Ghanas zogen (Interview mit einem ghanaischen Stipendiaten, Skype, 2017).

Ein anderer Alumnus aus Kolumbien durfte seine Ehefrau nach Deutschland mitbringen und hatte dafür auch zusätzliche finanzielle Unterstützung vom KAAD bekommen. Dennoch war es schwierig mit dem Geld über die Runden zu kommen:

„Ich bin mit meiner Frau nach Deutschland gekommen. Das hat mir auch beim Übergang am Anfang geholfen. Der KAAD hat uns deswegen auch 500 Euro extra gezahlt, also insgesamt haben wir 1.500 Euro vom KAAD bekommen, und die Krankenversicherung wurde aber nur zu 60 Prozent vom KAAD zusätzlich gezahlt. Trotzdem war das Geld noch nicht genug und wir konnten uns auch keine Wohnung wie in Bogotá leisten, sondern nur eine sehr kleine Einzimmerwohnung etwas außerhalb von Frankfurt. Alleine für die Miete haben wir 550 Euro bezahlt. Bis zur Uni habe ich fast eine Stunde gebraucht. Das war schon schwierig, auch beim Essen mussten wir immer rechnen. Als dann später unsere kleine Tochter noch dazu kam, wurde es noch schwieriger uns ausreichend zu finanzieren" (Interview mit einem kolumbianischen Alumnus in Bogotá, Kolumbien, 2017).

Demgegenüber gab es aber auch einige Stipendiat*innen, die keine großen Anpassungsprobleme zu Beginn ihrer Zeit in Deutschland hatten. Eine Stipendiatin aus Ghana sagte, dass ihr die Eingewöhnungsphase in Deutschland sogar sehr leichtfiel, weil ihr Ehemann bereits in Deutschland war und er sie dabei gut unterstützt hat. Sie konnten von Beginn an zusammen in einer Mietwohnung in Bayreuth, wo beide studiert haben, wohnen. Ähnlich ging es auch einer kolumbianischen Alumna:

> *„Im kam im März 2007 nach Deutschland. Es hat geholfen, dass mein Mann schon ein halbes Jahr an der Uni Gießen promoviert hat, weil es dann auch mir leichter fiel, mich dort einzuleben. Ich hatte ja überhaupt keine Ahnung von Deutschland. Das war alles sehr neu für mich, das Wetter, das Essen, die Mentalität, alles. [...] Das erste Jahr mit dem Intensivsprachkurs war schon hart, die Sprache ist extrem schwer und ich musste Tag und Nacht lernen. Das war eine neue Welt für mich"* (Interview mit einer kolumbianischen Alumna in Medellin, Kolumbien, 2017).

Zudem half einigen Alumni auch die besondere Situation und die Freude und Dankbarkeit in Deutschland zu sein über die anfänglichen Herausforderungen und Probleme hinweg zu kommen. So erinnert sich zum Beispiel ein Alumnus an die aufregende Zeit in Berlin unmittelbar nach dem Fall der Berliner Mauer, während er sein Studium in Berlin anfing. Dieses weltgeschichtliche Ereignis hautnah mitzuerleben, half ihm bei der Bewältigung seines anfänglichen Heimwehs und seiner Probleme mit der „kalten Mentalität" der Deutschen (Interview mit einem ghanaischen Alumnus in Accra, Ghana, 2018). Letztendlich konnten die meisten Alumni die anfänglichen Schwierigkeiten jedoch überstehen und ihr Studium oder ihren Forschungsaufenthalt in Deutschland erfolgreich durchführen. Eine Alumna aus Kolumbien brachte diese Erkenntnis, die auch einen wichtigen Teil der Erfahrungen in Deutschland ausmacht, folgendermaßen auf den Punkt:

> *„Ja, es gab natürlich auch viele Schwierigkeiten, wie die Ernährung, das Klima, die Kultur. Wenn mir jemand sagt, dass er im Ausland studieren möchte, dann sage ich immer, ja, die erste Zeit ist die schlimmste, aber dann gibt es keine Probleme mehr. Wenn man erst einmal die kulturellen Codes verstanden hat, dann geht es. Am Anfang ist das erst einmal sehr kompliziert. Es gibt kein Handbuch für die deutsche Kultur von A bis Z. Das ist mit anderen Kulturen genauso, bevor es gut läuft"* (Interview mit einer kolumbianischen Alumna in Bogotá, Kolumbien, 2017).

Eine weitere große Herausforderung stellte, wie oben angedeutet, die deutsche Sprache dar, die von vielen Stipendiat*innen und Alumni nur sehr schwer erlernt werden konnte oder während des gesamten Studiums oder der Promotion überhaupt nicht gelernt wurde. Ein aktueller Stipendiat monierte:

> *„Die deutsche Sprache macht mir immer noch große Probleme. Obwohl ich einen Sprachkurs in Bonn besucht habe und auch in meiner Freizeit viel deutsch sprechen muss, kann ich immer noch nicht so richtig sprechen. Meine Doktorarbeit schreibe ich auf Englisch, das ist ein Glück"* (Interview mit einem ghanaischen Stipendiaten, Bonn, 2017).

Teilweise versuchen Stipendiat*innen das Erlernen der deutschen Sprache auch zu umgehen, indem sie englischsprachige Studiengänge oder Seminare wählen und ihre Master- und Doktorarbeiten auf Englisch verfassen. Wenn sie sich dann doch einmal auf Deutsch im Rahmen ihrer Master- oder Doktorarbeit verständigen müssen, kommt es oftmals zu Schwierigkeiten, wie das folgende Beispiel eines kolumbianischen Alumnus illustriert:

> *„Die Doktorandenkolloquien waren auf Englisch, das war immer sehr gut und hilfreich. Da habe ich immer ein sehr gutes Feedback bekommen. Die Verteidigung der Doktorarbeit war aber auf Deutsch, das war nicht so gut, und da hatte ich auch große Probleme, die Fragen gut und richtig zu beantworten"* (Interview mit einem kolumbianischen Alumnus in Bogotá, Kolumbien, 2017).

Ein anderer Kolumbianer brachte es abschließend schlicht und einfach auf den Punkt:

> *„Deutsch ist zu schwierig"* (Interview mit einem kolumbianischen Stipendiaten, Skype, 2017).

Viele Alumni schrieben ihre Master-, Diplom- oder Doktorarbeit daher auf Englisch. Das hatte häufig ganz pragmatische Gründe: Zum einen fiel es vielen Alumni leichter auf Englisch zu schreiben als auf Deutsch. Zum anderen wählten sie Themen für ihre Abschlussarbeiten, die sich auch auf das Herkunftsland (oder sogar ausschließlich auf das Herkunftsland) bezogen und somit auch für Wissenschaftler*innen in den Herkunftsländern von Interesse waren. Oder sie wählten Themen, die zwar nichts mit dem Herkunftsland zu tun hatten, aber generell für eine internationale Leser*innenschaft interessant sein könnten. Dafür eignet sich die englische besser als die deutsche Sprache.

Auch mit finanziellen Problemen hatten ein paar Alumni im Rahmen ihres KAAD-Stipendiums zu kämpfen. Insbesondere wenn Stipendiat*innen mit ihrer Familie in Deutschland leben, für die zusammen ein Stipendium trotz familienbezogener Zusatzzahlungen nicht ausreicht:

„Ich bin mit meiner Frau nach Deutschland gekommen. Das hat mir auch beim Übergang am Anfang geholfen. Der KAAD hat uns deswegen auch 500 Euro extra gezahlt, also insgesamt haben wir 1.500 Euro vom KAAD bekommen, und die Krankenversicherung wurde aber nur zu 60 Prozent vom KAAD zusätzlich gezahlt. Trotzdem war das Geld noch nicht genug und wir konnten uns auch keine Wohnung wie in Bogotá leisten, sondern nur eine sehr kleine Einzimmerwohnung etwas außerhalb von Frankfurt. Alleine für die Miete haben wir 550 Euro bezahlt. Bis zur Uni habe ich fast eine Stunde gebraucht. Das war schon schwierig, auch beim Essen mussten wir immer rechnen. Als dann später unsere kleine Tochter noch dazu kam, wurde es noch schwieriger uns ausreichend zu finanzieren. [...] Weil wir so wenig Geld hatten, sind wir auch nur wenig in Deutschland gereist. Dafür konnte ich mich auf meine Doktorarbeit konzentrieren. Trotzdem war es ein großer Stress, dass ich nicht genug Geld hatte. Wir sind nie ins Restaurant gegangen, haben nur im Aldi eingekauft und zu Hause gekocht" (Interview mit einem kolumbianischen Alumnus in Bogotá, Kolumbien, 2017).

Die Stipendiat*innen und Alumni berichteten auch von Diskriminierungserfahrungen. Diese machten sie weniger an der Universität oder im Arbeitsleben als vielmehr in alltäglichen Situationen auf der Straße, im Bus oder im Supermarkt. Ein kolumbianischer Alumnus berichtete:

„Diskriminierung ist eine Einstellung von vielen Leuten, die entscheiden wer wichtig ist und wer nicht. Für mich wäre es ganz schlimm gewesen, wenn meine Kollegen in der Kanzlei oder wenn meine Kommilitonen an der Universität mich als Lateinamerikaner diskriminiert hätten. Und diese Erfahrung habe ich nie gehabt. Diskriminierung habe ich mehr im Bus gefühlt, oder im Supermarkt. [...] Sie wollten nicht mit mir sprechen. Punkt. Und ich bin manchmal darauf angewiesen von den Leuten angesprochen zu werden, oder dass die Leute mir eine Antwort geben. Zum Beispiel war ich in einem Supermarkt alleine. Wenn ich einen Joghurt kaufe, frage ich eine Person in meiner Nähe was ist das für ein Joghurt? Ich merkte, dass es viele Leute gab, die mit mir nicht sprechen wollten. Aber nicht etwas sehr Schlimmes. Aber insgesamt als Südamerikaner ist gut, die Deutschen mögen die Südamerikaner. Insgesamt

ist alles gut" (Interview mit einem kolumbianischen Alumnus in Bogotá, Kolumbien, 2017).

Ein Alumnus aus Ghana:

„Vor allem im Bus konnte ich spüren, dass sich Menschen eher weg von mir setzen, oder sie haben es sogar bevorzugt zu stehen, obwohl neben mir Plätze frei sind. Das hat mich schon öfter verletzt. Das ist sogar häufig passiert" (Interview mit einem ghanaischen Alumnus in Accra, Ghana, 2018).

Ein anderer ghanaischer Alumnus machte ähnliche Erfahrungen:

„Ich habe auch manchmal Rassismus in Deutschland gespürt. Am Anfang während des Deutschkurses in Deutschland nicht so sehr, aber später in Bremen ist mir das aufgefallen, vielleicht weil die Stadt weniger international ist. […] Mir fällt keine besonders dramatische Situation ein, in der ich als schwarzer Mann direkt beschimpft oder attackiert wurde, aber in vielen kleinen Situationen des Alltags konnte ich es merken. An der Supermarktkasse oder bei Behördengängen wurde mein Geld mehrmals nachgezählt, um zu sehen, ob ich den richtigen Betrag zahle, oder meine Dokumente wurden häufiger auf Richtigkeit geprüft als bei weißen Leuten. Also ein gewisses Misstrauen mir gegenüber konnte ich häufig spüren" (Interview mit einem ghanaischen Alumnus in Kumasi, Ghana, 2018).

Ein anderer Rassismusfall eines ghanaischen Alumnus war sogar lebensbedrohlich:

„Als ich nach einer Grillparty der Ghana Association in Berlin auf dem Heimweg war, haben mich mehrere Skinheads verfolgt. In der U-Bahn haben sie mich angeschrien und bedroht. Einer hat mir dann eine Bierflasche an den Kopf geworfen und ich blutete. Dieses Erlebnis hat mir so viel Angst eingejagt, dass ich sofort danach meine Sachen gepackt habe und nach Hause fliegen wollte. Meine WG-Mitbewohner haben mich aber überredet in Deutschland zu bleiben. Sie haben gesagt, dass es das nicht wert sei und ich nicht meinen Master aufs Spiel setzen solle. Ich bin letztendlich geblieben und habe meinen Abschluss gemacht, aber ich war wirklich kurz davor, alles hinzuschmeißen. Das war in den 90er Jahren in Berlin" (Interview mit einem ghanaischen Alumnus in Accra, Ghana, 2018).

Er machte auch weitere alltägliche Erfahrungen von Rassismus:

„Auch während meiner Arbeit am Flughafen Tegel wurde ich viel beschimpft, meistens als Neger. Auch Kinder haben mich als Neger beschimpft. Das sind Kinder und ich mache sie nicht dafür verantwortlich, sie haben das von den Erwachsenen gehört. Aber es hat mich trotzdem traurig gemacht" (Interview mit einem ghanaischen Alumnus in Accra, Ghana, 2018).

Interessanterweise haben die Stipendiat*innen und Alumni kaum Diskriminierung in Deutschland erfahren, die auf ihre Religion abzielte. In der Umfrage gaben rund 85 Prozent an, dass sie sich nie wegen ihres religiösen Glaubens in Deutschland diskriminiert gefühlt haben. Weitere elf Prozent haben zumindest selten diese negative Erfahrung gemacht. Knapp drei Prozent der Befragten fühlten sich häufig oder sehr häufig diskriminiert (n=390).

Zudem hatten Stipendiat*innen und Alumni auch mit privaten und familiären Problemen zu kämpfen. Eine kolumbianische Alumna konnte ihre Doktorarbeit lange Zeit nicht abschließen, weil sie mit mehreren privaten Schicksalsschlägen fertig werden musste:

„Ich hatte so viele Probleme. Ich musste viel nebenher arbeiten und ich hatte einen Sohn hier in Kolumbien, und gleichzeitig meine Dissertation. Zudem wurde ich krank und ich musste operiert werden. Und mein Vater ist auch noch in der Zeit gestorben. Also es gab so viele Probleme. Und das war auch ein Grund zurückzukommen. Ich fühlte mich sehr alleine in Deutschland. Und es gab auch familiäre Probleme und ich hatte das Bedürfnis noch einmal mit der Familie zusammen zu sein. In dieser Zeit war ich an der Humboldt-Universität in Berlin. Das war ein internationales Studienprogramm in einer Graduate School" (Interview mit einem kolumbianischen Alumnus in Accra, Ghana, 2018).

Eine aktuelle Stipendiatin muss neben dem Studium eine kleine Tochter großziehen:

„Das Studium und sich nebenbei um meine kleine Tochter zu kümmern ist sehr schwierig. Manchmal kann ich mich nicht auf meine Hausaufgaben zu Hause konzentrieren, weil meine kleine Tochter spielen möchte" (Interview mit einer ghanaischen Stipendiatin, Skype, 2017).

4.5   Erwerb von Fähigkeiten in Deutschland

Die befragten Stipendiat*innen und Alumni haben nach eigenen Aussagen viele Fähigkeiten (Skills) in Deutschland erworben, die sie selbst auch als eine wichtige Ressource für ihren weiteren Karriereweg einschätzen. Zu den meistgenannten Fähigkeiten gehören neben den Sprachkenntnissen[11], berufliches Fachwissen, interkulturelle Kompetenzen, neue Arbeitstechniken und das Kennenlernen einer neuen Arbeitsethik. In der Online-Umfrage antworteten über 80 Prozent der Befragten, dass sie „sehr viele" oder „viele" berufliche Fähigkeiten während des Studiums in Deutschland erwarben (N=378).

Auch in den Interviews mit Stipendiat*innen und Alumni aus den fünf Fallstudienländern wurde der Erwerb von beruflichen Fachkenntnissen als wichtigster Bildungserwerb während des Studiums in Deutschland angesehen. Eine ghanaische Alumna, die während ihres Studiums die neuesten Technologien für die Vermessung von Landflächen kennengelernt hat, betonte:

„Solche Ausbildungsmöglichkeiten hat man in Ghana nicht, obwohl sie dringend benötigt werden und eigentlich auch die Unternehmen danach fragen und die Regierung Aufträge dafür vergeben will" (Interview mit einer ghanaischen Alumna in Accra, Ghana, 2018).

Und fügte an: „Ich wurde eine gebildete Frau in Deutschland." Eine aktuelle Stipendiatin aus Ghana brachte es folgendermaßen auf den Punkt:

„Das Studium in Deutschland ist sehr wichtig. Ich habe mich hier doppelt so schnell entwickelt wie in Ghana. Das lag vor allem daran, dass ich hier einen schnellen Zugang zu Wissen habe, vor allem Bücher und alle Fachpublikation kostenlos online. Das wird an vielen Unis in Ghana nicht angeboten" (Interview mit einer ghanaischen Stipendiatin, Skype, 2017).

---

11 Knapp drei Viertel der befragten Stipendiat*innen und Alumni antworteten, dass sie „sehr intensiv" oder „intensiv" die deutsche Sprache erworben hätten. Demgegenüber antworteten fast 20 Prozent der Befragten „etwas" und rund sieben Prozent „wenig". Nur ein Prozent antwortete, dass es überhaupt keine deutsche Sprache erlernt hätte (N=378). Zu den Alumni, die nur etwas oder kein Deutsch gelernt haben, gehören auch diejenigen, die in einem englischsprachigen Studiengang studiert oder ihre Doktorarbeit auf Englisch (ferner auch auf Spanisch) verfasst haben.

Für einen kolumbianischen Alumnus waren die Schreibfertigkeiten, die er sich während der Promotion in Deutschland aneignete, die brauchbarsten Fähigkeiten für seinen späteren akademischen Weg:

„Deutschland hat mein Leben komplett verändert. Alleine in Deutschland zu leben und dort die Doktorarbeit zu schreiben, kann ein großer Vorteil für die akademische Karriere in Kolumbien sein. Durch das Schreiben meiner Doktorarbeit habe ich gelernt analytisch zu denken und mich über einen längeren Zeitraum auf eine Sache intensiv zu konzentrieren. Außerdem habe ich gelernt, interkulturell zu kommunizieren. Das sind wichtige Skills, um ein internationales Netzwerk aufzubauen und um Fundraising machen zu können" (Interview mit einem kolumbianischen Alumnus in Bogotá, Kolumbien, 2017).

Eine kolumbianische Psychologin lernte in ihrem Studium neue Zweige in ihrem Fach kennen:

„Zum Beispiel war es für meinen späteren Beruf sehr wichtig, zu sehen, dass man sich in der Psychologie auf die Betreuung von Kindern spezialisieren kann, also dass es spezielle psychologische Behandlungsmethoden von psychisch eingeschränkten Kindern oder Kindern mit Aufmerksamkeitsdefiziten gibt, und dass es dafür auch spezielle Behandlungsmethoden gibt. In Kolumbien gibt es so was nicht, da gehen die Eltern, wenn überhaupt, mit ihren Kindern zu allgemeinen Psychologen, die keine Ausbildung für die Behandlung von Kindern haben und eigentlich auch überhaupt nicht mit Kindern umgehen können" (Interview mit einer kolumbianischen Alumna in Medellín, Kolumbien, 2017).

Ähnlich positive Erfahrungen machte auch ein kolumbianischer Jurist:

„Was ich in Deutschland noch gelernt habe, war, wie konnte ich meinem Land mit meiner Arbeit helfen. Ich glaube, das war sehr wichtig. Außerdem Disziplin, methodisches Denken und Arbeiten, juristische Sachen. Und ich habe den Bundesgerichtshof in Karlsruhe besucht, und ich habe mit vielen Richtern und wissenschaftlichen Mitarbeitern gesprochen. Das war eine sehr interessante Erfahrung, um viele Beispiele kennenzulernen, und um meine Arbeit hier in Kolumbien zu verbessern" (Interview mit einem kolumbianischen Alumnus in Bogotá, Kolumbien, 2017).

Als zweitwichtigste Fähigkeit, die man in Deutschland erlangte – nach den akademischen und beruflichen Fähigkeiten – wurden interkulturelle Kompetenzen von den befragten Stipendiat*innen und Alumni genannt. In unserer Onlinebefragung antworteten ebenfalls über 80 Prozent, dass sie „sehr viel" oder „viel" an interkultureller Kompetenz in Deutschland erworben hatten. Weitere 15 Prozent sagten, „etwas" und nur etwas über drei Prozent entweder „wenig" oder „gar nicht" (n=378). Viele Alumni sehen Deutschland demnach als ein kulturell vielfältiges Land, in dem sie mit Menschen aus vielen Ländern in Kontakt kamen und dabei verschiedene Kulturen kennenlernten. Diese Möglichkeit haben sie in ihren Herkunftsländern meistens nicht gehabt. Eine Kolumbianerin sagte dazu:

„Sehr intensiv. Ich kann mein Leben in zwei Teile teilen: Mein Leben vor Deutschland und mein Leben nach Deutschland. Ich [bekam] sehr viel Hilfe, von meiner Uni, vom KAAD, ich habe wunderbare Leute kennengelernt. Aber es war eine ganz andere Kultur und ich konnte meine Augen groß öffnen. Deutschland ist ein Land mit Geschichte von Migration, natürlich nicht wie in den USA, aber ich konnte Leute von der ganzen Welt in Deutschland kennenlernen. Diese Möglichkeit hat man hier nicht. Kolumbien ist ein Land mit wenig Immigration aus anderen Ländern außerhalb Lateinamerikas. Und in den 1930er Jahre wurde Einwanderung in Kolumbien verboten. Deshalb haben wir wenig Erfahrung mit anderen Kulturen. Nur Immigration aus unseren Nachbarländern, wie zurzeit aus Venezuela. Wir sind nicht wie Brasilien oder Argentinien. Deswegen war Deutschland für mich die beste Möglichkeit die Welt durch die Leute in Deutschland kennenzulernen. [...] Und ich hatte das Glück mit meinem Professor und Leuten aus anderen Ländern, Ukraine, Taiwan, Mexiko, Albanien, Türkei. Also die Möglichkeit mit Menschen aus der ganzen Welt zu forschen, da habe ich natürlich viel gelernt" (Interview mit einer kolumbianischen Alumna in Bogotá, Kolumbien, 2017).

Ein ghanaischer Alumnus wurde durch den Kontakt und Austausch mit Menschen aus anderen Ländern für andere Kulturen sensibilisiert:

„Eine wichtige Lehre für mich war auch, jede Kultur erst einmal zu akzeptieren und versuchen sie zu verstehen und nicht zuerst kritisieren. Jede Kultur ist anders, und zuerst muss man erst einmal Informationen über die neue Kultur sammeln. Zu Beginn hat man zu wenig Informationen, erst wenn man genügend Informationen über die andere Kultur hat, kann man sich eine Meinung bilden" (Interview mit einem ghanaischen Alumnus in Accra, Ghana, 2018).

Darüber hinaus lernten die Stipendiat*innen und Alumni auch eine neue Arbeitsweise in Deutschland kennen. Rund ein Drittel der Befragten in unserer Online-Befragung gab an, „sehr viel" oder „viel" über eine neue Arbeitsweise gelernt zu haben. Weitere 19 Prozent haben „etwas" über die Arbeitsweisen in Deutschland gelernt. Ein kolumbianischer Alumnus erklärte diese neue Arbeitsweise folgendermaßen:

„In Kolumbien sind wir immer sehr ungeduldig. Wir haben eine Idee und wollen dann mit dem Kopf durch die Wand, diese dann auch umzusetzen. Dabei gucken wir nicht nach rechts oder links, sondern wollen das einfach machen, manchmal auch unüberlegt. Das ist nicht gut, weil dabei auch viel schief geht. In Deutschland habe ich gelernt, zuerst zu überlegen und nachzudenken, wenn ich eine Idee habe, zu überlegen, wie ich die Idee realistisch umsetzen kann. Das kann manchmal dauern, aber ich habe gelernt, dieses Ziel mit Geduld zu erreichen und das auch was nicht so schnell klappt, aber immer wieder versuchen. Das ist gerade auch wichtig, wenn mehrere Leute bei der Umsetzung eines Projekts beteiligt sind. Dann kann das dauern, aber es ist wichtig alle einzubeziehen und das Projekt nach und nach zu realisieren. Zum Beispiel habe ich die Idee mit den Scholars des KAAD und die Einbeziehung in das Caritas-Projekt. Wenn es nach mir ginge, hätten wir damit schon längst anfangen können, aber es dauert halt noch ein bisschen, da erst einmal die Scholars die Zeit finden müssen und auch Caritas überlegen muss, wo und wie man die in verschiedenen Projekten in Kolumbien nach ihrer Rückkehr einbeziehen kann. Früher hätte ich mir schon Sorgen gemacht, warum das so lange dauert, aber jetzt weiß und sehe ich viel mehr. Die Dinge brauchen halt manchmal ihre Zeit. Ich muss nur etwas Geduld haben und dann kann man das Projekt Schritt für Schritt realisieren" (Interview mit einem kolumbianischen Alumnus in Bogotá, Kolumbien, 2017).

Ein Erlebnis, das uns eine kolumbianische Alumna geschildert hat, macht ihre neue Arbeitsweise deutlich:

„In Medellin hatte ich während meines Forschungsaufenthalts für die Masterarbeit kolumbianische Lehrer zwischen 25 und 60 Jahre in meiner Fortbildungsgruppe. Die waren alle begeistert von der guten Strukturierung meines Lehrplans. Das habe ich in Deutschland gelernt" (Interview mit einer kolumbianischen Alumna in Deutschland, 2018).

Des Weiteren haben fast 70 Prozent der Befragten „sehr viele" oder „viele" Organisationsfähigkeiten in Deutschland erlangt. Knapp über 17 Prozent haben immerhin „etwas" an Strategie- und Organisationsfähigkeiten erlangt (n=378). Von den Interviewpartner*innen wurden vor allem Zielstrebigkeit und effektives Planen und Organisieren als wichtige erlernte Skills genannt. Ein ghanaischer Stipendiat sagte mit Begeisterung:

„Ich habe gelernt, Dinge zu planen und umzusetzen. In Ghana macht man einfach, was gerade gemacht werden muss, ohne einen langfristigen Plan zu haben. Hier habe ich meinen Promotionsplan aufgestellt, um mir die Zeit besser einzuteilen. Das werde ich jetzt auch mit anderen Projekten oder Aktivitäten in meinem Leben machen. Das hilft mir sehr, um die Pläne auch tatsächlich zu verwirklichen" (Interview mit einem ghanaischen Stipendiaten, Skype, 2017).

Ein anderer Ghanaer:

„Ich habe gelernt meine Zeit gut einzuteilen. Aber das ist schwierig hier in Ghana umzusetzen, weil Menschen hier anders denken. Man ist hier dazu gezwungen Kompromisse zu finden. Zum Beispiel, man will eine Projektbesprechung in zwei Stunden fertig bekommen, aber dann dauert es drei oder vier Stunden, weil Leute zu spät kommen, oder wenn sie kommen, dann die Hälfte vergessen haben, oder sich erst einmal längere Zeit über private Dinge unterhalten müssen. Das nervt mich manchmal. Aber man darf sich deswegen nicht fertig machen, sondern man muss Kompromisse dafür finden. Es ist eine andere Kultur hier" (Interview mit einem ghanaischen Alumnus in Accra, Ghana, 2018).

Eine indonesische Stipendiatin lernte in Deutschland selbstständig zu entscheiden und zu planen:

„In Deutschland war ich zum ersten Mal alleine und musste alles selbst organisieren und musste Dinge alleine entscheiden. Das war neu für mich und musste ich erst einmal lernen. Das ist wichtig. In Indonesien habe ich viel mit der Familie oder Freunden gemacht, wir haben auch zusammen entschieden. In Indonesien ist die Familie wichtig, man macht viel zusammen, am Wochenende oder in den Ferien, und man wohnt als Familie auch zusammen" (Interview mit einer indonesischen Stipendiatin, Skype, 2017).

Eine indonesische Alumna hat in Deutschland gelernt mit beruflichen Herausforderungen und mit Konflikten mit Arbeitskollegen konstruktiv umzugehen:

"I think, the most important thing I learned in Germany was how to address problems. You have to know, Indonesia, we don't name problems, or we don't

talk directly about a mistake of a colleague to a colleague, because that is seemed to be rude. That is our culture. It is based on more social harmony. But in Germany, if there is a problem between colleagues, you mention that problem directly and you try to solve the problem. So, people name the problem directly, and they are not afraid of starting a conflict, because the problem needs to be solved. I think that is good, and I try to adapt that in my working style too. If there is a problem, I have to name it and try to solve it, to make the whole situation better. This is what I learned in Germany. [...] Traditionally, we don't mention problems in public we have with other people, and we don't want to hurt feelings and the thoughts and ideas of someone. This way of thinking and behavior goes back to our tradition of Javanese ethics of harmony. That means that everyone should have and maintain his or her place in the society, and no one should try to get out of this place in society. This also means that no one should improve or getting a position that is not determined for this one. For this reason, Javanese ethics is good for harmony in the society and to keep people calm and focus on their specific work and position, but it is not good for progress and development, because everyone who wants to improve his position or wants to change the status quo is perceived by other members of the society as someone, who tries to destroy the society. But it is not true, he actually wants to improve the society. So if you come back from Germany, where you learned to mention problems and to attack people verbally in a direct way, and you do it in the same way in Indonesia, people can be offended. So you have to be very smart in addressing personal challenges or problems with other people, so you actually don't offend other people, and that they don't take it personally, and the social harmony is not in danger. But that you still can change the situation in the way you want, and that you solve the problem" (Interview mit einer indonesischen Alumna in Jakarta, Indonesien, 2017).

Ein indonesischer Unternehmer führt seine neue Art der Unternehmensführung ebenfalls auf seine Erfahrung in Deutschland zurück:

„Ich habe in Deutschland gelernt, wie man das Unternehmen systematisch führt und die technischen Kenntnisse dazu inhaltlich anwendet. Auch Präzession und Pünktlichkeit habe ich gelernt, was sehr wichtig ist, um auch mit internationalen Partnern zusammenzuarbeiten und um die Arbeit und die Produkte pünktlich abzuliefern. [...] Ich habe auch direktes Reden gelernt, Dinge und Probleme direkt anzusprechen, auch mit meinen Kollegen und Angestellten" (Interview mit einem indonesischen Alumnus in Pontianak, Indonesien, 2017).

Ein ghanaischer Alumnus:

"Reliability. That is very important to do business, because your partners have to count on you. In Africa, many people do not show up for meetings, even if these are important business meetings. I learned in Germany that the most important thing is to hold to your word, and to realize the things you agreed on with your partners. This commitment is important to be successful in business" (Interview mit einem ghanaischen Alumnus in Deutschland, Skype, 2017).

Eine andere ghanaische Alumna:

„Verantwortung zu übernehmen. Wenn man nicht zur Arbeit kommt, dann braucht man einen wichtigen Grund. In Ghana ist das häufig nicht der Fall. Die Deutschen nehmen Arbeit ernster, und das findet sie gut so, und hat das auch für sich so übernommen. Ich habe gelernt, wie man sich auf etwas im Leben konzentriert und wie man seine Ziele erreicht, und natürlich wie man ruhig bleibt und weitermacht, wenn etwas nicht gleich funktioniert. Man muss fokussiert bleiben im Leben" (Interview mit einer ghanaischen Alumna in Accra, Ghana, 2018).

Ferner wurden auch andere Fähigkeiten genannt, die die Alumni in Deutschland erworben haben, die sich teilweise mit den oben genannten Fähigkeiten überlappen. Dazu gehören u. a. Erwerb der englischen Sprache, leichterer Umgang mit neuen Technologien, höheres Bewusstsein für Umweltschutz (Stichwort „Mülltrennung"), aber auch eine realistischere Einschätzung der negativen Aspekte in westlichen Ländern wie Deutschland, wie z. B. ein hoher gesellschaftlicher Leistungsdruck oder die oben angesprochene „soziale Kälte". Alle diese Fähigkeiten führten dazu, dass viele der Alumni selbstbewusster geworden sind und sich ihre „Sicht auf die Welt" teilweise grundsätzlich änderte, worauf wir weiter unten noch einmal genauer eingehen.

Ergebnisse: Nach dem Studium

5

Spannend ist es zu sehen, welche Wege die (ehemaligen) Stipendiat*innen nach ihrem Studium gegangen sind. Sind sie nach Beendigung des Studiums in Deutschland in ihr Herkunftsland zurückgegangen oder sind sie in Deutschland geblieben bzw. in ein anderes Land weitergewandert? Die Feldforschungen in den fünf Untersuchungsländern haben vielfältige Antworten auf diese Frage zum Vorschein gebracht. Es ist deutlich geworden, dass (ehemalige) internationale Studierende in ganz vielfältiger Weise und in verschiedenen (Migrations-)Formen zur Entwicklung in ihren Herkunftsländern beitragen. Entsprechend des Designs unserer Studie wurde dies in Palästina insbesondere im Gesundheitssystem, in Indonesien im Technologie- und Wirtschaftssystem, in Ghana im Umwelt- und Landwirtschaftssektor, in Georgien im Rechtssystem sowie in Kolumbien im politischen System, speziell in der Friedens- und Demokratieentwicklung, aufgezeigt. Dabei wurde auch deutlich, dass es sich nicht um einen einseitigen Transfer von Nord nach Süd, sondern eher um einen zirkulären Austausch von Know-how und Gütern handelt, angestoßen und umgesetzt durch das Engagement der Alumni, die, so viel sei vorweggenommen, sowohl in ihr Herkunftsland zurückgekehrt als auch in Deutschland geblieben sind. In den ersten Teilen dieses Abschnitts wollen wir ein genaueres Bild der verschiedenen Engagementformen in den fünf Fallstudienländern zeichnen und darstellen, welche Auswirkungen die Migration der internationalen Studierenden auf die verschiedenen Gesellschaftsbereiche in ihren Herkunftsländer hatte. Im abschließenden Teil geht es dann um übergreifende Befunde, die für alle Fallstudienländer gelten. Hier geht es um Beiträge im Wissenschaftssystem, aber auch um Probleme bei der Wiedereingliederung und schließlich um Sichtweisen der Studierenden und Alumni auf das Thema „Entwicklung" selbst.

© Der/die Autor(en) 2021   77
S. Krannich und U. Hunger, *Studierendenmigration und Entwicklung*,
https://doi.org/10.1007/978-3-658-32048-5_5

5.1   Stabilisierung und Differenzierung des Gesundheitssystems in Israel/ Palästina

Palästina ist zwar ein international von vielen Staaten anerkannter, aber kein völlig unabhängiger Staat. Vielmehr hängt er in vielen wesentlichen Bereichen von den Entscheidungen des israelischen Staats ab und verfügt deswegen nur über einen begrenzten Haushalt und kann nur sehr eingeschränkt staatliche Aufgaben übernehmen. Zudem kann jederzeit ein Krieg zwischen Israel und Palästina ausbrechen, der auch das palästinensische Wirtschaft und Gesellschaft schwer schädigen könnte, wie dies zuletzt im Gaza-Krieg 2015 geschehen ist. Auch der palästinensische Gesundheitssektor hängt aufgrund der schwierigen und unsicheren Situation der palästinensischen Autonomiebehörde sehr stark von privaten und internationalen Initiativen ab.[12]

Aufgrund der beschränkten Studien- und Forschungsmöglichkeiten an den Universitäten in den Palästinensischen Autonomiegebieten gehen viele palästinensische Studierende, wenn sie es sich leisten können, zum Studium ins Ausland. Dies gilt insbesondere für Mediziner*innen, da man bis zu Beginn der 2000er Jahre in Palästina Medizin gar nicht studieren konnte. Inzwischen kann man zwar zumindest an zwei palästinensischen Universitäten Medizin studieren, an den Universitäten An-Najah National in Nablus und al-Quds in Ostjerusalem, viele Interessierte gehen aber weiterhin ins benachbarte Ausland, wie z. B. nach Jordanien oder Israel (wenn dies möglich). Noch zu Zeiten des Kalten Krieges zog es viele zudem in die Sowjetunion oder nach Rumänien.[13]

Nach 1990 sind viele Palästinenser*innen zum Medizinstudium ins westliche Ausland gegangen, vor allem nach Westeuropa und in die USA. Zum Ärger der palästinensischen Autonomiebehörde sind viele von ihnen nach dem Studium nicht zurückgekehrt, sondern haben sich als Ärzt*innen im Ausland niedergelassen. Anfang der 2000er Jahre wurde geschätzt, dass fast die Hälfte aller palästinensischen Medizinstudent*innen im Ausland geblieben ist (Palestinian Health Ministry 2004).

Entsprechend schwierig gestaltete sich die Situation im palästinensischen Gesundheitssystem. Ein Indikator hierfür ist die Anzahl der Krankenhausbetten pro 1.000 Einwohner. In Deutschland liegt dieser Wert im Schnitt bei 8,3, in den palästinensischen Gebieten im Durchschnitt bei 1,1, laut der letzten offiziell be-

---

12   Dazu gehören vor allem die Hilfswerke der UN, staatliche Fördereinrichtungen wie USAid und private Stiftungen sowie christliche Hilfswerke und andere NGOs.

13   Fast alle unserer Interviewpartner, die nicht vom KAAD gefördert wurden und bereits vor 1990 studierten, taten dies in der Sowjetunion, Rumänien oder Jordanien. Dort konnten sie zumeist kostenlos studieren, weil die Sowjetunion im Kalten Krieg Palästina unterstützte. Demgegenüber wurde Israel überwiegend von den westlichen Staaten unterstützt (Khouri 1985).

kannten Veröffentlichung des palästinensischen Gesundheitsministeriums aus dem Jahr 2004. Dabei fallen auf staatliche Krankenhäuser nur rund 20 Prozent der Krankenhausbetten (vgl. Palestinian Health Ministry 2004), auf private dementsprechend 80. Der private Gesundheitssektor ist damit in Palästina deutlich besser ausgestattet und bedeutsamer als staatliche Einrichtungen, was vor allem mit den vielen Spendengeldern in der Region zusammenhängt.[14] So finanzieren etwa die katholische und evangelische Kirche in der Region um der heiligen Stadt Bethlehem viele Einrichtungen, so dass die Region auch die größte Krankenhausbettendichte in Palästina aufweist (Palestinian Health Ministry 2004). Zudem leiden die staatlichen Krankenhäuser an einer personellen Unterbesetzung und einem Mangel speziell an Fachärzt*innen. Viele der an staatlichen Krankenhäusern beschäftigten Ärzt*innen haben ihre Ausbildung an den schlecht ausgestatteten Universitäten in Jordanien oder, sofern sie schon älter sind, in ehemaligen Sowjetländern zu Zeiten des Kalten Krieges erhalten. Private Krankenhäuser verfügen demgegenüber nicht nur über mehr Geld, sondern auch über die entsprechenden Fachärzt*innen, die zumeist in westeuropäischen Ländern oder den USA studiert haben.

Auch aus Sicht in unserer Studie Interviewten ist die Gesundheitsversorgung in der Region immer noch unzureichend:

„In diesem Land herrscht vor allem ein Mangel an Ärzten in allen medizinischen Gebieten. Es gibt zu wenig Herzchirurgen, Onkologen, Handchirurgen, Spezialärzte für Verbrennungen und so weiter. Deswegen werden häufig allein schon falsche Diagnosen gegeben und falsche Behandlungen durchgeführt. Deswegen haben in diesem Land viele Leute kein Vertrauen in die ärztliche Behandlung. Dies gilt vor allem für staatliche Krankenhäuser. Dort gibt es keine Fachleute für komplizierte Behandlungen von besonderen Krankheiten" (Interview mit einer palästinensischen Alumna in Deutschland, Skype, 2016).

Vom KAAD wurden seit 1984 insgesamt 243 Stipendiat*innen aus Israel und den Palästinensischen Autonomiegebieten gefördert.[15] Knapp die Hälfte davon hat im Bereich Medizin/Gesundheitswesen – d.h. Medizin, Zahnmedizin, Pharmazie, Gesundheitswissenschaft oder Psychologie – studiert oder in diesen Bereichen einen Forschungsaufenthalt in Deutschland gemacht. Die Rückkehrquoten der

---

14 Aufgrund der Nähe zu den historischen und religiösen Stätten spenden viele christliche Organisationen große Geldsummen an Krankenhäuser und soziale Einrichtungen.

15 Palästinensische Studierende und Forscher wurden jedoch schon seit der Gründung des KAAD im Jahr 1958 gefördert. Insgesamt waren es wahrscheinlich über 400 palästinensische Stipendiat*innen (Interview mit einer Vertreterin des KAAD, Bonn, 2016).

palästinensischen Stipendiat*innen nach dem Studien- und Forschungsaufenthalten
ist mit ca. 65 Prozent relativ gering (KAAD-interne Dokumente).

Die zurückkehrenden KAAD-Stipendiat*innen haben sich u. a. in dem Verein
„AUDA – Vereinigung Rückkehrender Akademiker aus Deutschland" zusammen-
geschlossen. Sie finden vor allem in privaten Krankenhäusern eine Arbeit oder
lassen sich als selbstständige Ärzt*innen nieder, was im Übrigen auch für viele
andere Ärzt*innen gilt, die in anderen westeuropäischen Ländern oder den USA
studiert haben. Ein herausragendes Beispiel für eine erfolgreiche Rückkehrerin ist
eine ehemalige KAAD-Stipendiatin, die heute als Chefärztin das größte und am
besten ausgestattete Kinderkrankenhaus in Palästina, das Caritas Baby Hospital in
Bethlehem, leitet, und die 2007 vom KAAD für ihre Erfolge als Klinikleiterin mit
dem Peter-Hünermann-Preis ausgezeichnet wurde.[16] Unter ihrer Leitung werden
jedes Jahr mehr 50.000 Patient*innen behandelt. In ihrer täglichen Arbeit greift
sie dabei nicht nur auf ihr in Deutschland erworbenes Wissen zurück, sondern
auch auf ein breites Netzwerk von Kolleg*innen in Deutschland und Palästina. So
tauscht sie sich nach eigenen Angaben regelmäßig mit Mediziner*innen in Freiburg,
Tübingen und Hamburg über seltene Kinderkrankheiten aus. Dabei werden z. B.
Röntgenbilder für ein Konsil nach Deutschland geschickt. Dadurch konnte schon
das „eine oder andere Menschenleben" gerettet werden, wie die Klinikleiterin berichtet. „Dies wäre nicht möglich gewesen, wenn ich nicht in Deutschland studiert
hätte", sagt sie. Dabei bezieht sie sich nicht nur auf die angesprochenen Kontakte in
Deutschland, sondern auch auf das in Deutschland erworbene Fachwissen, das, so
die ehemalige KAAD-Stipendiatin, in Palästina bis heute nicht erworben werden
könne, aber dringend benötigt werde. Nur sie selbst und wenige Kolleg*innen, die
selber im Ausland studiert hätten, würden das Fachwissen aber jetzt an jüngere
Kolleg*innen in Palästina weitergeben.[17]

Während auf der einen Seite KAAD-Alumni Karriere als Angestellte in privaten
Krankenhäusern machen, die von internationalen Hilfsorganisationen gefördert
werden, haben sich auf der anderen Seite Alumni selbstständig gemacht und eigene

---

16 Die Alumna studierte in den 1990er Jahren an der Ludwig-Maximilians-Universität
    Medizin und promovierte dort zum Thema „Neue therapeutische Ansätze in der Be-
    handlung von Frühgeborenen" und wurde danach mit Unterstützung eines KAAD-Sti-
    pendiums zur Fachärztin an der Universität Würzburg ausgebildet. Nachdem sie für ein
    paar Jahre nach Bethlehem zurückkehrte, um als Fachärztin am Caritas Baby Hospital
    zu arbeiten, ging sie 2003 erneut mit einem KAAD-Stipendium nach Deutschland,
    um sich in den Bereichen Intensivmedizin und Ultraschalldiagnostik weiterzubilden
    (KAAD 2008: 86).
17 Im Jahr 2015 wurde sie für ihr Engagement mit dem Preis der „KAAD-Stiftung Peter
    Hünermann" ausgezeichnet (KAAD 2015).

Aufnahme 1 Caritas Baby Hospital Bethlehem
Quelle: Eigene Aufnahme

Privatpraxen oder -kliniken in Palästina nach der Rückkehr aus Deutschland eröffnet. Dazu gehört z. B. ein KAAD-Alumnus, der 1999 mit einem KAAD-Stipendium einen dreimonatigen Weiterbildungskurs als Orthopäde an einer Klinik in Kirchberg/Sachsen machte und 2002 seine eigene Klinik Al Shifa in Beit Sahour, einem Nachbarort von Bethlehem, eröffnete. In der Klinik sind mittlerweile knapp 40 Ärzt*innen bzw. Pflegekräfte beschäftigt, darunter Spezialist*innen aus Radiologie, Orthopädie und Physiotherapie. Viele von ihnen haben ebenfalls in westeuropäischen Ländern studiert. Die Patient*innen kommen mittlerweile aus allen Teilen Palästinas, weil sich die qualitativ hochwertige Behandlungsweise herumgesprochen hat und die Klinik über die neuesten Geräte verfügt. Diese hat der Gründer im Übrigen mit Hilfe von Krediten, die er während seiner Weiterbildungsaufenthalte in Italien (2006 und 2010) und den USA (2007) aufgenommen hat, finanziert. Ein Schwerpunkt der Klinik besteht in der Diagnose seltener Krankheiten, für deren Erkennung ein spezielles Know-how notwendig ist. Er sagte dazu:

„Wir haben uns auf Diagnosen spezialisiert, weil es wichtig ist erst einmal die richtige Krankheit zu erkennen bevor man operiert. In palästinensischen Krankenhäusern fehlt den Ärzten häufig die Expertise und sie fangen an zu operieren, obwohl sie die falsche Krankheit diagnostiziert haben. Zudem gibt es keine Kontrolle der Ärztearbeit in staatlichen Krankenhäusern. Menschen können aufgrund falscher Behandlungen sterben, und es gibt keine Konsequenzen für die Ärzte. Das ist ein großes Problem in Palästina" (Interview mit einem palästinensischen Alumnus in Beit Sahour, Palästina, 2016).

Nach erfolgreicher Diagnose werden die Patient*innen an Krankenhäuser überwiesen, die über die notwendigen Operationsgeräte und Krankenbetten verfügen. Hierbei handelt es sich zumeist ebenfalls um private Krankenhäuser, wie dem Caritas Baby Hospital oder der Dips Clinic in Bethlehem, in denen oftmals Fachärzt*innen praktizieren, die im Ausland studiert haben und über das entsprechende Fachwissen verfügen. Die Diagnosen in seiner Klinik sind im Vergleich zu anderen privaten Kliniken günstig, z. B. kostet eine Röntgen-Untersuchung 50 Schekel (12,50 Euro) oder eine MRT-Behandlung 500 Schekel (125 Euro). Da die meisten Patient*innen nicht privat versichert sind und die Kosten von der staatlichen Krankenversicherung nicht übernommen werden, müssen die Patient*innen meistens aus der eigenen Tasche in bar bezahlen.

Interessant ist auch der Fall von zwei palästinensischen Schwestern (64 und 68 Jahre alt), die in ihrer eigenen Wohnung in Ramallah eine kleine Kinderklinik eröffnet haben. Beide wurden während ihrer sechsmonatigen medizinischen Weiterbildungen 2004 bzw. 2009 in Deutschland vom KAAD gefördert. Bereits zuvor hatten beide in den 1970er Jahren in Deutschland studiert und in den 1980er Jahren promoviert. Nach dem Studium ist die ältere Schwester sofort wieder zurück nach Palästina gegangen, um sich gegen die medizinische Unterversorgung von Kindern zu engagieren. Die jüngere Schwester arbeitete nach dem Studium noch bis 1986 als Neurochirurgin in Kiel, bevor sie ebenfalls nach Palästina zurückkehrte. Dort konnten beide keine Anstellung in einem staatlichen Krankenhaus bekommen, so dass beide lange als Krankenschwestern arbeiten mussten. Diese Zeit fiel ihnen sehr schwer:

„Ich habe mich oft gefragt: Warum habe ich so viel und lange in Deutschland studiert, wenn man hier keine Beachtung findet und keinen Beruf. Das liegt natürlich daran, dass ich eine Frau und Christin bin in einer muslimisch dominierten Welt" (Interview mit einer palästinensischen Alumna in Ramallah, Palästina, 2016).

Jedoch hatten sie über die Jahre genügend Geld angespart, um 1983 eine kleine Kinderpraxis in ihrer Privatwohnung im Zentrum von Ramallah zu eröffnen, wo sie ihrer Arbeit nachgehen können. Dafür haben sie gebrauchte Untersuchungsgeräte von einem bekannten Kollegen in Deutschland gekauft und haben sie alleine mit ihrem Auto nach Ramallah gefahren.[18]

Während die ältere Schwester sich ausnahmslos um die Kinderarztpraxis kümmerte, schaffte es die jüngere Ende der 1980er Jahre eine Stelle als Neurochirurgin an einem staatlichen Krankenhaus in Ramallah zu bekommen. Sie war damit erst die zweite praktizierende Neurochirurgin in Palästina. In ihrer Funktion als Chefärztin trug sie wesentlich dazu bei, die Neurochirurgie in Palästina mit aufzubauen. Zurzeit behandeln die beiden Schwestern bis zu 50 Kinder pro Woche in ihrer kleinen Privatpraxis, wobei sie, weil die meisten Patient*innen keine Privatversicherung haben, nur bis zu 60 Schekel (15 Euro) für eine Behandlung nehmen, oder, wenn die Eltern dies auch nicht zahlen können, es auch kostenlos machen. Zudem engagieren sich beide ehrenamtlich für kirchliche Einrichtungen und soziale NGOs (Interview mit den beiden Alumnae in Ramallah, Palästina, 2016).

Eine andere KAAD-Alumna hat eine private Zahnarztpraxis in Ramallah gegründet, die stark nachgefragt wird. Die Praxiseinrichtung hat sie vor zehn Jahren von einem niederländischen Zahnarzt mit allen Instrumenten und Geräten gekauft, nachdem sie dort für 2 Jahre als angestellte Zahnärztin arbeite. Zuvor führte sie mit Unterstützung des KAAD im Jahr 2002/03 einen dreimonatigen Weiterbildungskurs in Köln durch. Dieses Wissen war so noch nicht in Palästina vorhanden. Ihr Beruf macht ihr großen Spaß, jedoch hat sie mit einer täglichen Herausforderung zu kämpfen: Da sie in Ostjerusalem wohnt, muss sie tagtäglich die Grenze zwischen Jerusalem und Ramallah mit dem Auto überqueren, um zu ihrer Zahnarztpraxis nach Ramallah zu kommen. Aufgrund der strengen Grenzkontrollen und je nach Sicherheitslage kann das bis zu drei Stunden pro Weg dauern. Das kostet viel Kraft und Zeit, die sie eigentlich für die Patient*innen in Ramallah benötigt (Interview mit einer palästinensischen Alumna, Skype, 2017).

Nicht nur in der West Bank haben KAAD-Alumni eine Anstellung in einem privaten Krankenhaus bekommen, sondern auch in Israel, obwohl dies aufgrund der Minderheitenstellung und Benachteiligung von Palästinenser*innen in der israelischen Gesellschaft, auch wenn sie selbst israelische Staatsbürger sind, schwieriger ist. Eine KAAD-Alumna hat es geschafft eine Stelle als Gesundheitsberaterin an einem privaten Krankenhaus in Jerusalem zu bekommen. Das Krankenhaus wird von palästinensischen und israelischen Ärzt*innen geleitet und von einer

---

18 Dabei gab es jedoch große Probleme mit den israelischen Zollbeamten, die einige der Geräte konfiszieren wollten. Mit ein wenig Verhandlungsgeschick gelang es ihr jedoch die meisten der Geräte nach Ramallah zu bringen (Interview mit einer palästinensischen Alumna in Ramallah, Palästina, 2016).

israelischen NGO unterstützt. Dort ist sie als eine Art Krankenpflegerin für die Betreuung der Patient*innen zuständig, aber auch in der Krankenhausverwaltung und im Management tätig. Sie wuchs als Muslimin mit israelischer Staatsbürgerschaft in dem arabischen Ort Um El Fahem an der Nordwestgrenze zur West Bank auf, erwarb einen Bachelor im Studiengang Nursing an der renommierten Hebrew University in Jerusalem und machte mit Unterstützung des KAAD einen einjährigen Master in International Health an der Universität Heidelberg (2014/15) (Interview mit einer palästinensischen Alumna in Tel Aviv-Jaffa, Israel, 2016).

Ferner tragen auch Alumni zur Stabilisierung des Gesundheitswesens in Palästina bei, die nicht Medizin studiert haben und somit nicht als Ärzt*innen tätig sind, sondern als Apotheker*innen, Psycholog*innen, Lebensmittelchemiker*innen oder Arzneimittelhersteller*innen beschäftigt sind. So arbeitete ein Alumnus als Lebensmittelchemiker für ein privates Unternehmen und das Gesundheitsministerium in Ramallah. Dabei war er für die Untersuchung der Lebensmittel-, Wasser- und Medikamentenqualität zuständig. Er sagte, dass immer noch zu viele Lebensmittelchemiker*innen in Palästina fehlen. Er studierte von 1999 bis 2005 Lebensmittelchemie an der Universität Münster, von 1999 bis 2002 hatte er ein Stipendium vom KAAD (Interview mit einem palästinensischen Alumnus in Bethlehem, Palästina, 2016).

Ein weiterer KAAD-Alumnus hilft im Rahmen seiner Tätigkeit als Regionaldirektor des Vereins Christen helfen Christen im Heiligen Land e. V.[19] Bedürftigen einen Zugang zum Gesundheitssystem zu verschaffen, wie z. B. durch die Erstattung von Arzt- und Medikamentenkosten. Er studierte mit einem KAAD-Stipendium von 2005 bis 2010 Betriebswirtschaftslehre an der Universität Augsburg und arbeitete seit seiner Rückkehr auch in den Auslandsbüros der Konrad-Adenauer-Stiftung (KAS, Ramallah), der Friedrich-Naumann-Stiftung (FNS, Amman/Jordanien) und der Gesellschaft für Internationale Zusammenarbeit (GIZ, Ramallah) (Interview mit einem palästinensischen Alumnus in Bethlehem, Palästina, 2016).

Eine weitere KAAD-Alumna aus Nazareth setzt sich im Rahmen ihrer Arbeit für die NGO Al Tufula Nazareth Institute[20] für die Gesundheit von Kleinkindern

---

19 Christen helfen Christen im Heiligen Land e. V. ist ein gemeinnütziger Verein mit Hauptsitz in Regensburg leistet materielle und ideelle Direkthilfe für notdürftige Menschen in Palästina, beispielsweise durch Zahlung von Schulgeld, Erstattung von Arzt- und Medikamentenkosten. Ferner unterstützt der Verein gezielt Christ*innen in der Region Bethlehem, da sich diese in einer Minderheitenrolle befinden und der internationalen Unterstützung von Christ*innen im Ausland bedürfen (Interview mit Elias Awad, Bethlehem, 22. November 2016). Der Verein finanziert sich vor allem durch Spenden in Deutschland (vgl. Christen helfen Christen 2017).

20 Die NGO Al Tufula Nazareth Institute wurde 1984 von palästinensischen Frauen in Israel gegründet. Die Arbeit der NGO konzentriert sich auf die Bildung und Gesundheit

und Mütter ein, vor allem durch Aufklärung in Workshops zu gesunder Ernährung und Lebensweise sowie zu Mutterschaftsberatung in der Schwangerschaft und frühkindlichen Erziehung. Während ihres Psychologiestudiums in Deutschland hat sie zahlreiche Kontakte aufgebaut, von denen sie bei ihrer Arbeit heute noch profitiert. Darauf sind auch die engen Kooperationsbeziehungen zwischen dem Al Tufula Nazareth Institute und Misereor bzw. Caritas, die verschiedene Frauenprojekte des Vereins fördern, zurückzuführen (Interview mit einer palästinensischen Alumna in Nazareth, Palästina, Skype, 2016).

Unsere Interviews in Deutschland haben deutlich gemacht, dass Alumni auch von Deutschland aus zur Entwicklung des palästinensischen Gesundheitssystems beitragen können. Ein Paradebeispiel hierfür ist ein Alumnus, der an der Universität Regensburg mit einem KAAD-Stipendium bis 2011 Humanmedizin studierte und seitdem als Facharzt an einem Krankenhaus in Essen arbeitet. Er hat zusammen mit einer Klinik in Palästina ein Austauschprogramm aufgebaut, in dessen Rahmen jedes Jahr palästinensische Ärzt*innen zu einer sechsmonatigen Fortbildung nach Deutschland kommen. Dabei können die eingeladenen Ärzt*innen sich in allen medizinischen Fachbereichen weiterbilden, insbesondere an Geräten und Instrumenten, die es in palästinensischen Krankenhäusern (noch) nicht gibt oder die es erst seit kürzerer Zeit gibt, aber für die noch nicht das ausreichende Know-how und die Erfahrungen vorhanden sind. Dabei sind auch mehrere deutsche Ärzt*innen involviert, die ihr Fachwissen an die Gastärzt*innen weitergeben. Somit erwerben die palästinensischen Ärzt*innen wertvolles Know-how für ihre Arbeit in den palästinensischen Krankenhäusern. Für die palästinensischen Ärzt*innen ist die Weiterbildung kostenlos.

Indem das Wissen durch die Ärzt*innen immer wieder nach Palästina zurückgetragen wird, würde seiner Meinung nach eine viel größere Wirkung erzielt als durch seine eigene (einmalige) Rückkehr:

„Diese Weiterbildungsmaßnahmen haben einen Multiplikatoreffekt. Die Ärzte eignen sich wertvolle Kenntnisse an, die sie aufgrund der schlechten Ausstattung in Palästina nicht bekommen können, und geben diese an ihr Team von vier, fünf Mitarbeitern weiter. Dadurch unterstütze ich insgesamt über 20 Ärzte und Pflegekräfte. Würde ich zurückgehen, würde ich nur mein Team unterstützen, wenn ich überhaupt eine Stelle als Arzt finden würde" (Interview mit einem palästinensischen Alumnus in Deutschland, Skype, 2016).

---

sowie das Empowerment von sozial benachteiligten Frauen und Kindern in Israel und Palästina (vgl. Al Tufula Nazareth Institute 2016).

Zudem verdient der Arzt in Deutschland nach eigener Auskunft ein Vielfaches von dem, was er in Palästina verdienen würde. Mit einem Teil seiner monatlichen Ersparnisse finanziert er die volle Rente seiner Eltern, die in einem kleinen Dorf in der West Bank leben. Seine Eltern könnte er nicht unterstützen, wenn er in Palästina arbeiten würde, weil das monatliche Einkommen dort nicht dafür reichen würde (Interview mit einem palästinensischen Alumnus in Deutschland, Skype, 2016).

Gegen eine Rückkehr nach Palästina spricht für ihn zudem – neben der dort existierenden politischen Unsicherheit – auch die medizinische Eignungsprüfung für im Ausland ausgebildete Mediziner*innen, die vom palästinensischen Staat angeordnet ist und von Vertreter*innen des Gesundheitsministeriums durchgeführt werden. Ein Medizinabschluss von einer deutschen Universität (oder von anderen westeuropäischen Ländern) wird vom palästinensischen Staat nicht automatisch anerkannt. Diese Regelung wurde von dem Regionalbeauftragten des palästinensischen Gesundheitsministeriums für Bethlehem – der selbst Medizin in Russland in den 1980er Jahren studierte – folgendermaßen begründet:

„Wir akzeptieren in Palästina nur die Medizindiplome aus den Ländern, die auch unsere Medizindiplome anerkennen. Deutschland tut das nicht. Deswegen müssen auch Palästinenser, die in Deutschland ihren Abschluss gemacht haben, hier zuerst eine Prüfung ablegen, bevor sie hier als Arzt arbeiten dürfen. Das gilt nicht nur für staatlichen Krankenhäuser, sondern auch für private" (Interview mit dem Regionalbeauftragten des palästinensischen Gesundheitsministeriums in Bethlehem, Palästina, 2016).

Dieser Prüfung müssen sich auch palästinensische Ärzte unterziehen, wenn sie im Ausland Medizin studiert haben und an einem staatlichen Krankenhaus in Palästina arbeiten wollen. Die Prüfung ist, so der Alumnus, enorm schwer, und viele rückkehrende Ärzt*innen bestehen die Prüfung nicht:

„Die Prüfung macht überhaupt keinen Sinn. Wir sind besser ausgebildet als die meisten Ärzte in Palästina. Die meisten von uns würden die Prüfung auch locker bestehen, aber es werden Fragen gestellt, die häufig mit unserem Fach nichts zu tun haben, und viele lässt man absichtlich durchfallen. Außerdem kann man die Prüfung nur auf Englisch machen, was es für die erschwert, die mehr Deutsch oder Arabisch sprechen. Ich vermute, dass man uns nicht im Land haben will, weil wir als Konkurrenz zu den Ärzten an staatlichen Krankenhäusern angesehen werden. Die haben Angst, dass wir ihre Jobs wegnehmen, weil wir eben besser ausgebildet sind" (Interview mit einem palästinensischen Alumnus in Deutschland, Skype, 2016).

Auch ein weiterer Alumnus beklagt die fehlende Unterstützung und Wertschätzung seiner in Deutschland erworbenen Fähigkeiten, die er auch für die Entwicklung in Palästina einsetzen könnte. Jedoch sieht er als promovierter Psychologe und aktueller Postdoktorand an der Universität Regensburg keine Zukunft in Palästina, und zwar aus dem einfachen Grund, weil es dort kaum praktizierende Psycholog*innen, geschweige denn entsprechende Forschungseinrichtungen gibt. In ganz Palästina gibt es nur drei Universitäten, die einen Bachelorstudiengang in Psychologie anbieten, und das erst seit ein paar Jahren. Promotionsstudiengänge im Fach Psychologie gibt es keine (British Psychological Society 2016). Daher kann er sich nur vorstellen, von Deutschland aus zur Entwicklung und Etablierung der Psychologie in Palästina beizutragen. Zurzeit konzentriert er sich allerdings auf seine Forschungsarbeiten in Deutschland zu Therapie- und Handlungsmethoden von verschiedenen Angstformen. Daneben behandelt er auch Kriegsflüchtlinge aus Syrien und anderen arabischen Ländern in Regensburg, die aufgrund ihrer Kriegs- und Fluchterfahrungen traumatisiert sind. Er betont, dass seine Arbeit unverzichtbar ist, weil er der einzige arabisch sprechende Therapeut in Regensburg sei und die Kultur der Geflüchtete kenne (Interview mit einem palästinensischen Alumnus in Deutschland, Skype, 2017).

Ein weiterer Kollege forscht und lehrt als Psychologe an der Ludwig-Maximilians-Universität und sieht seine Zukunft ebenfalls in Deutschland, obwohl er gerne nach Haifa zurückkehren würde. Die schlechten Berufsaussichten und die mangelnden Aufstiegschancen für Araber*innen an israelischen Hochschulen lassen für ihn keine Rückkehr zu. Er promovierte mit Unterstützung eines KAAD-Stipendiums (von 2002 bis 2005) in München und forscht jetzt im Bereich Arbeits- und Organisationspsychologie. Er will versuchen über Wissenschaftsnetzwerke zur Entwicklung einer psychologischen Forschung in Israel und Palästina beizutragen. Wie dies konkret gestaltet werden kann, ist ihm allerdings noch unklar, da es in Palästina, wie eben erwähnt, kaum Forscher*innen gibt, die als Kooperationspartner*innen in Frage kommen. Einen konkreten Entwicklungsbeitrag leistet er aber bereits jetzt: Er pflegt regelmäßigen Kontakt zu Familienmitgliedern und Freund*innen in Haifa und schickt regelmäßig Geld an seine Eltern, die darauf angewiesen sind ((Interview mit einem palästinensischen Alumnus in Deutschland, Skype, 2017).

Ein anderer ehemaliger KAAD-Stipendiat hat sich im Saarland als Hausarzt niedergelassen, nachdem er von 1999 bis 2006 an der Universität des Saarlandes Medizin studiert hatte. Seine Arztpraxis in Homburg hat er 2013 von einem Kollegen, mit dem er zuvor ein Jahr zusammenarbeitete, mit kompletter Ausstattung übernommen. Neben seiner ärztlichen Tätigkeit in Homburg hat er zusammen mit seinem Bruder, der ebenfalls Arzt ist und im Gazastreifen wohnt, ein transnationales Hilfsnetzwerk zwischen dem Gazastreifen und Deutschland aufgebaut.

So haben beide ein Patenschaftsprogramm für bedürftige Kinder im Gazastreifen ins Leben gerufen.[21] Patient*innen in Deutschland übernehmen dabei die Kosten für die Behandlung von kranken Kindern im Gazastreifen. Bisher wurden über 50 solcher Patenschaften abgeschlossen. Teilweise würden Arztrechnungen von „bis zu 200 Euro" für die Patenkinder in Palästina übernommen. Dabei spielte sicher auch das über Jahre aufgebaute Vertrauensverhältnis zu seinen Patient*innen eine Rolle, so dass die Patenschaften „mit einem guten Gefühl für eine gute Sache" übernommen werden können.

Zudem spendete der ehemalige KAAD-Stipendiat mehrfach Geld oder medizinische Gerätschaften, zuletzt eine Summe von knapp 10.000 Euro für den Transport von Untersuchungsinstrumenten und Medikamenten aus dem Saarland nach Gaza-Stadt. Die Spenden wurden von seinem Bruder entgegengenommen und an verschiedene kleinere Praxen und Krankenhäuser in der Region verteilt. Der Alumnus ist überzeugt:

> „Ich kann viel mehr helfen, weil ich in Deutschland lebe. Hier habe ich ein höheres Einkommen, mehr Sicherheit und den schnellen Zugang zu den Arbeitspartnern. Von Gaza aus könnte ich die Hilfsprojekte für Mediziner dort nicht verwalten. Keinem wäre damit geholfen, wenn ich zurück nach Gaza gehen würde. Hier habe ich auch mehr Ressourcen, das heißt schnelles Internet, Telefon und eine gute Infrastruktur. Das ist alles nicht der Fall in Gaza" (Interview mit einem palästinensischen Alumnus in Deutschland, Skype, 2017).

Gelegentlich arbeitet er dabei mit der GIZ zusammen, die vor allem die Transporte der Instrumente mitfinanziert. Oder auch mit der deutschen Krankenversicherung AOK, die mehrere Rollstühle gestiftet hatte. Einmal kooperierte er auch mit der palästinensischen Regierung. Das würde er aber nicht wieder machen, weil einige Gelder und Instrumente dabei verschwunden sind. Überhaupt sieht er seine Arbeit aufgrund der extrem unsicheren Lage und der Isolation des Gazastreifens in permanenter Gefahr. Allein die Bombenangriffe der israelischen Armee in den letzten drei Jahren zerstörten einige der Arztpraxen, die er mit seinem Bruder unterstützt hat. Ein weiteres Problem ist der unsichere Transport der Gegenstände nach Gaza. Es gab schon Fälle, bei denen ein Liefercontainer über ein Jahr an der ägyptischen

---

21 Im Gazastreifen, dem anderen Teil des Palästinensischen Autonomiegebietes südwestlich von Israel, engagieren sich ebenfalls Alumni für die Entwicklung des Landes. Da viele Alumni nach dem Studium aufgrund der extrem unsicheren Lage im Gazastreifen nicht zurückkehren konnten, versuchen sie von Deutschland aus über Kontakte und Netzwerke die Situation für die palästinensische Bevölkerung im Gazastreifen zu verbessern.

Grenze stand, weil ihn die israelischen Grenzsoldaten nicht nach Gaza hinein transportieren lassen wollten.

Auch ein weiterer KAAD-Alumni aus Palästina, der heute als Apotheker in Deutschland arbeitet, schickt regelmäßig Container voll mit Labor- und Untersuchungsgeräten, Büchern und anderen Sachen nach Gaza. Nachdem er in den 1990er Jahren mit einem KAAD-Stipendium Pharmazie an der Universität Würzburg studiert hatte, ging er sofort nach Gaza-Stadt zurück, um eine Forschungsstelle an der dortigen Universität zu übernehmen. Dabei nutzte er seine in Deutschland geknüpften Kontakte, um Ende der 1990er Jahre das erste Institut für Pharmazie in Gaza aufzubauen. Dieses leitete er bis 2009, als er sich dazu entschied der Wissenschaft den Rücken zukehren und mit seiner Familie wieder nach Deutschland zu gehen. In München arbeitete er zunächst für ein halbes Jahr in einer Apotheke, bevor er seine eigene Apotheke eröffnete. Die Kontakte nach Gaza sind nicht abgebrochen. Im Gegenteil: Er schickt regelmäßig Arznei- und Pflegeprodukte nach Gaza, die dort nicht erhältlich sind. In diesem Rahmen liefert er jährlich auch Pflegeprodukte im Wert von bis zu 200.000 Euro an verschiedene kleine Drogerien in Gaza. Der Alumnus sagt, dass er durch diese Kooperationen über 20 Arbeitsplätze in Gaza geschaffen habe (Interview mit einem palästinensischen Alumnus in Deutschland, Skype, 2017).

Im Gegensatz dazu möchte ein anderer KAAD-Alumnus aus Rheinland-Pfalz sofort in seine Heimatstadt in Gaza zurückkehren, wenn sich die politische Lage entspannt hat und der Frieden sicherer ist. Er hat mit einem Stipendium des KAAD von 2008 bis 2009 an der Universität Mainz Medizin studiert und danach sofort eine Arbeit als Facharzt für Orthopädie und Unfallchirurgie an einer Klinik in Bad Kreuznach bekommen. Seit vier Jahren arbeitet er nun als Wirbelsäulenchirurg in einem Krankenhaus in Koblenz. Trotz seines sicheren und gut bezahlten Jobs plant er seine Rückkehr nach Gaza. Er hat bereits genügend Geld gespart, um eine kleine Arztpraxis für Orthopädie in seinem Heimatort in Gaza aufzubauen. Eine solche Praxis gibt es dort bisher noch nicht. Seinen Bruder, der in Gaza lebt, hat er bereits damit beauftragt Materialien einzukaufen, die er für den Bau einer Praxis benötigt und die rechtzeitig beschafft werden müssen, weil in Gaza Baumaterial und Rohstoffe knapp sind. Dafür schickt er seinem Bruder in regelmäßigen Abständen Geld. Da sein Vater bereits vor Jahren gestorben ist, unterstützt er auch seine Mutter finanziell. Wann er jedoch zurück nach Gaza zieht, kann er noch nicht absehen. Es hängt alles von der politischen Situation und der Sicherheitslage in Gaza ab (Interview mit einem palästinensischen Alumnus in Deutschland, Skype, 2017).

Insgesamt kann man also sagen, dass die palästinensischen Alumni eine wichtige Rolle für ihr Heimatland spielen. So wurden durch die ehemaligen Studierenden neue Diagnose- und Therapieansätze nach Palästina gebracht, die es hier vorher noch nicht gab bzw. die teilweise noch nicht bekannt waren. Hierzu zählen auch differenzierte Diagnose- und Therapieansätze in der Dermatologie, Onkologie, Orthopädie oder Urologie, die von Deutschland aus über die Alumni nach Palästina gekommen sind. Das Wissen, das die Alumni im Ausland erworben haben, wird dabei, wie wir gesehen haben, nicht nur in die Herkunftsländer transferiert, sondern auch multipliziert.

5.2   Innovation und Vernetzung des Technologiesektors in Indonesien

Indonesien gehört neben Korea und Indien zu den frühen Schwerpunktländern des KAAD im asiatischen Raum, wobei bereits in den 1950er Jahren erste Kontakte mit zivilgesellschaftlichen Vertretern in Indonesien geknüpft wurden (Interview mit dem Leiter des KAAD-Asienreferats). Seitdem haben zahlreiche indonesische Studierende an den Stipendienprogrammen des KAAD teilgenommen, so dass es mittlerweile mehrere Alumni-Generationen gibt. Wie bereits ausgeführt, wurde Indonesien aber hauptsächlich deswegen als Fallstudienland herangezogen, weil viele Indonesier*innen im MINT-Bereich vom KAAD gefördert wurden. In den letzten 15 Jahren waren dies rund 60 Prozent aller indonesischen Stipendiat*innen (interne KAAD-Dokumente).

Indonesien ist mit über 260 Mio. Menschen das viertbevölkerungsreichste und das größte muslimisch geprägte Land der Welt, dessen Bevölkerung sich in den letzten 30 Jahren verdoppelt hat. Der südostasiatische Inselstaat hat ein BIP/ Kopf in KKP von 11.600 US-Dollar und ist in den letzten 20 Jahren mit einem Wirtschaftswachstum von bis zu 10 Prozent sehr stark gewachsen. Indonesien ist zudem seit 2008 ein G-20-Mitgliedsstaat. Mit derzeit über 4.600 privaten und staatlichen Institutionen im Bereich der tertiären Ausbildung hat Indonesien eines der größten Hochschulsysteme der Welt. Die meisten Universitäten befinden sich in der 30 Millionen Hauptstadt Jakarta und wurden nach der Unabhängigkeit von den Niederlanden 1949 gegründet (DAAD 2018a: 9).

Seit den 2000er Jahren sind ca. zwei Drittel von den durch den KAAD geförderten Stipendiat*innen nach ihrer Förderung wieder nach Indonesien zurückgekehrt. Damit weist Indonesien wie Israel/Palästina eine durchschnittliche Rückkehrquote auf. Die Alumni haben bereits einen KAAD-Alumniverein in Jakarta gegründet (Ikatan Alumni KAAD di Indonesia), dessen Arbeit sich hauptsächlich auf religiöse Themen konzentriert und dabei insbesondere auf die Situation von christlichen Minderheiten in einem überwiegend muslimisch dominierten Land eingeht. Daneben bilden berufliche Themen einen weiteren Schwerpunkt. So führt der Verein vielfältige Netzwerkaktivitäten durch und organisiert Bildungsangebote, u. a. in Kooperation mit einer anderen KAAD-Alumni-Gruppe (KONTAK), deren Mitglieder sich größtenteils aus der in Deutschland gegründeten Katholischen Indonesischen Studierendenfamilie KMKI zusammensetzen, und der Atma Jaya-Universität in Jakarta, wo auch das Partnerkomitee des KAAD („KAAD Committee Indonesia") angesiedelt ist und u. a. Informationsveranstaltungen zu einem Studium in Deutschland angeboten werden.

Aufnahme 2 Atma Jaya-Universität in Jakarta
Quelle: Atma Jaya Universität Jakarta.

Die nach Indonesien zurückgekehrten KAAD-Alumni – die vor allem Mathematik, Informatik, Naturwissenschaften, Technik und/oder Wirtschaft in Deutschland studiert haben – sind vielfach in führenden Positionen der indonesischen Wirtschaft tätig bzw. haben selbst Unternehmen gegründet. Man kann sagen, dass sie nicht ganz unmaßgeblich an der positiven Entwicklung des dynamischen Technologiesektors beteiligt waren. Ein herausragendes Beispiel ist der Gründer eines Technologie-Unternehmens „Triputra Group" zur Herstellung von Werkzeugen und Haushaltsgeräten. Der Gründer hatte bereits in den 1980er Jahren Architektur in Mainz und Braunschweig studiert und sich nach seiner Rückkehr im Jahr 1989 in Indonesien selbstständig gemacht. Seine neue, umweltfreundliche Produktionsmethode zur Herstellung von Werkzeugen und Haushaltsgeräten hatte er aus Deutschland mitgebracht und erfolgreich in Indonesien eingeführt. Noch heute nutzt das Unternehmen seine Deutschlandkontakte dazu, Nachwuchs für das Unternehmen zu akquirieren, indem Absolvent*innen von MINT-Studiengängen aus Deutschland rekrutiert werden. Teilweise handelt es soich bei den Absolvent*innen selbst um Indonesier*innen, die in Deutschland studiert haben. Über die Jahre hat sich das Unternehmen von einem Vier-Mann-Unternehmen zu einem der zehn größten Unternehmen des Landes entwickelt. Das Unternehmen beschäftigt heute viele Hundert Mitarbeiter*innen, darunter noch weitere KAAD-Alumni, die Maschinenbau oder andere Ingenieurwissenschaften in Deutschland studiert haben. Ein KAAD-Alumnus, der über das KAAD-Netzwerk des Unternehmens rekrutiert wurde und seit 2014 in diesem Unternehmen tätig ist, hat dabei maßgeblich an der Entwicklung einer neuen Schlagbohrmaschine mit Diamant- und Edelstahlkopfaufsätzen mitgewirkt, die Bohrungen in Steinen und im Mauerwerk deutlich erleichtern. Die Expertise für diese neue Entwicklung erwarb er während seines Studiums an der RWTH Aachen, im Bereich Automatisierungstechnik:

„In Deutschland habe ich fast alles über Automatisierungstechnik gelernt. Nur damals war mir noch nicht so bewusst, dass Deutschland auch die besten Bohrmaschinen der Welt herstellt. Das habe ich erst hier begriffen in Indonesien. Man denke nur an Bosch, das sind sehr gute Bohrmaschinen, die man auch in Indonesien kaufen kann, aber die viel zu teuer hier sind. Deswegen entwickeln wir jetzt unsere eigenen Bohrmaschinen, die man auch bezahlen kann. Dabei wende ich fast eins zu eins mein technisches Know-how an, das ich in Aachen gelernt habe. Dazu gehören vor allem die Details und Präzession für die Bohrmaschine. Das ist nicht ganz leicht, aber unsere Modelle werden immer besser. Noch nicht ganz auf Bosch-Niveau, aber ich glaube, das Beste in Indonesien bis jetzt" (Interview mit einem indonesischen Alumnus in Pontianak, Indonesien, 2017).

Ein weiterer KAAD-Alumnus, der von dem Unternehmen eingestellt wurde, arbeitet mittlerweile an der Entwicklung eines neuen Produktionsprozesses, der eine effizientere und klimafreundlichere Werkzeugproduktion ermöglichen soll. Dabei stimmt er sich auch eng mit dem Alumnus ab, der die Schlagbohrmaschine mitentwickelt hat, deren Herstellung ebenfalls in diesen neuen Produktionsprozess integriert werden soll.

Auch in anderen Wirtschaftsbereichen sind KAAD-Alumni innovativ tätig. So ist z. B. ein Alumnus – der Architektur in einem Masterstudiengang am Karlsruher Institut für Technologie studiert hat und sich in Jakarta als Architekt selbstständig gemacht hat – zurzeit wesentlich am Bau der größten Kirche im Norden Jakartas mit über 2.000 Plätzen beteiligt. Da sein kleines Unternehmen mit zwei Angestellten selbst nicht über ausreichende Kapazitäten verfügt, arbeitet er mit drei anderen Architekturunternehmen an diesem Kirchenbauprojekt. Er hat dabei den Grundriss für die Kirche entworfen und beaufsichtigt die Bauarbeiten dazu. Das Projekt soll im Jahr 2022 abgeschlossen werden. Allerdings gibt es auch Probleme bei der Projektrealisierung:

„Dabei war es schwierig, eine Baugenehmigung von der Stadt Jakarta zu bekommen, weil aufgrund der zunehmenden Islamisierung immer schwieriger wird Kirchen in Indonesien zu bauen, vor allem wenn es große Kirchen werden sollen, die andere Gebäude wie Moscheen überragen. Aber wir hatten Glück, dass wir die Genehmigung bekommen haben" (Interview mit einem indonesischen Alumnus in Jakarta, Indonesien, 2017).

Bereits während seines Studiums in Deutschland hat er im Austausch mit anderen deutschen und indonesischen Studierenden einen Sinn für's Unternehmertum entwickelt und ein Netzwerk mit anderen indonesischen Unternehmer*innen aufgebaut:

„Gerade das Netzwerk unter Indonesiern in Deutschland ist sehr wichtig. Dort sind wir sehr gut vernetzt und bauen unsere Kontakte dort aus und nutzen sie auch weiterhin in Indonesien. Die Indonesier, die in Indonesien geblieben sind, haben das nicht gelernt und machen das auch kaum. Das ist ein großes Plus, das wir in Deutschland gelernt haben, weil dort mussten wir uns vernetzen. Diese Netzwerke nutze ich jetzt für meine Arbeit als Unternehmer in Indonesien" (Interview mit einem indonesischen Alumnus in Pontianak, Indonesien, 2017).

Eine andere KAAD-Alumna, die zusammen mit ihrem Mann während ihres Masterstudiums im Fach Global Production Engineering an der TU Berlin Ende der 1990er Jahre vom KAAD gefördert wurde, gründete direkt nach der Rückkehr eine Consulting-Firma im Bildungssektor in Jakarta. Die Idee zur Selbstständigkeit entwickelte sie bereits während ihres Studiums. Mit der Firmengründung setzte sie ihre oben zitierte Masterarbeit „Private Owned Business Sector in Education" direkt in die Praxis um. Zentrales Ziel der Firma ist es, indonesische und koreanische Schüler*innen und Studierende an englischsprachige Schulen, Sprachschulen und Universitäten in den USA, Kanada, Großbritannien, Australien und Neuseeland zu vermitteln. Dabei arbeitet die Firma eng mit Partnerunternehmen in Südkorea zusammen. Die Alumna über die Aufgaben ihrer Firma:

"You can say, we bring rich students, boys and girls, abroad to study there or to learn a new language there. They mostly come from rich families in Indonesia, who are able to pay for the tuition fees at the universities, and who can afford living costs for their children abroad. Many of the parents live and work in Jakarta, and have a good education background. Most of them want to go to the United States, but not all of them can go there. So, they also go to England or Australia. We also want to expand to Germany, and I want to use my experiences and contacts there, but it is difficult to get into Germany, because most education institutions are state owned, and not private owned. It is difficult to cooperate with them, and sometimes even impossible" (Interview mit einer indonesischen Alumna in Jakarta, Indonesien, 2017).

Die meisten der vermittelten Schüler*innen und Studierenden müssen College- oder Universitätsgebühren zahlen, um dort studieren zu dürfen. Die Colleges und Universitäten zahlen dann wiederum Vermittlungsgebühren an die Firma der Alumna. Mit diesem Geschäftsmodell wird sie von Jahr zu Jahr erfolgreicher. Seit der Gründung im Jahr 2008 beschäftigt sie mittlerweile 17 Angestellte. Sie sieht in ihrer Arbeit, ähnlich wie der KAAD, auch einen Beitrag zur Entwicklung Indonesiens:

"I want to help to educate students by taking them abroad. I think they need education and expertise from abroad to bring Indonesia forward when they come back. That is very important. Because the universities in Indonesia are still no so good like the ones in the United States, England, or Australia. They have to study there, come back, and bring Indonesia forward with their knowledge. It is a bit like the KAAD. [...] And the most of them really come back" (Interview mit einer indonesischen Alumna in Jakarta, Indonesien, 2017)..

Ihr Mann, der ebenfalls ein KAAD-Alumnus ist, arbeitete zunächst für verschiedene Unternehmen im Energiesektor nach der Rückkehr, bevor er eine Führungsposition in dem indonesischen Energieunternehmen Puri Energi Kencana im Jahr 2010 annahm. Mittlerweile ist er dort zum Direktor aufgestiegen. Das Unternehmen konzentriert sich auf nachhaltige Energieversorgung im Großraum Jakarta mit einem Schwerpunkt auf Wasserenergie. Das Unternehmen hat über 120 Mitarbeitende. Das größte aktuelle Projekt ist die Entwicklung eines neuen Wasserkraftwerks in Jakarta, das Wasser kostengünstiger, effizienter und in größeren Mengen für die Stadt zur Verfügung stellen soll. Er sagte dazu:

„Die Bevölkerung in Jakarta wächst unglaublich schnell, aber die Wasserversorgung kann vor allem in den Stadträndern, wo immer mehr Menschen vom Land hinziehen, nicht sichergestellt werden. Es ist jetzt unsere Aufgabe, dass wir jetzt auch dort Wasser hintransportieren können. Dafür hat uns jetzt die Stadt Jakarta beauftragt. Insgesamt passiert da jetzt sehr viel, neben der Wasserversorgung auch die Verkehrsinfrastruktur wie der Bau eines Metrosystems. Das gehört alles zusammen und bringt die Entwicklung unserer Stadt jetzt wesentlich voran. [...] Aber es muss auch noch viel gemacht werden" (Interview mit einem indonesischen Alumnus in Jakarta, Indonesien, 2017).

Auch ein anderer KAAD-Alumnus hat sich in Jakarta selbstständig gemacht. Nach seinem Ingenieurstudium an der RWTH Aachen im Jahr 1996 arbeitete er allerdings erst sechs Jahre für verschiedene Unternehmen in Indonesien, darunter für Motorola und Softwarehouse, um erst einmal Berufserfahrung als Angestellter zu sammeln, jedoch hatte er schon während seines Studiums das Ziel sich selbstständig zu machen:

„Während meines Ingenieurstudiums in Aachen habe ich kein BWL-Seminar besuchen können. [...] Weil keine angeboten werden im Ingenieurstudium. Das ist nicht gut, und vielen Ingenieuren, die ein Unternehmen gründen wollen, fehlen dann die unternehmerischen Kenntnisse ein Unternehmen gut zu führen, wie Buchhaltung, Marketing und so weiter. [...] Dieses Wissen musste ich mir erst in Indonesien aneignen, als ich mein Unternehmen gegründet habe. Das hat mir am Anfang viel Zeit gekostet und auch viel Geld" (Interview mit einem indonesischen Alumnus in Pontianak, Indonesien, 2017).

Im Jahr 2002 gründete er ein Telekommunikationsunternehmen, das Prepaid-Telefoneinheiten in über 40.000 Geschäften in Indonesien verkauft. Mittlerweile hat er über 20 Angestellte. In Zukunft möchte er sein Unternehmen weiter ausbauen und auch in den Handymarkt einsteigen.

Eine Alumna, die Anfang der 2000er Jahre BWL an der Universität Hamburg studierte, arbeitet mittlerweile als Entwicklungsmanagerin bei einem der größten Chemie-Unternehmen in Indonesien, wo sie für die Einführung von neuen Herstellungsprozessen für Farben zuständig ist. Die Stelle wurde ihr bereits durch eine Zusammenarbeit zwischen ihrem Doktorvater und einem führenden deutschen Chemiekonzern, bei dem sie zu der Zeit neben ihrer Promotion in Deutschland arbeitete, vermittelt. Sie ist davon überzeugt, dass sie die Stelle in Indonesien ohne diese Vermittlung nie bekommen hätte. Die beruflichen Verbindungen zu dem deutschen Unternehmen bestehen weiterhin, wovon auch ihr Unternehmen profitiert.

Aber ähnlich wie in Palästina sind KAAD-Alumni auch aus Deutschland heraus entwicklungsrelevant aktiv. Ein KAAD-Stipendiat der TU Dresden arbeitet zurzeit im Rahmen seiner Promotion an der Entwicklung einer neuen Bautechnik für Hochhäuser, die nicht nur aus Beton und Stahl hergestellt werden, wie es in Indonesien bisher üblich ist, sondern auch aus Holz und Kunststoffen. Diese neue Bauweise soll Hochhäuser im erdbebengefährdeten Indonesien sicherer machen und vor schnellen Einstürzen schützen. Durch die Anwendung von Holz und Kunststoff werden die Gebäude stabiler und flexibler bei Erdbeben und brechen nicht so schnell ein, vielmehr schwingen sie bei Erderschütterungen mit. Das Thema wird zunehmend wichtiger in der Region, da Indonesien immer wieder von Erbeben und den darauffolgenden Tsunamis heimgesucht wird, wie das verheerende Erdbeben Weihnachten 2014 gezeigt, bei dem über 200.000 Menschen auf Sumatra starben. Auch die Entscheidung des indonesischen Präsidenten Joko Widodo im August 2019, den Regierungssitz und Hauptstadtstatus von Jakarta auf der Insel Java aufgrund der akuten Erdbebengefahr in den Osten der Insel Borneo zu verlegen, zeigt, wie dramatisch die Erdbebengefahr in Indonesien ist.

Dabei arbeitet er nicht nur mit Kolleg*innen von der TU Dresden zusammen, sondern auch vom Bandung Institute of Technology, die diese neuen Techniken und Verfahren in Kooperation mit indonesischen Unternehmen in Indonesien umsetzen wollen. Der KAAD-Stipendiat sagt dazu:

„Die Forschung und Holzverarbeitung in Deutschland ist führend weltweit. Wir wissen in Indonesien noch nicht viel davon, aber wir lernen in diesem Projekt sehr viel. Hochhäuser mit Holz zu bauen, daran hat man in Indonesien bisher noch nicht gedacht. Wir können durch diese neue Herstellungsmethode dazu beitragen, das Leben in Indonesien sicherer zu machen" (Interview mit einem indonesischen Stipendiaten, Skype, 2017).

Zudem sieht der Alumnus die Holzbauweise, entgegen landläufiger Meinungen, als eine Art Öko-Bauweise, oder Green Building, da Holz in Indonesien leicht zu beschaffen ist und Bäume bereits nachhaltig in größeren Mengen angebaut werden. Zudem würde die Holzbauweise die CO_2-Emissionen verringern, die bei der Stahl- oder Zementproduktion für konventionelle Hochhäuser in großen Mengen ausgestoßen werden. Er sagt, dass die Holzbauweise sogar für den Bau von Hochhäusern über 30 Stockwerken angewendet werden kann. Sein Forschungsleiter an der Universität Bandung empfahl ihm nach Deutschland zu gehen, weil es wenig Forschungsmöglichkeiten in diesem Bereich in Indonesien gibt. Deswegen entschied er sich an der Technischen Universität Dresden zu bewerben, auch weil die TU Dresden einen Schwerpunkt in diesem Forschungsfeld hat. Er möchte diese Technik auch in Indonesien an die Forschung weitergeben und in seinen Seminaren vermitteln, um diese Technik langfristig in die indonesische Praxis zu implementieren. Bisher wird dazu noch wenig Forschung an der Universität Bandung betrieben. Mittlerweile gibt es auch ständige Besuche, Vorträge und Konferenzen zwischen den beiden Partnerinstituten. Die intensive Forschungszusammenarbeit beschreibt er folgendermaßen:

"Some of my colleagues in Bandung have done that already sometimes. This is good for our research exchange and it takes care of our partnership with Dresden. We are permanently in contact with our partners in Dresden, over the Internet, and we work together in different research projects. We also visit each other permanently. And I represented my first findings already in Bandung. So, we learn from each other, the Institute in Bandung learns from the colleagues in Dresden about how to use new research methods, and the colleagues in Dresden learn from us about how to implement the research findings on the ground. So, Indonesia can be an experimental ground for new sciences. And they learn about wood kinds they do not have in Europe. And how we see the wood building results based on our experiences with earthquakes and real wood buildings" (Interview mit einem indonesischen Stipendiaten, Skype, 2017).

Eine weitere KAAD-Alumna aus Indonesien arbeitet als Maschinenbauingenieurin in einem Münchner Beratungsunternehmen, bei dem sie schon während ihres Studiums in Teilzeit tätig war. Damals erkannte das Unternehmen bereits, dass es die damalige Studentin für mögliche Projekte in der Zukunft in Indonesien einsetzen könnte. Direkt nach ihrem Studienabschluss wurde sie von dem Unternehmen gefragt, ob sie in Vollzeit bei dem Unternehmen arbeiten möchte und wurde sofort eingestellt. Im Interview berichtet sie uns:

„Der Job war sehr wichtig neben meinem Studium, weil ich dadurch eine feste Stelle nach dem Studium bekommen habe. Sonst hätte ich die nicht bekommen.

Da habe ich schon viel über die deutsche Bürokratie und deutschen Gesetze
gelernt und auch über die Arbeitsweise in Deutschland. Das habe ich später
im Beruf auch alles wieder gebraucht. Das Unternehmen hat aber auch viel
von mir gelernt, vor allem über die Menschen und die Kultur in Indonesien.
Das ist auch sehr wichtig, wenn man dort arbeiten will" (Interview mit einer
indonesischen Alumna in Deutschland, Skype, 2017).

In diesem Rahmen ist sie regelmäßig für mehrere Wochen oder Monate in Indonesien tätig. Für ein Projekt auf der indonesischen Insel Sumatra war sie ein ganzes Jahr vor Ort, um ein indonesisches Unternehmen bei der Konstruktion und beim Bau eines Evakuierungsgebäudes in einem Tsunamigebiet auf Sumatra zu beraten. Dabei konzentriert sie sich auf die Sicherheitsrichtlinien, die Konstruktion der Notausgänge (die u. a. behindertengerecht und barrierefrei sein sollten), Beschilderungen und Wegweiser. Dabei hat sie viel von den Richtlinien in Deutschland gelernt, die sehr genau und gut entwickelt sind. In Indonesien gibt es solche Sicherheitsbestimmungen größtenteils noch nicht. Zudem sind die meisten Gebäude auf Sumatra nicht erbeben- bzw. tsunamisicher gebaut worden, obwohl dieses Problem schon seit Beginn der ersten Siedlungen dort besteht. Das war bisher vor allem ein Kostenproblem. Das Projekt wurde von der indonesischen Regierung und verschiedenen Organisationen in Deutschland und Österreich finanziell unterstützt.

Ein anderer Alumnus, der ein Consultingunternehmen für interkulturelles Training und Management in Jakarta gegründet hat, ist nach wie vor regelmäßig beruflich in Deutschland unterwegs, um Unternehmen, die in Südostasien Fuß fassen wollen, in interkulturellen Managementstrategien zu beraten. Die Unternehmen werden dabei im Umgang mit den politischen, sozialen und kulturellen Gegebenheiten in Indonesien geschult, nicht zuletzt in Bezug auf die vorherrschende Unternehmenskultur, die sich in Indonesien grundsätzlich von der in Deutschland unterscheide. Der Alumnus erklärte, dass die indonesische Unternehmenskultur wesentlich von der javanesischen Harmonieethik[22] geprägt sei, bei der man in der Kommunikation eher zurückhaltend argumentiert und man Konflikten eher aus dem Weg geht. Demgegenüber ist die deutsche Kultur eher von direkter Konfrontation und klaren Problemlösungsansätzen geprägt. In der indonesischen Kultur gehe es demnach mehr um das persönliche Wohlbefinden der Mitarbeiter, demgegenüber in der deutschen eher um das Erreichen eines Unternehmensziels. Der zentrale Unterschied bestehe demnach in dem „harmonischen" Kompromiss auf der einen Seite und der effizienten Zielerreichung auf der anderen.

Hierzu sagte er:

---

22 Zur javanesischen Harmonieethik vgl. Magnis-Suseno (2015).

„Ich bin für die deutschen Firmen sehr interessant, weil ich ihnen klar machen konnte, was mein Mehrwert ist. In Deutschland habe ich gelernt, wie ich Indonesiern erklären kann, was Deutsche wollen. Und ganz wichtig: Ich habe auch gelernt, was Indonesier von den Deutschen wollen. Und ich helfe dabei, wie die beiden sich gegenseitig ihre Interessen erklären und ein Übereinkommen finden" (Interview mit einem indonesischen Alumnus in Pontianak, Indonesien, 2017).

Inzwischen ist seine Firma auch in China, Singapur und Malaysia tätig.

5.3 Entwicklung von Umweltschutz und Landwirtschaft in Ghana

Ghana stellt als zentralwestafrikanisches Land eines der Schwerpunktländer des KAAD in Afrika dar, aus dem über die letzten Jahrzehnte besonders Stipendiat*innen gefördert wurden, die sich zum Zeitpunkt ihrer Bewerbung noch in Ghana aufhielten. Ghana wurde 1957 als erstes afrikanisches Land von Großbritannien unabhängig. Seitdem unterliegt das Land ständigen politischen und sozialen Veränderungen und wurde zwischenzeitlich immer wieder von Diktatoren regiert. Heute gilt Ghana als eines der sichersten und politisch stabilsten Länder Afrikas. In dem zentralwestafrikanischen Land leben gegenwärtig 28 Millionen Einwohner*innen (überwiegend englischsprachig), die ein Bruttoinlandsprodukt pro Kopf in Höhe von 4.300 US-Dollar (in KKP) erwirtschaften. Jedoch leidet das Land, ähnlich wie in vielen anderen afrikanischen Ländern, unter einem starken Brain Drain von hochqualifizierten Akademiker*innen, insbesondere Wissenschaftler*innen, Ingenieur*innen und Ärzt*innen, die in vielen Regionen des Landes fehlen (Ghanaian Government 2017). Die Universitätslandschaft ist erst in den letzten 50 bis 60 Jahren seit der Unabhängigkeit von Großbritannien entstanden und konzentriert sich vor allem in den größeren Städten Accra, Kumasi und Tamale. Viele Führungspersönlichkeiten des Landes haben im Ausland studiert und wurden dabei finanziell von Stipendienprogrammen unterstützt. Dazu gehören der ehemalige UNO-Generalsekretär Kofi Annan und die beiden ghanaischen Ex-Präsidenten John Evans Atta Mills, der von 2009 bis 2012 Präsident Ghanas war, und Kofi Abrefa Busia, von 1969 bis 1972 Präsident Ghanas, die beide durch das US-amerikanische Fulbright-Program gefördert wurden (Fulbright 2018).

Ghana ist nach wie vor ein überwiegend agrar- und fischereiwirtschaftlich geprägtes Land. Fast 60 Prozent der Bevölkerung sind in der Land-, Forst- oder

Fischereiwirtschaft tätig. Das spiegelt sich auch in der Kooperation mit anderen Ländern wider. So konzentrieren sich viele Entwicklungsprojekte in Ghana auf den Agrarsektor. Dabei geht es vor allem um Maßnahmen, die Landwirtschaft in Ghana effektiver zu gestalten, wie z. B. durch eine bessere Wasserversorgung, bessere Transportmöglichkeiten für Agrarprodukte (v. a. aus dem Süden in den trockenen Norden des Landes) oder eine bessere Anpassung der Landwirtschaft an klimatische Veränderungen (Ghanaian Government 2017).

Auch der Schwerpunkt der Förderung des KAAD liegt in den Bereichen Landwirtschaft, Energie und Umwelt, die auch aus Sicht der Studierenden eine herausragende Bedeutung besitzen. Ein interviewter KAAD-Alumnus sagte uns dazu:

„Landwirtschaft ist das wichtigste Thema für Ghana. Wenn man Ghana nachhaltig entwickeln will, muss man sich auf die Landwirtschaft dort konzentrieren. Dabei ist auch ein Punkt entscheidend: Durch die Unterstützung der Landwirtschaft werden auch die lokalen Strukturen und die kommunalen Einrichtungen unterstützt, weil eben fast alle Menschen, die auf dem Lande in Ghana leben von der Landwirtschaft abhängig sind. Sie gewinnen nicht nur ihre eigene Nahrung daraus, sondern verdienen auch ihr Geld damit. In Ghana ist alles von der Landwirtschaft abhängig" (Interview mit einem ghanaischen Alumnus in Kumasi, Ghana, 2018).

Auch andere Alumni betonten die herausragende Bedeutung der Landwirtschaft für die Entwicklung Ghanas:

"Agriculture and processing of agricultural products should be a focus in development policies in Ghana. Because we have comparative advantages in cocoa or palm oil to other countries. We have the best soil and best climate. However, we export too many raw products. We should improve our processing, so that we can export more quality products that were actually produced in Ghana" (Interview mit einem ghanaischen Alumnus in Accra, Ghana, 2018).

„Entwicklung heißt für mich, wenn es den Menschen heute insgesamt besser geht als gestern. In Ghana kann man Entwicklung nur über eine bessere Förderung der Landwirtschaft erreichen. Die Landwirtschaft bei uns ist bisher noch nicht mechanisiert, es wird noch viel mit der Hand angebaut und geerntet. Deswegen kann man bis jetzt noch nicht viel Entwicklung in der Landwirtschaft sehen, das muss verbessert werden. Die Farmer bekommen noch nicht das zurück was sie investieren" (Interview mit einem ghanaischen Stipendiaten, Bonn, 2017).

In Ghana arbeiteten viele zurückgekehrte Alumni – die Rückkehrquote der aus Ghana Geförderten lag in den 2000er Jahren bei überdurchschnittlichen 85 Prozent (interne KAAD-Dokumente) – entsprechend in den Bereichen Landwirtschaft und Umweltschutz. Viele ehemalige Geförderte haben dabei ebenfalls oftmals Führungspositionen erreicht.

Ein hervorstechendes Beispiel ist hier der zweimalige ghanaische KAAD-Stipendiat Stephen Nana Ato Arthur, der 2013 als erster KAAD-Alumnus in ein afrikanisches Nationalparlament einzog und sich intensiv in der internationalen Entwicklungszusammenarbeit zwischen Deutschland und Ghana engagiert (KAAD-Jahresbericht 2013). Er promovierte im Jahr 2012 mit einem KAAD-Stipendium im englischsprachigen Studiengang Development Studiesan der Universität Bonn und kehrte unmittelbar nach seinem Abschluss nach Ghana zurück. In seiner Doktorarbeit beschäftigte er sich mit Dezentralisierung und Kommunen in Ghana; der Titel seiner Arbeit lautete „The unfinished business of decentralisation: political accountability of local government in Ghana". Dabei kam er zu dem Ergebnis, dass einzelne Kommunen in Ghana mehr politische Verantwortung übernehmen könnten, wobei die meisten Kommunen noch demokratische Defizite aufweisen, vor allem in Bezug auf die transparente Darstellung von politischen Entscheidungsprozessen. Von 2001 bis 2005 setzte er seine theoretischen Erkenntnisse als Deputy Central Regional Minister in die Tat um. 2017 wurde er Head of the Local Government Service.[23] In dieser Funktion betreut er die Umsetzung von nationalen Richtlinien für die kommunale Verwaltung in Ghana.

Einige Alumni und auch nicht vom KAAD geförderte Rückkehrer*innen, die im Bereich Umweltschutz und Landwirtschaft tätig sind, arbeiten heute für internationale NGOs, die ghanaische Groß- und Kleinbauern darin unterstützen, neue, umweltfreundlichere Produktionsweisen in Ghana einzuführen. Dabei greifen sie teilweise auf Technologien zurück, die von KAAD-Alumni an deutschen und ghanaischen Universitäten entwickelt wurden. Ein Alumnus an der Universität Kumasi entwickelte z. B. ein neues Bewässerungssystem für den Anbau wasserintensiver Pflanzen in der Trockenzeit. Das Bewässerungssystem zeichnet sich dadurch aus, dass es relativ einfach zu installieren und zu bedienen und zudem sehr kostengünstig in der Unterhaltung ist, da es im Wesentlichen nur aus einer unter dem Erdboden befindlichen Wasserpumpe und einem Wasserspeicher besteht. Dadurch ist es speziell für Kleinbauern erschwinglich und einfach anzuwenden. Aber auch größere Agrarunternehmen nutzen das System mehr und mehr.

---

23 Kompletter Lebenslauf unter https://www.modernghana.com/news/766213/dr-ato-art-hur-takes-office-as-head-of-local-gover.html.

Ein anderer KAAD-Alumnus, der von 2000 bis 2002 Biologie und Aquatic Tropical Ecology an der Universität Bremen sowie von 2002 bis 2004 Waldwirtschaft an der TU München studiert hat, hat sich in seiner Abschlussarbeit mit dem Thema „Researching the Organisms at the Bottom of the Lagoons at the Ghanaian Coast" beschäftigt. Dabei kam er zu dem Ergebnis, dass die verschmutzten Lagunen in Ghana mehr Mikroorganismen aufweisen als die diejenigen, die nicht verschmutzt sind, was eine Belastung für das Biotop darstellt. Heute ist er an der Universität in Kumasi tätig ist und leitet dort ein Forschungsprojekt zur Verbesserung der Wasserqualität in den Flüssen Ghanas. Die Verschmutzung der Flüsse ist seit Jahrzehnten ein großes Problem. Abwässer, Fäkalien und Müll werden bis heute häufig direkt in die Flüsse entsorgt. Viele ghanaische Städte und Dörfer entlang der Küste werden daher auch als „größte Müllhalden Westafrikas" bezeichnet, wie kürzlich in der Neuen Zürcher Zeitung (NZZ 2016). Weiter heißt es dort:

> „In Accra kippen über zweihundert Tanklaster jeden Tag Tausende Tonnen Jauche auf den Strand. Bis zu 85 Prozent der Fäkalien werden gegenwärtig nicht ordentlich eingesammelt, 26 Prozent werden in offenen Erdlöchern versorgt. «Das ist eine Schätzung», sagt der Mann, lächelt. Es gibt noch ältere Broschüren, stolz erklärt das Umweltministerium, dass zwischen 2006 und 2008 die Rate der open defecation von 24,4 auf 23,1 Prozent gesunken sei. Dies bedeutet, dass etwas weniger Bewohner der Hütten ihre Ausscheidungen direkt dort versorgen, wo sie schlafen und essen. Wenn man den Behördenmann nach diesen Zahlen fragt und nachschiebt, auch gerne wissen zu wollen, wie sie erhoben würden, lächelt er weiter. Und findet noch einen Satz, der so klingt, als habe er lange darüber nachgedacht: «Man kann in Accra und vielleicht überhaupt in Ghana von einer funktionierenden Kontrolle nicht sprechen" (NZZ 2016).[24]

Die Verschmutzung hat aber in den letzten Jahren noch Mal deutlich zugenommen, weil Goldsucher – entweder Privatleute, kleine oder größere Unternehmen, vor allem aus China – versuchen, Gold in den Flüssen zu finden. Dabei wühlen sie durch ihre Schürfungen große Teile des Flussbodens auf, was die Flüsse enorm verdreckt. Zudem benutzen sie Blei, um das Gold schneller zu finden, wodurch dem Wasser Giftstoffe hinzugeführt werden und war zu einem großen Pflanzen- und Fischsterben führt. Damit fallen die Flüsse auch als Trunkwasserreservate weg. Ja, selbst zum Wäschewaschen ist das Wasser oftmals nicht mehr sauber genug. Die großen Goldsuchunternehmen benutzen keine umweltfreundliche Technik, weil sie Geld sparen wollen; die kleinen Unternehmen oder Privatleute sind sich

---

24 In einem Bericht der UN heißt es zudem: „Statistics today show that fewer than two in five Ghanaians drink safe water, two out of every five schools are without toilets, and three out of every five schools are without water supplies" (UN 2017: 14).

der Verschmutzung nicht mal bewusst, könnten sich aber auch finanziell keine modernen Goldsuchinstrumente leisten. In seinem aktuellen Forschungsprojekt „Wasserqualität der Flüsse Ghanas" untersucht der Alumnus die Auswirkungen der Wasserverschmutzung auf Menschen, Tiere und Pflanzen und versucht herauszufinden, wie man die Giftstoffe wieder aus dem Wasser herausfiltern kann, um es für die Landwirtschaft wieder nutzbar zu machen: „Ich kann jetzt schon sagen, dass die Wasserqualität für die Landwirtschaft verbessert werden muss, denn der hohe Bleigehalt im Wasser kann die Ernte vernichten und sehr schädlich für den Menschen sein, der den Mais oder die Bohnen isst" (Interview mit einem ghanaischen Alumnus in Kumasi, Ghana, 2018).

In einem anderen Forschungsprojekt beschäftigt er sich mit der Nutzung von Purgiernüssen in der Luftfahrt. Auch die Lufthansa führte schon Tests dazu durch (FAZ 2011). Viele internationale Konzerne wollen verstärkt darin investieren und versuchen von den Bauern und Chiefs Land zu kaufen, um mehr Pflanzen für die Ölgewinnung anzubauen, um es dann in Europa verkaufen zu können. Hierbei kommt es regelmäßig zu Konflikten zwischen ghanaischen Bauern und Chiefs auf der einen und größeren internationalen Konzernen (wie z. B. aus Dänemark oder Israel) auf der anderen Seite:

"For instance, a chief got very angry, because he sold land to someone he never saw through a middleman. He never knew what they did with his land, or what they are planning to do with his land. When he decided to sell the land, he thought he would negotiate with the company directly, and would get to know the new landowner. When he realized that there are no direct negotiations between him and the company, it was too late, his land was already sold" (Interview mit einem ghanaischen Alumnus in Kumasi, Ghana, 2018).

Eine andere Alumna – die ihren Master im Fach Landwirtschaft an der Universität Den Haag machte, am Zentrum für Entwicklungsforschung (ZEF) der Universität Bonn mit einem KAAD-Stipendium im Jahr 2011 über über Bewässerungssysteme in Nordghana promovierte[25] und zurzeit Senior Researcher am Institute of Statistical, Social, and Economic Research (ISSER) (ISSER) der Legon Uni in Accra ist – arbeitet ebenfalls zu den sozialen Auswirkungen der Veränderungen in der Landwirtschaft in Ghana. In einem aktuellen Projekt untersucht sie aus einer Genderperspektive

---

[25] Thema der Doktorarbeit: „Marketing and Market Queens – A Study of Tomatoe Female Farmers in the Upper East Region of Ghana" (vgl. oben Punkt 3. 2 „Während des Studiums").

die soziale und ökonomische Situation von Frauen im Sheanusshandel.[26] In diesem Projekt geht es um den Anbau von Sheanüssen in Nordghana und ihren Absatz in Europa, vor allem im Dänemark. Die Frauen sammeln die wildgewachsenen Sheanüsse im Wald und verkaufen sie an größere Händler*innen in Ghana und Europa, die diese dann weltweit vermarkten. Der Anteil der Farmerinnen an dem globalen Handel ist äußerst gering, so dass sie in der Armut verhaftet bleiben. Die Produkte aus Sheanüssen, wie z. B. Kosmetik der Marke „Body Shop", sind gleichwohl teuer. Die Sheanüsse sind also nicht fair gehandelt. In ihrem Projekt interviewt die Alumna Frauen in Ghana gleichermaßen wie Händler in Dänemark. Sie arbeitet auch im Ph.D.-Programms zum Thema „nachhaltige Landwirtschaft" mit, das in Kooperation mit dem ZEF von ISSER durchgeführt wird (es wurde auch vom ZEF aufgebaut), sie hat dabei als Kontaktperson des ZEF am ISSER beim Aufbau des Programms mitgeholfen – mittlerweile sind weitere Forschungskooperationen mit Universitäten in den USA und Großbritannien dazu gekommen; zurzeit arbeiten fünf ghanaische Doktorand*innen im Rahmen des Programms.

Ein weiterer Fall ist eine ghanaische Alumna, die für ein deutsches Wald- und Landvermessungsunternehmen in Ghana tätig ist und zurzeit ein Projekt zur Erstellung von virtuellen Landkarten für landwirtschaftliche Nutzflächen leitet. Direkt nach ihrem Masterstudium der Geoinformatik und Fotogrammetrie (Luft-bildvermessung) von 2008 bis 2010 an der Universität Stuttgart absolvierte sie ein halbjähriges Praktikum in dem Unternehmen. Im Rahmen dieser Tätigkeit machte sie das Unternehmen auf Marktchancen in Ghana aufmerksam. Bis dato gab es noch keine Unternehmen dieser Art in Ghana. Das deutsche Unternehmen hätte ohne die Kontakte der Ghanaerin zum ghanaischen Innenministerium und zu lokalen Verwaltungseinrichtungen nicht in Ghana Fuß fassen können. Nicht ohne Stolz macht sie deutlich:

„Ohne mich wäre das deutsche Unternehmen nicht in Ghana. Ich habe sie auf diese Möglichkeit hier, auf die Ausschreibung des ghanaischen Ministeriums, aufmerksam gemacht, und sie bei der Bewerbung beraten, also auf welche Dinge man in Ghana achten muss, was dem Ministerium wichtig ist, welche besonderen Umweltbedingungen es in Ghana gibt, die Herausforderungen bei der Landvermessung in Ghana und mit welchen Partnern man hier gut zusammen arbeiten kann. Das wusste ich alles schon ganz gut durch meine Kollegen hier und meine Kontakte zu ghanaischen Behörden" (Interview mit einer ghanaischen Alumna in Accra, Ghana, 2018).

---

26 Das Forschungsprojekt wird von der Volkswagenstiftung finanziert und in Kooperation mit ZEF in Bonn durchgeführt.

Auch ein anderer KAAD-Alumnus half einem europäischen Unternehmen auf dem ghanaischen Markt Fuß zu fassen. So unterstütze ein Alumnus, der mit Unterbrechungen von 1989 bis 1998 Food Science an der TU Berlin studierte, ein schweizerisches Agrarunternehmen darin, die Wildpflanze Griffonia aus Ghana nach Europa zu exportieren. Dabei nutzte er seine Kontakte zu den ghanaischen Behörden. Seit 2010 fing er an für die GIZ zu arbeiten und übernahm später die Leitung des Centrums für Internationale Migration (CIM) in Accra. Im Rahmen seiner CIM-Arbeit ist er sowohl Chefkoordinator des Reintegrationsprogramms als auch Leiter des „German Ghanaian Center for Jobs and Reintegration", das im Dezember 2017 von Bundespräsident Frank-Walter Steinmeier festlich in Accra eingeweiht wurde (Der Spiegel 2017). Das Center soll insbesondere Rückkehrer*innen bei ihrer Arbeitssuche und Re-Integration helfen.[27] Nach zwei Jahren soll das German Ghanaian Center von ghanaischer Seite alleine unterhalten werden. Unter den Geförderten waren in der Vergangenheit auch immer KAAD-Rückkehrer*innen.[28]

Die KAAD-Alumni haben inzwischen ein breites Netz an Alumni-Vereinen aufgebaut. So besteht an der Partneruniversität Kwame Nkrumah University of Science and Technology (KNUST) in Kumasi das Partnerkomitee „Regional KAAD Partner Committee for West Africa" (KASWA), das auch mit verschiedenen zivilgesellschaftlichen Kooperationspartner*innen vor Ort zusammenarbeitet. Das Ziel der Vereinigung ist es KAAD-Alumni zusammenzuführen und sich im Rahmen von Seminaren über Entwicklungsthemen in Ghana auszutauschen, Dabei spielen auch Religion und soziale Themen eine Rolle. KASWA ist in drei sog. Chapter eingeteilt: das Nordghana-Chapter, das Mittelghana- und das Südghana-Chapter. Alle Chapter haben einen eigenen Vorsitzenden, und alle Chapter haben ihre eigenen Schwerpunkte mit regionalen Programmen und Seminaren. Alle Mitglieder der drei Chapter treffen sich einmal pro Jahr in einem ghanaweiten, überregionalen Jahresseminar, zu dem auch der KAAD eingeladen wird. Das Jahrestreffen rotiert

---

27 Seit 1994 wurden insgesamt über 900 ghanaische rückkehrende Fachkräfte gefördert. Allein im Jahr 2018 sind 70 Ghanaer*innen im Programm.

28 So hat z. B. ein KAAD-Alumnus bereits zwei Mal eine CIM-Förderung bekommen, einmal nach seiner Rückkehr nach dem Masterabschluss in Deutschland und einmal nach seinem Ph.D.-Abschluss. Die Rückkehrer*innen mit einem Masterabschluss bekommen 300 bis 600 Euro CIM-Förderung monatlich und die Rückkehrer*innen mit einem Doktorabschluss 700 bis 900 Euro zusätzliche Förderung zum monatlichen Arbeitslohn. Die jeweilige Förderhöhe hängt vom monatlichen Verdienst ab. Je weniger man monatlich verdient, desto höher ist der CIM-Zuschuss. Grundvoraussetzung ist eine Jobzusage in Ghana bereits vor der Rückkehr. Weitere Kriterien für die Zuschussvergabe durch CIM sind, dass der Job entwicklungsrelevant sein muss und die Förderung in Absprache mit der ghanaischen Regierung erfolgt. Zudem werden Rückkehrer*innen gefördert, die sich gerade erst selbstständig gemacht haben.

zwischen den einzelnen Chaptern und findet jedes Jahr in einer anderen Region statt, meistens in Kumasi, Tamale oder Accra. Die größten Erfolge von KASWA in den letzten Jahren waren der stetige Zuwachs an Mitgliedern auf mittlerweile über 100 Mitglieder, wovon 60 sehr aktiv sind. Zudem ist es KASWA gelungen, einen engen Austausch mit den katholischen Bischöfen in Ghana zu etablieren, wobei es vor allem um die großen Themen in Ghana wie nachhaltige Entwicklung oder friedliche Koexistenz der Religionen geht.

Weitere zentrale KASWA-Themen sind Bildung und Gesundheit. So wird in den KASWA-Veranstaltungen diskutiert, ob die mehrfach verabschiedeten Bildungsreformen in Ghana ausreichend waren und den Bedürfnissen der Universitäten entsprechen. Dabei ging es z. B. um die Frage, ob die sekundäre Schulbildung drei oder vier Jahre dauern sollte. Die meisten Politiker plädieren für drei Jahre. KASWA fordert mindestens vier Jahre, weil die Schüler*innen sonst zu jung und unerfahren seien, wenn sie an die Universitäten kommen. Auch im Gesundheitssystem sieht KWASA großen Reformbedarf. Es fehlen weiterhin Ärzt*innen und Pflegekräfte im Land. Im Jahr 2004 wurde zwar eine gesetzliche Krankenversicherung eingeführt, jedoch werden hierdurch bei weitem noch nicht alle Behandlungen abgedeckt (Oxfam 2011).

Auch der Zusammenhang von Entwicklung und Flucht wird unter den KAAD-Alumni in Ghana intensiv diskutiert. Ein langjähriges Mitglied des Alumnivereins sagte dazu folgendes:

„Insgesamt ist es wichtig, und darin sehe ich auch einen wesentlichen Teil meines Jobs, die Ghanaer vor der Flucht aufzuklären, damit sie erst gar nicht die gefährliche Flucht nach Europa antreten. Die meisten von ihnen werden dort nie ankommen. Durch die Wüste zu kommen, ist bereits der gefährlichste Teil der Flucht. Viele sterben bereits vor oder in der Wüste. Sie haben keine Ahnung von der gefährlichen Reise, sie wissen nichts über die Skrupellosigkeit der Schleuser und die Hitze und Gefahren der Wüste. Und danach kommen noch das Mittelmeer und die Alpen. Davon haben viele arme Ghanaer vom Dorf noch nie etwas gehört. Darüber müssen wir sie aufklären. Europa ist nicht das gelobte Land und selbst ein schlecht bezahlter, aber sicherer Job in Ghana kann eine Alternative zu dem gefährlichen Reiseprojekt ins Ungewisse oder in den Tod sein" (Interview mit einem ghanaischen Alumnus in Accra, Ghana, 2018).

Dabei versucht er auch potenzielle Migrant*innen (aber auch Rückkehrer*innen) an NGOs zu vermitteln, die ihnen bei der Jobsuche helfen können. Dabei arbeitet er auch mit deutschen Organisationen wie MISEREOR oder dem Raphaelswerk zusammen, die Arbeitsstellen an Rückkehrer*innen vermitteln können. Zudem sieht er sich auch als Vermittler für ghanaische Studierende, die nach Deutschland wollen und informiert sie über Fördermöglichkeiten des DAAD, der FES oder eben des KAAD. Er betonte in dem Interview:

„Durch diese Aufklärungs- und Vermittlungsarbeit können wir junge Menschen davon überzeugen, hier in Ghana zu bleiben, oder eben auch aus dem Ausland zurückzukommen, also ihnen eine Jobperspektive hier in Ghana zu zeigen. Damit können sie zur Entwicklung hier beitragen und somit auch die Fluchtursachen verringern. Wenn junge Menschen Jobperspektiven bekommen, dann müssen sie auch nicht mehr flüchten und können dabei mithelfen, das Land zu entwickeln" (Interview mit einem ghanaischen Alumnus in Accra, Ghana, 2018).

Aufnahme 3 Campus der Universität in Kumasi
Quelle: Eigene Aufnahme.

Auch ghanaische KAAD-Alumni, die nach dem Studium in Deutschland geblieben sind, setzen sich beruflich für eine nachhaltige ökologische Entwicklung in Ghana ein. So arbeitet z. B. ein Alumnus im Rahmen eines Dreijahresprojekts bei der internationalen NGO „Local Governments for Sustainability" in Bonn, die sich für nachhaltige Politik in Kommunen weltweit einsetzt (ICLEI 2018), inklusive Ghana. Speziell für Accra wird im Rahmen des Projekts eine Strategie entwickelt, um die Emissionsraten (v. a. durch Autos verursacht) zu drosseln. Die Strategie besteht hauptsächlich aus einer Kombination von mehr öffentlichen Verkehrsmitteln und eine verkehrsreduzierende Infrastruktur. Dabei kooperieren das Projekt mit den zuständigen Behörden in Accra und verschiedenen Bundesministerien und Organisationen, wie dem Gesundheitsministerium oder dem Ghana Health Service. Er sagte dazu:

"The goal of the project reflects my personal philosophy that development and sustainable change has to come from below. This means supporting and developing communities. [...] And educating and supporting local community leaders. They are the change agents and driver of development" (Interview mit einem ghanaischen Alumnus in Deutschland, Bonn, 2018).

Die Grundlagen und die ersten Ideen dafür sammelte er bereits während seines Studiums. In seiner viel beachteten Masterarbeit im Studiengang „Geography of Environmental Risks and Human Security"[29] beschäftigte er sich mit den Auswirkungen des Klimawandels auf die Kakaoproduktion in Ghana und entwickelte einen ökologischen Ansatz zur Erntesteigerung im Kakaoanbau. Seine Arbeit zeigt, dass viele Bauern noch keine adäquaten Mittel gefunden haben, um den sich durch steigende Temperaturen und geringere Niederschläge verändernden Kakaowachstum zu begegnen. Viele Bauern wissen zwar, dass sie die Pflanzen stärker bewässern müssen, haben aber nur sehr eingeschränkte Möglichkeiten um ausreichend Wasser zu beschaffen. In seiner MA-Arbeit empfiehlt er deshalb einen umweltschonenden und gemeindebezogenen Ansatz, der zu einer Erntesteigerung und somit zu einem Einkommenszuwachs unter den Bauern führen kann.

Die einseitige Ausrichtung auf die Landwirtschaft in Ghana wird jedoch zunehmend kritisch gesehen. Ein Alumnus, der in Deutschland geblieben ist, bemerkt dazu:

"We have to focus on high technology in Ghana. I think we can do that now, we learned about that in the last years. I learned about that in Germany. But

---

29 Fachbereich Agrar-, Forst- und Ernährungswissenschaft der der Universität Bonn und der Universität der Vereinten Nationen in Bonn.

in Ghana, everyone just talks about agriculture. That was right 20 years ago, but now we are further, we should do the next steps towards a higher development. We should develop from an agricultural to an industrial country, and here we should focus on technical products. [...] Another big challenge for start-up companies in Ghana is to get a credit at the beginning. No bank is giving a loan. They don't trust the young people, and don't believe in their knowledge and ability to form a company. If a bank gives a credit, then it can cost up to 50 percent interest rate. No one can pay for that." (Interview mit einem KAAD-Alumnus aus Ghana)

Deswegen hat er sich auch selbstständig gemacht: Neben seinem Studium in Leipzig hat er im Jahr 2016 einen Online-Schuh-Store namens „KOLIKOWEL. com" gegründet. In diesem Online-Store verkauft er Schuhe, die aus gebrauchten und recycled Kleidungsstücken aus Deutschland hergestellt wurden. Er kauft die Kleidungsstücke in Second-Hand-Kleidungsläden in Accra auf und schickt sie an einen Angestellten in Ghana, der sich zusammen mit sechs Angestellten (alles Ghanaer) um die Schuhherstellung kümmert. Bei den Second-Hand-Kleidungsstücken handelt es sich um Kleidung, die aus den USA oder Europa nach Ghana geschickt werden. Die Schuhe werden für eine junge Zielgruppe hergestellt (sowohl Frauen als auch Männer): „Dabei stellen wir coole Schuhe her, die junge Leute in Ghana gerne tragen, auch junge Leute in Deutschland würden diese tragen, aber die Konkurrenz ist hier zu groß. Das sind Schuhe wie Sneakers und Sportschuhe. Die werden auch schon ganz gut von den jungen Leuten in Accra gekauft." Dieses kleine Unternehmen, gegründet und geleitet von einem KAAD-Alumnus, ist ein gutes Beispiel für ein kleines transnationales Unternehmen, durch das auch Arbeitsplätze für junge Menschen (aktuell sieben, alle zwischen 20 und 24 Jahre alt) in Ghana geschaffen werden.

Dabei ist es entscheidend für ihn, dass er die ghanaische Arbeitskultur kennt und auch die ghanaischen Mitarbeitenden in Accra selbst, denn sonst würde das Unternehmen seines Erachtens nicht funktionieren, weil er die Ghanaer*innen braucht, um auf dem ghanaischen Markt Fuß zu fassen und die Bedürfnisse und Vorlieben der jungen Leute in Ghana zu verstehen. Er zahlt überdurchschnittliche Gehälter, von denen die Angestellten gut leben und ihre Familien versorgen können. Er hat die Angestellten sozusagen „auf der Straße" gesucht; alle waren arbeitslos und suchten händeringend nach Arbeit. Nur so konnte er sich überhaupt erst einmal leisten, sie einzustellen und das Unternehmen zu gründen. Seit das Unternehmen gut läuft und die Verkaufszahlen gestiegen sind, wurden auch höhere Löhne gezahlt. Die Löhne sollen weiter mit dem Unternehmen wachsen:

"I got the idea to found this company in Germany. I had no money, but only knowledge. That's why, I came up with this idea to start this company. Wouldn't I have studied in Germany I maybe would have got this idea, but not the skills to actually realize the idea" (Interview mit einem ghanaischen Alumnus in Deutschland, Skype, 2018).

Bei der Führung dieses kleinen Online-Unternehmens kann er Know-how einbringen, das er sich in seinem BWL-Studium an der Universität Leipzig angeeignet hat. Gerade ist er dabei, seine Doktorarbeit zum Thema „Tech Start-Up Companies in Ghana" abzuschließen. Dabei untersucht er die Gründungslandschaft für High-Tech-Unternehmen in Ghana und geht der Frage nach, warum junge Menschen in Ghana ein Tech-Unternehmen gründen, was ihre Ziele dabei sind und welchen Herausforderungen sie begegnen. Dabei konzentriert er sich vor allem auf die beiden großen Wirtschaftszentren in Ghana, Accra und Kumasi. Gerade dort gibt es seiner Meinung nach einen neuen Gründergeist unter jungen Leuten, die oftmals im Ausland studiert haben und ihr Wissen nutzen wollen, einen neuen Wirtschaftssektor in Ghana aufzubauen.[30] Dabei scheint es ihnen wichtig zu sein, von der „alten Entwicklungsphilosophie" der landwirtschaftlichen Förderung wegzukommen und mehr in Zukunftstechnologien wie Internet und Maschinenbau zu investieren. Hierzu fehlen seiner Meinung nach aber häufig noch die materiellen Ressourcen, und deswegen sollte man sich auf High-Tech im Internet konzentrieren, weil man dazu nicht viel Startkapital und Material benötige, sondern nur Wissen als Startkapital und Produktionsfaktor. Dies hätten viele junge Akademiker*innen in Accra und Kumasi erkannt und möchten Entrepreneurs werden. In Accra gebe es ein „Boom wie in Berlin". Sein Online-Schuh-Store gehört ebenfalls dazu. Nun komme es nur darauf an, eine Nische auf dem ghanaischen Markt (und vielleicht auch auf dem Weltmarkt) zu finden. Die Doktorarbeit und den Job zusammen unter einen Hut zu bringen: „Das ist die größte Herausforderung. Es ist sehr schwierig die Doktorarbeit schriftlich abzuschließen und sich nebenbei um das Unternehmen zu kümmern. Mit dem Unternehmen verdiene ich meinen Lebensunterhalt. Trotzdem versuche ich noch dieses Jahr [2018] meine Doktorarbeit abzuschließen" (Interview mit einem ghanaischen Alumnus in Deutschland, Skype, 2018).

---

30 Bisher ist der Tech-Sektor in Ghana allerdings noch unterentwickelt und macht nur einen Bruchteil der ghanaischen Wirtschaftsleistung aus, und der industrielle Sektor nur rund ein Drittel des Wirtschaftsvolumens (BMZ 2018).

5.4 Förderung und Konsolidierung des Friedensprozesses in Kolumbien

Wie in Palästina, Indonesien und Ghana verfügt der KAAD auch in Kolumbien über eine lange Stipendientradition. Das besondere Engagement des KAAD in Lateinamerika geht auf den ehemaligen Präsidenten des KAAD, Peter Hünermann zurück, der während einer längeren Reise in Lateinamerika in den 1960er Jahren zahlreiche Kontakte zu Universitäten und staatlichen Einrichtungen knüpfte und 1968, zusammen mit Bernhard Welte[31], das Stipendienwerk Lateinamerika-Deutschland aufbaute, auf das auch heute noch viele Netzwerke des KAAD in Lateinamerika zurückgehen (Eckholt 2011: 13; Interview mit Peter Hünermann, Bonn, 2017). Jedoch war Kolumbien schon seit der Gründung des KAAD 1958 ein Förderland.

Kolumbien ist ein überwiegend katholisch geprägtes Land (über 70 % der Einwohner sind römisch-katholisch, ca. 20 % gehören evangelischen und evangelikalen Religionsgemeinschaften an und weitere 10 % anderen kleineren Religionsgruppen). Mit fast 50 Millionen Einwohnern ist es zudem das zweitbevölkerungsreichste Land Lateinamerikas nach Brasilien. Dreiviertel der Bevölkerung leben in urbanen Ballungsgebieten, allein ein Sechstel in der Hauptstadt Bogotá. In ländlichen Gebieten leben vor allem indigene Gruppen, deren Lebens- und Dorfstrukturen rechtlich geschützt sind, was aber häufig missachtet wird, und zwar sowohl vom kolumbianischen Staat, Unternehmen und anderen Gruppen. Überhaupt herrscht in Kolumbien eine starke soziale Ungleichheit, wobei vor allem indigene Gruppen auf der untersten Ebene der sozialen Rangordnung zu finden sind.[32] Diese starke soziale Ungleichheit prägte Kolumbien seit der Unabhängigkeit von Spanien im Jahr 1810 und führte immer wieder zu sozialen Konflikten und Bürgerkriegen in den letzten zwei Jahrhunderten, darunter der Bürgerkrieg in der Granada-Konföderation von 1860 bis '62, der zur Gründung der Vereinigten Staaten von Kolumbien führte, und der „Krieg der tausend Tage", der in Folge des Kaffeebooms zu einer Aneignung kleinflächigen Kleinbauernland durch Großgrundbesitzer (Latifundistas) führte. Es wird geschätzt, dass über 100.000 Menschen in diesem

---

31   Bernhard Welte war von 1952 bis 1973 Professor für Christliche Religionsphilosophie an der Albert-Ludwigs-Universität in Freiburg und ein Förderer des akademischen internationalen Austausches, vor allem mit Hochschulen in Lateinamerika (Eckholt 2011: 16).

32   Der Gini-Koeffizent beträgt ca. 54, was für eine hohe ungleiche Verteilung des Reichtums spricht. Das Bruttoinlandsprodukt pro Kopf betrug im Jahr 2017 rund 7.600 US-Dollar. Damit belegte Kolumbien Platz 87 weltweit (vgl. Internationaler Währungsfonds 2018). Auch der Human Development Index war 2016 mit 0,747 relativ niedrig (Platz 90 weltweit) (UNDP 2018).

Krieg starben (vgl. König 2008). Auch der letzte und über 50 Jahre andauernde bewaffnete Konflikt (1964–2016) zwischen dem kolumbianischen Staat auf der einen Seite und verschiedenen Terror- und Guerillagruppen auf der anderen Seite, erforderte viele Opfer und konnte erst Ende November 2016 mit dem Friedensvertrag zwischen der kolumbianischen Regierung und der größten Guerillagruppe, der FARC-EP, beendet werden.

Bei diesem Konflikt handelt es sich um eine komplizierte Gemengelage von Interessen verschiedener Konfliktparteien. Grundsätzlich geht es in dem Konflikt um die Verteilung von Land, Rohstoffen und Gütern. Die Latifundas und internationale Unternehmen versuchen weiterhin Land von Kleinbauern und indigenen Gruppen für geringe Preise zu kaufen, um Ölpalmen oder Kaffee anzubauen bzw. Bergbau zu betreiben. Dabei werden die Kleinbauern und indigenen Gruppen vom kolumbianischen Staat nur unzureichend geschützt. Daher versuchen linksgerichtete Guerillagruppen (darunter die beiden größten Gruppen FARC-EP und ELN) – die v. a. aus Linksintelektuellen, der Landbevölkerung und Indigenen bestehen – die Interessen der Kleinbauern und indigenen Gruppen gegenüber dem Staat und rechten Paramilitärs (bestehend aus rechten Militärs und Bürgermilizen) zu verteidigen. Insgesamt hat der Konflikt in den letzten 50 Jahren über 300.000 Menschen das Leben gekostet und über 8 Millionen Menschen wurden von ihrem Land vertrieben, die innerhalb Kolumbiens und teilweise ins Ausland flüchteten (Adveniat 2018). Unter den Leidtragenden sind auch viele Landminenopfer und Friedensaktivisten.

Der Konflikt wurde aber mit dem Friedensabkommen nicht vollständig gelöst, sondern wird noch in vielen ländlichen Gebieten und sozialen Bereichen des Landes teils gewalttätig weitergeführt. Zudem wurde der Friedensvertrag von einigen Guerillagruppen nicht anerkannt. Überhaupt offenbarten sich in dem Konflikt enorme demokratische Defizite in Kolumbien. Das zeigt sich vor allem in dem fehlenden Schutz der Landbevölkerung vor den Paramilitärs und Guerillaorganisationen sowie die zum Teil enge Verwicklung von Politiker*innen und Richter*innen in den Drogenhandel, Korruption und die Ausbeutung natürlicher Ressourcen durch Großkonzerne und die damit einhergehende Umweltverschmutzung. Kolumbien wird in der Politikwissenschaft als „unvollständige Demokratie" bezeichnet und liegt im weltweiten Vergleich des Demokratieindexes auf Platz 51 (The Economist 2019).

Ein Schwerpunkt der Förderung des KAAD in Kolumbien liegt, wie oben bereits dargelegt, auf den Rechts-, Wirtschafts-, Geistes-, Kultur- und Sozialwissenschaften. Über zwei Drittel aller kolumbianischen KAAD-Stipendiat*innen waren in den letzten 15 Jahren in diesen Fächern eingeschrieben. Im Gegensatz zu Alumni aus den anderen Fallstudienländern weisen kolumbianische KAAD-Alumni eine relativ geringe Rückkehrquote auf. So gehen in der Regel weniger als die Hälfte aller kolumbianischen KAAD-Alumni nach ihrer Förderung in Deutschland wieder zurück nach Kolumbien (46 % in den 2000er Jahren). Die meisten Rückkehrer*innen leben und arbeiten in der Hauptstadt Bogotá. Auch in dieser Fallstudie konnten wir aber wieder Beispiele von ehemaligen Stipendiat*innen finden, die nicht zurückgekehrt sind, sich aber für ihr Herkunftsland engagieren. Das Engagement konzentriert sich dabei in erster Linie auf die Bewältigung der zahlreichen innerkolumbianischen Konflikte sowie auf die Förderung des Demokratieprozesses im Allgemeinen, an den seit dem Friedensabkommen 2016 viele Hoffnungen geknüpft sind. In diesem Zusammenhang engagieren sich auch viele KAAD-Alumni, indem sie die kolumbianische Politik bei der Konfliktaufarbeitung und beim Friedensdialog beraten oder sich für die Rechte und Interessen der Opfer des Konflikts einsetzen.

So berät z. B. ein KAAD-Alumnus, der in Deutschland im Fach Philosophie promoviert hat, kolumbianische Politiker*innen beim Friedensdialog mit indigenen Gruppen. Dabei stützt er sich auf ein von ihm im Rahmen seiner Promotion entwickeltes Modell des interreligiösen Dialogs zwischen indigenen Weltanschauungen und dem Christentum in Lateinamerika, das auf gegenseitigem Respekt, interkultureller Offenheit, Solidarität und kommunikativer Sensibilität basiert. Dieses Modell ist inzwischen in Teilen vom kolumbianischen Staat übernommen worden und wird erfolgreich im Dialog mit indigenen Gemeinden im Norden Kolumbiens angewendet, die besonders stark unter gewalttätigen Auseinandersetzungen im Bürgerkrieg gelitten haben, sich mittlerweile aber weitgehend selbst verwalten und mit der kolumbianischen Nationalregierung kooperieren.

Eine andere KAAD-Alumna, die Soziologie an der Universität Heidelberg und Universität Frankfurt studierte und inzwischen Professorin für Soziologie an der Universidad del Rosario in Bogotá ist, berät die Politik in ihrem Umgang mit Guerilla- und paramilitärischen Organisationen auf lokaler Ebene. Dabei versucht sie, einen partizipativeren Ansatz zu vermitteln, als dies bisher in Kolumbien üblich war, und der darüber hinaus stärker die Interessen der Guerillas und Paramilitärs in Entscheidungsprozesse einbezieht:

„Und ich bin Teilnehmerin von verschiedenen Forschungsnetzwerken in der Friedens- und Konfliktforschung. Das ist mit deutschen Institutionen und mit meiner Uni Universidad del Rosario. Meine Uni ist Mitglied im Instituto Colombo-Aleman Para la Paz. Bei diesem Instituto Colombo-Aleman para la Paz bin ich die Vertreterin der Universidad del Rosario. Das Instituto ist angesiedelt an der Universidad Nacional, Universidad del Rosario, Universidad de los Andes, Universidad Javeriana und Universidad Externado in Kolumbien. In Deutschland sind es die Universitäten Gießen, Göttingen, das Lateinamerikanische Institut an der Freien Universität Berlin, das Friedens-

institut in Frankfurt am Main und die Universität Freiburg. [...] Es geht vor allem um die Untersuchung des Konflikts in Kolumbien, aber auch Post-conflict und peace building in Kolumbien. Mein Forschungsschwerpunkt in diesem Rahmen ist die Beziehung zwischen Zivilgesellschaft und dem Staat. Aber auch um Staatsbürgerschaft. Die Rolle von Citizenship im Friedensprozess und die neuen Beziehungen zwischen Staat und Citizenship. Ich habe ein Buch dazu publiziert, ein Handbuch bei Routledge. Das ist ein Buch des Transformation of Citizenship, zusammen mit einem Professor in Potsdam geschrieben. Dabei geht es um Forschungsergebnisse, die ich in der kolumbianischen Karibik gemacht habe. In einer kleinen Stadt in der Karibik über die politische Partizipation von Leuten in einer Stadt, die von Paramilitärs kontrolliert wird. Das ist sehr interessant, weil es um eine kleine Gemeinde namens Magangué geht. Die liegt bei Cartagena in der Karibik. Diese Kleinstadt wurde mehr als 20 Jahre von Paramilitärs kontrolliert. Sie kontrollieren alles – durch Angst. Aber sie haben so viel Geld durch Geldwäsche und Drogenhandel. Ein Bürgermeister hat die Wahlen 2011 gewonnen, er ist von einer linken Partei. Und meine Frage war, was passiert hier? Und ich war in Magangey und habe Interviews gemacht. Meine Kontakte in diese kleine Stadt war die katholische Kirche und ich hatte diesen Kontakt durch den KAAD. Das ist sehr gut, ein richtig gutes Netzwerk. Ehemalige KAAD-Stipendiaten haben Kontakte zu Caritas in Kolumbien und zur Bischofskonferenz in Bogotá und sie haben sich für meine Arbeit interessiert. Und sie sagten mir, dass ich in Magangey forschen kann. Und ich arbeite mit denen in verschiedenen Workshops, Treffen mit Leuten. Und dank dieser Kontakte konnte ich meine Forschung machen. Das war wunderbar. Und die Ergebnisse sind sehr kompliziert, nicht so einfach zu erklären. Viele Leute in Magangey, wie viele Leute in verschiedenen Orten in Kolumbien, können ihre Wahl verkaufen und andere handeln mit dieser Wahl. Normalerweise kostet das 20 Euro. In Magangey kostet es 30 Euro. Was passiert? Viele Leute haben die Wahl verkauft, aber viele haben einen anderen Kandidaten gewählt. Sie glauben nicht an die Paramilitärs, aber bekommen ihr Geld. Das ist eine besondere Rationalität. Aber das Wichtigste ist, ich konnte die Forschung in Magangey zusammen mit den Kirchen machen. [...] Der neue Bürgermeister, der Sozialist, war auch korrupt und hatte zu viel Probleme mit den Paramilitärs. Und in 2015 der neue Bürgermeister hat noch Leute von den Paramilitärs. Die Paramilitärs kontrollieren immer noch die Stadt. Es ist eine besondere Konstellation. Es ist nicht so öffentlich, aber die Paramilitärs kontrollieren noch viele Regionen in Kolumbien. [...] Ja, ich finde, vielen Leute geht es gut. Ich weiß nur nicht, ob es Resignation ist, aber viele Leute haben eine komische Beziehung zu den Paramilitärs zwischen Liebe und Hass. Aber es funktioniert. Zum Beispiel, die Leute bitten um eine neue Schule und die Paramilitärs bauen die neue Schule. Manchmal ja und manchmal nicht, aber es gibt keine anderen guten Optionen auch. [...] Ja, aber meine Frage für die nächsten Jahre ist, was passiert, zum Beispiel, mit den Regionen, die von den Guerillas kontrolliert worden. Also die Guerillas sind nicht mehr da, also regieren nicht mehr in den Regionen und was passiert dann? Also gibt es eine neue Bürgerschaft oder neue Akteure, die die Kontrolle ausüben und es bleiben mehr oder weniger dieselben alten Beziehungen, und dieselbe Ungleichheit zwischen Bürger und dem Staat. Aber wir verstehen Staat nicht in klassischen Sinn, sondern bei uns kann Staat sein, die Guerilla oder die Paramilitärs, oder andere Gruppen. Es ist kompliziert" (Interview mit einer kolumbianischen Alumna in Bogotá, Kolumbien, 2017).

Im Rahmen ihrer Arbeit kooperiert sie regelmäßig mit der Friedrich-Ebert-Stiftung in Kolumbien (FESCOL):

„Die FESCOL hat eine lange Tradition in der Friedensvermittlung in Kolumbien. Sie organisieren jeden Monat ein Treffen zwischen Bürgermeistern, Politikern, NGOs und Wissenschaftlern. Dabei geht es um verschiedene Themen wie Demokratie, Sicherheit, Gender-Studien und Konfliktbewältigung. Und jeder diskutiert dort aus seiner eigenen Perspektive. Dazu werde ich häufig eingeladen. Dort hatte ich die Möglichkeit, meine Positionen der FESCOL, den Bürgermeistern und Politikern vorzustellen. Aber normalerweise haben diese Politiker eine große Distanz zu der Universität. Sie denken: Ihr schreibt eure Bücher und wir arbeiten. Das ist die Konzeption. Die FESCOL sieht sich dabei als neutraler Ort, an dem verschiedene Konfliktparteien ihre Positionen austauschen können. Und ich bringe meine wissenschaftliche Perspektive ein" (Interview mit einer kolumbianischen Alumna in Bogotá, Kolumbien, 2017).

„Andere kolumbianische Alumni kümmern sich um die rechtliche Aufarbeitung der Konflikte, wie ein Jurist, der Jura an den Universitäten in Marburg und Mainz studiert und im Jahr 1995 zum Thema Optionsanleihen und Wandelschuldverschreibungen im europäischen Bankenrecht an der Universität Mainz promoviert hat. Nach seiner Rückkehr und ein paar Jahren als Professor an der Universidad Nacional in Bogotá gründete er 2002 eine Kanzlei, die mittlerweile zu den größten und renommiertesten Kanzleien in ganz Kolumbien gehört. Zurzeit beschäftigt er in seiner Großkanzlei zwölf Anwälte und über 30 weitere Angestellte. Die Kanzlei arbeitet in den Bereichen des Bankenrechts, Umweltrechts, Energierechts, Infrastrukturrechts und Vergaberechts. Unter

seinen Mandaten sind auch viele Deutsche, die in Kolumbien wohnen. Die Kontakte hat er vor allem wegen seiner guten Deutschkenntnisse und guten Beziehungen nach Deutschland aufgebaut. Im Rahmen seiner Anwaltstätigkeit kümmert er sich auch ehrenamtlich um die rechtlichen Belange von Opfern des Konflikts, insbesondere Sehbehinderte. Dieses Engagement geht vor allem darauf zurück, dass er selbst unter einer Sehbehinderung leidet und dadurch die Belange und Bedürfnisse von Blinden aus eigenen Erfahrungen sehr gut kennt. Dabei nimmt er kein Geld von den Opfern, weil diese überwiegend aus armen ländlichen Kommunen kommen und sich keine Beratung oder Verteidigung leisten können. Auch von staatlicher Seite wird diese Gruppe nicht unterstützt, „weil sie einfach keine Lobby hat", so der KAAD-Alumnus. Viele von ihnen wurden Opfer von Schießereien auf offener Straße, meistens durch reinen Zufall, weil sie die Straße überqueren wollten, aber die Auseinandersetzungen auf der Straße aufgrund ihrer Sehbehinderung nicht rechtzeitig sahen. Zudem hat er ihnen dabei geholfen einen eigenen Verband zur Interessenvertretung in Bogotá zu gründen, bei dem er auch Mitglied geworden ist. Das hat ihn auch erleichtert, ihre Interessen vor Gericht zu vertreten, weil er eine Organisation in seiner Arbeit hinter sich hat und auch in ihrem Namen sprechen kann" (Interview mit einem kolumbianischen Alumnus in Bogotá, Kolumbien, 2017).

Eine in Deutschland promovierte Juristin[33], die seit ihrer Rückkehr im Jahr 2017 als wissenschaftliche Assistentin im Fach Jura an der Universidad Externado in Bogotá arbeitet, setzt sich für die Entschädigung und gesellschaftliche Reintegration von Landminenopfern ein. In Kolumbien gibt es nach Afghanistan die meisten Landminenopfer weltweit. Laut der kolumbianischen Kommission für Frieden sind es 11.460 Landminenopfer seit 1990, 80 Prozent davon waren Zivilist*innen. Ca. 20 Prozent sind an den Folgen gestorben, die meisten in dem Bundesstaat Antioquia (Oficina del Alto Comisionado para la Paz 2019).[34] Die Minen wurden von der Guerillaorganisation FARC-EP gelegt, um das kolumbianische Militär zu bekämpfen.

---

33 In ihrer Doktorarbeitet beschäftigte sie sich mit dem Thema „Einfluss von Staatsziel-bestimmungen auf die Rechtsauslegung". Dabei ging es darum, wie ein Richter die Staatszielbestimmungen in der deutschen Verfassung am besten auslegen kann. Das Thema ist rein auf Deutschland bezogen. Sie wollte einen Vergleich mit Kolumbien machen, aber der Gutachter war dagegen. Der Gutachter interessiert sich nicht für Lateinamerika, das hat sie sehr geärgert.

34 Oficina del Alto Comisionado para la Paz 2019: Víctimas de Minas Antipersonal y Municiones sin Explosionar, http://www.accioncontraminas.gov.co/estadisticas/Paginas/victimas-minas-antipersonal.aspx.

Es wird geschätzt, dass über 100.000 Landminen auf Feldern, in Wäldern und an Wegesrändern gelegt wurden (Caritas International 2018).[35]

Ein Tritt auf eine Mine führt mit hoher Wahrscheinlichkeit zu Verstümmelungen (Oficina del Alto Comisionado para la Paz 2019). Trotz der Landminenräumungen seit dem Friedensabkommen von 2016 gibt es weiterhin viele unendeckte Minen, die nach wie vor zivile Opfer fordern (NZZ 2017).[36] Die Zahl der Opfer stieg sogar von 37 im Jahr 2017 auf 107 im Jahr 2018 (Caritas International 2019).[37] Um die Opfer zu entschädigen, bereist die KAAD-Alumna das ganze Land, insbesondere die ländlichen Regionen, um die lokalen Verwaltungen, aber auch die Opfer direkt vor Ort über ihre Rechte aufzuklären. Dabei geht es vor allem um den kostenlosen Rechtsbeistand, der den Opfern gesetzlich zusteht, aber der aufgrund mangelden Wissens darüber von den Opfern kaum eingefordert wird. Zudem stehen den Opfern kostenlose langfristige medizinische Leistungen zu, die aber ebenfalls häufig nur gering abgerufen werden. Überhaupt ist die kolumbianische Bevölkerung nur unzureichend über die Gefahren der Minen aufgeklärt. Über ihre Arbeit sagt sie:

„Zurzeit werden in Kolumbien viele Landminen aus dem Bürgerkrieg zerstört, die von den Paramilitärs oder Guerillagruppen in den ländlichen Gebieten aufgestellt wurden, um die staatlichen Gegner zu bekämpfen, aber auch um die Landbevölkerung einzuschüchtern. Die meisten Opfer waren aber auch Kinder, Frauen und ältere Menschen, also Menschen, die mit dem Krieg nichts zu tun hatten. Sie bekommen auch kaum Unterstützung vom Staat oder von ihrer Community, sie hatten auch keine Versicherung. Aber sie haben Rechte nach der kolumbianischen Verfassung, aber auch nach bürgerlichen Gesetzen und Richtlinien. Bei der Aufarbeitung ihrer Rechte versuche ich zu helfen, und diese dann auch gegenüber staatlichen Einrichtungen zu vertreten, also sie auch bei den Korrespondenzen mit staatlichen Behörden zu unterstützen. Viele von ihnen können nicht lesen und schreiben. Dabei helfe ich. In dem Projekt geht es aber auch darum, ihnen vielleicht doch Arbeitsplatzmöglichkeiten zu schaffen, wie in der kommunalen Verwaltung, die sie trotz ihrer körperlichen Behinderung ausüben können. Erste finanzielle Entschädigungen konnten wir schon erreichen, auch wurden schon körperlich Behinderte in

---

35 Caritas International 2018: Kolumbien: Landminenopfer. https://www.caritas-international.de/beitraege/kolumbien-landminenopfer/149291/.

36 NZZ 2017: Das große Aufräumen. https://www.nzz.ch/international/minenraeumung-in-kolumbien-das-grosse-aufraeumen-ld.137411.

37 Caritas International 2019: Kolumbien: Hilfe für Landminenopfer. https://www.caritas-international.de/hilfeweltweit/lateinamerika/kolumbien/landminen-aufklaerung.

den Kommunen eingestellt. Wir schlagen auch nicht nur eine Entschädigung der Opfer vor, sondern eine langfristige Invalidenrente, damit diese Opfer von etwas leben können" (Interview mit einer kolumbianischen Alumna in Bogotá, Kolumbien, 2017).

„In dem Job reise ich auch in die Dörfer der Opfer, um mir die Situation vor Ort anzusehen und um mit den Opfern und den Führern der Community zu sprechen. Wenn ich direkt mit ihnen spreche, kann ich sie auch besser über ihre Rechte aufklären und ihnen helfen, ihre Rechte gegenüber dem Staat zu vertreten. So einmal pro Monat reise ich in die Gebiete, wo die Opfer wohnen" (Interview mit einer kolumbianischen Alumna in Bogotá, Kolumbien, 2017).

Im Rahmen des Projekts, das vom norwegischen, schwedischen und schweizerischen Staat finanziert wird, werden auch entdeckte Landminen entschärft und entsorgt, damit die vertriebenen Dorfbewohner wieder in ihre Dörfer zurückkehren und Ackerbau betreiben können, zum Teil auf Feldern, die von den Paramilitärs vermint wurden. Die Alumna sagte weiter dazu:

„Es geht darum auch die aktuelle Regierung, die Oppositionsparteien und die zuständigen Behörden über die Zustände auf dem Land aufzuklären. Und auch die Rechte der Landminenopfer vor den zuständigen Behörden und Gerichten zu vertreten. Wir sollen auch Handlungsempfehlungen an die Politik abgeben, wie den Opfern besser geholfen werden kann, denn das war ja auch ein wichtiger Teil der Abmachungen des Friedensvertrags. Bisher kooperiert der kolumbianische Staat sehr gut mit uns, aber man weiß hier nie wie lange das so ist. Nächstes Jahr wird ein neuer Präsident gewählt, der kann zum Beispiel gegen die Aufarbeitung des Konflikts und gegen den Friedensprozess sein, dann war unsere Arbeit vielleicht sogar umsonst" (Interview mit einer kolumbianischen Alumna in Bogotá, Kolumbien, 2017).

Bisher kooperiert der kolumbianische Staat gut im Rahmen des Projekts, aber Entschädigung der Landminenopfer wird im Rahmen des Friedensprozesses nur langsam aufgearbeitet. Sie ergänzte:

„Vor dem Projekt hatte ich viele Bedenken mit dem kolumbianischen Staat zu kooperieren und mit der kolumbianischen Polizei zusammen zu arbeiten, ich hatte keine gute Meinung über die, weil die ja auch die Opfer nicht gut behandelt haben, aber das hat sich im Laufe des Projektes gebessert, meine Meinung ist besser geworden, weil ich erkannt habe, dass das auch nur Men-

schen sind, die ihre Arbeit machen müssen. Mit vielen von denen kann man arbeiten. Ich glaube schon, dass sie Frieden wollen und den Opfern jetzt helfen wollen. Also nicht alle, aber viele mit denen ich gesprochen habe" (Interview mit einer kolumbianischen Alumna in Bogotá, Kolumbien, 2017).

Eine andere kolumbianische KAAD-Alumna, die im Studiengang LLM „Governance and Development" von 2014 bis 2015 an der Universität Duisburg-Essen studierte, führt im Rahmen eines UN-Projekts Aufklärungs- und Bewältigungs-Workshops für die Opfer des Konflikts in kleinen Dörfern in Westkolumbien durch (in Kooperation mit IOM und USAid). Betroffen sind vor allem indigene Frauen und Kinder, die sie über ihre Rechte aufklärt. Insbesondere Vergewaltigungsopfern erklärt sie, wie gegen die Täter juristisch vorgegangen werden kann:

"My project at the United Nations is to formulate projects how to solve the conflict in local communities in West Colombia. The work focus is on the help of traumatized women and children, who suffered from violence during the war, as I already said, and I have to teach the conflict victims to know the law and their rights, because many times they have no idea about that, they have no access to information, or even cannot read or write. We also help the community members how to receive money in the community, how to formulate development or infrastructure projects in the community, and where to get funding for that. And I'm foremost in charge of to teach them how to formulate and organize these projects. That is not always easy, because they have never done that before, and they have a very different way of thinking. Also some of them cannot read or write, or almost all of them are very bad in doing these things. So I really had to start from the beginning. [...] The central goal of the project was to help and protect the communities against war trauma and armed forces, and to teach them about their rights, and to empower them and to give them the necessary tools to protect themselves against armed forces. [...] In the communities are mestizos and indigenous people, and I tried to convince them that they can trust me and that I want to help them, but I'm not sure, if I could convince every one of them. They don't trust the Colombian government, so it helped that I don't work for the government. But it was a challenge for me, because I'm young and I'm a female, and many of them didn't believe that I'm smart and that I could help them. In the communities exists a lot of machismo attitudes. And what is also a big problem, is that most people still think in racial categories. Everyone wants to be a mestizo, even black people say that. As a blond male you would have more opportunities, even when you are from abroad. Women have to be tough to be successful in Latin America.

People have stereotypes about women here, they have to be pretty and soft, and should take more care about household issues, and should not be involved in politics, economics, or development issues" (Interview mit einer kolumbianischen Alumna in Bogotá, Kolumbien, 2017).

"I'm done with the projects for the United Nations. Now I have to evaluate how successful the projects actually were. For this, I specially developed an evaluation method to analyze the projects in an effective way. The evaluation should end in December 2017" (Interview mit einer kolumbianischen Alumna in Bogotá, Kolumbien, 2017).

"All in all, I have to say that the time was too short to realize the projects, and to implement everything. Each project took about four months. That is too short to build trust among the community people, and to teach them about their rights and to improve their self-defense. How do you want to build trust in such a short time, and how do want to explain important rights in face to face conversations in such a short time, I mean not only in workshops and presentations in front of al community members, but really one to one conversation where you can explain things in more details, and where he or she can ask specific questions of understandings. Everyone is different and needs more or less time to understand things. That needs more time, definitely much more than just four months. Anyhow, the first results of the evaluation are that the members of the community got more guidance now. There is an overall positive feedback from the communities. The problems are still that the education and skills of the community people are not good enough to formulate their own laws and aims. To reach that goal, they would have to work more with local municipalities in these areas. A good thing is that the members have access to the community now" (Interview mit einer kolumbianischen Alumna in Bogotá, Kolumbien, 2017).

"I really like my job, because I see the results of my work that can be important in the peace process. I also talked to the victims of the conflict. No one knows about the victims, because no one talks to them. I talk to the victims about the project and the results, about everything, so that they can understand better what we are doing. I think I have good connections to them now" (Interview mit einer kolumbianischen Alumna in Bogotá, Kolumbien, 2017).

Sie plant bereits ein weiteres Projekt:

"Now, I'm working with a professor from the Universidad Nacional in Bogotá on a new project proposal. I already know him for a couple of years. All of the proposals have something to do with the peace process, and they have to include the peace documents that were worked out between the government and the guerrillas and paramilitaries. The proposals are to get funding by the IOM. Now I'm writing two proposals about the development plan" (Interview mit einer kolumbianischen Alumna in Bogotá, Kolumbien, 2017).

Ein anderer KAAD-Alumnus, der Jura in Deutschland studierte, arbeitet mittlerweile als Richter am Obersten Gerichtshof in Kolumbien. Dabei kann er seine Kenntnisse des deutsche Rechtssystems, das in Kolumbien als vorbildlich gilt, einbringen, die er während seines Studiums in Deutschland gesammelt hat. In seiner gegenwärtigen Richtertätigkeit kann er dabei viele Vergleiche zum deutschen und internationalen Strafgesetz ziehen und viele Punkte in das kolumbianische Strafgesetz einbringen, das zur Zeit im Rahmen des Aufarbeitungsprozesses des kolumbianischen Bürgerkrieges und der Opferentschädigung überarbeitet wird:

„Bei meiner Arbeit als Assistenzrichter im Gerichtshof musste ich ein paar Fälle der Kriegsverbrecherverurteilung mitentscheiden oder Empfehlungen abgeben, die auch mit meinem Abschlussthema in Deutschland zu tun hatten. Das ist etwas interessant, immer kann ich die akademischen Sachen mit den beruflichen Sachen verbinden. In dieser Zeit hatten wir eine Verfassungsveränderung. Es gab Verhandlungen zwischen der kolumbianischen Regierung und Mitglieder von FARC, der Guerilla. Und es gab erste Normen und Regelungen, um die Täter des Bürgerkriegs zu bestrafen. Aber dann kam das Friedensabkommen und verschiedene Gesetze wurden verabschiedet. Dann die Analyse geht weiter in die Richtung der Kompatibilität der kolumbianischen Gesetze mit dem Statut des Internationalen Strafgerichtshofs. Aber das ist jetzt immer noch ein Prozess, der noch nicht abgeschlossen ist. Die Gesetze müssen schrittweise noch ausgearbeitet werden. Deswegen arbeite ich auch als Privatdozent. Ich behalte diese Verbindung mit der Uni, weil berufliche Sachen können verbessert werden mit akademischen Diskussionen und Ergebnissen, und umgekehrt auch. Meine Magisterarbeit habe ich auf Deutsch geschrieben. Der Titel der Arbeit war der Komplimentaritätsgrundsatz des Strafgerichtshofes aufgezeigt am Beispiel Kolumbiens." „Kompetenzen im Strafrecht, sondern auch die Arbeitsweise der Juristen in Deutschland war sehr wichtig, um kennenzulernen wie ein Student ein Jurist wird in Deutschland. Ich habe diesen Prozess bei

*manchen Freunden in Deutschland verfolgt, sie haben sich in dieser Zeit für
das zweite Staatsexamen vorbereitet. Das war sehr interessant und ich habe
viel gelernt. Ich war immer ein Zeuge von juristischen Vorgängen, Kanzleien,
Gerichtsverhandlungen. Das war immer gut zu sehen, welche Möglichkeiten
der Rechtsvergleiche es gibt. Viele Leute haben mich gefragt, wieso hast Du in
Deutschland Jura studiert, Du kannst diese Kenntnisse nicht direkt anwenden
in Kolumbien, weil die Gesetze anders sind. Das ist wahr, aber je mehr man
andere Rechtssysteme kennt, desto besser kann man verschiedene Interpreta-
tionen entwickeln und auch die Entwürfe von Gesetzen. Und ich habe auch
im Internationalen Recht gearbeitet und das hilft in jedem Land"* (Interview
mit einem kolumbianischen Alumnus in Bogotá, Kolumbien, 2017).

Deutschland ist besonderes Vorbild aufgrund der Aufarbeitung und Bestrafung
der Täter in der DDR und die Entschädigung der DDR-Opfer. Und Kolumbien als
„Labor" für Konfliktaufarbeitung weltweit:

*„Am Anfang, aber es gibt einige Problematiken im letzten Entwurf, die vielleicht
die Zulässigkeiten des Internationalen Strafgerichtshofs aktivieren können, weil
zum Beispiel der wichtigste Leiter der FARC hat die Möglichkeit, Kandidat
für die Präsidentschaft im nächsten Jahr zu werden. Das kann die Rechte der
Opfer verletzen. Eine Bedingung war, dass sie einen Prozess gegen ihn führen
und es kamen alternative Strafen in Betracht. Es kommt in Betracht nicht die
normale Strafe für ein internationales Verbrechen, dass sie begangen haben.
30, 40 Jahre Gefängnis. Diese normalen Strafen kommen nicht in Betracht, sie
bleiben in bestimmten Regionen, die Mobilität ist begrenzt und sie müssten
alternative Strafen haben wie soziale Arbeit, die politischen Rechte sind ver-
kürzt, aber dieses neue Gericht funktioniert noch nicht. Deswegen haben sie
keine Verurteilungen und sie können in der Politik aktiv sein und das könnte
problematisch sein unter dem Blickwinkel des Internationalen Strafgerichtshofes
sein. Deswegen trifft sich der Präsident heute mit der FARC. Sie diskutieren
in diese Richtung. Die Verantwortlichkeit von Militär, es gibt eine Norm, die
irgendwie führt zu Freilassungen von Militär von hohem Rang, die Schwer-
verbrecher begangen haben. Es ist ein sehr wichtiger Akteur in der Diskussion
und insbesondere in der Ausgestaltung dieser neuen Justiz. Und Deutschland
hat hier eine Vorbildfunktion wie die Aufklärung und Verurteilung der Verbrecher nach dem Zweiten Weltkrieg oder die Fälle nach dem Fall der Mauer,
die Verbrechensaufklärung in der DDR, die Schussfälle an der Mauer und
Grenze. Die wurden gut aufgearbeitet in Deutschland. Und Kolumbien ist
heutzutage wie ein Labor für die Welt, weil es ist die erste Demobilisierung*

von einer sehr großen Guerilla, die für mehr als 50 Jahre gekämpft hat und jetzt kommt eine besondere Justiz für die Verurteilung dieser Verbrechen. Es kommt auch eine Wahrheitskommission, also verschiedene Mechanismen. Aber es gibt eine neue Komponente und das ist die Zuständigkeit des Internationalen Gerichtshofes von 2002" (Interview mit einer kolumbianischen Alumna in Bogotá, Kolumbien, 2017).

Aufnahme 4   Campus der Universidad Nacional de Colombia in Bogotá
Quelle: Eigene Aufnahme.

Auch nicht Zurückgekehrte engagieren sich von Deutschland aus für den Friedens- und Demokratieprozess in Kolumbien. So organisiert ein kolumbianischer Alumnus regelmäßig Reisen mit einer Gruppe von deutschen und kolumbianischen Studierenden und Hochschullehrenden nach Kolumbien, die dort als Mediatoren im Konflikt zwischen Einheimischen und Guerillagruppen eingesetzt werden. Dabei arbeitet er eng mit anderen KAAD-Alumni in Kolumbien zusammen.

Eine andere Alumna engagiert sich im Rahmen des oben erwähnten deutsch-kolumbianischen Friedens- und Konfliktforschungsnetzwerk „Instituto Colombo-Alemán para la Paz" (CAPAZ) für die konkrete Umsetzung des kolumbianischen Friedensvertrages in einem kleinen Dorf in Nordkolumbien. Konkret geht es um die Frage, wie das Kommunalwahlrecht vor Ort umgesetzt wird und inwieweit sich die Dorfbevölkerung auf kommunaler Ebene repräsentiert sieht. Dabei findet ein intensiver Austausch zwischen den Mitgliedern des Forschungsnetzwerkes in Deutschland und Kolumbien statt. Trotz des vielfältigen Engagements und ver-einzelter Fortschritte sehen die meisten KAAD-Alumni den Friedensprozess und die Konfliktaufarbeitung jedoch eher skeptisch. Eine KAAD-Alumna sagte dazu:

„Ich muss Optimistin sein, aber ich bin skeptisch. Meine Meinung ist, man sollte nicht über Postkonflikt sprechen, sondern über Postabkommen. Ich bin sehr skeptisch, weil es noch viele Akteure gibt, die keine Frieden in Kolumbien wollen. Und ein besonderer Faktor dabei ist der Drogenhandel. Wegen dem Drogenhandel werden wir keinen Frieden in Kolumbien haben. Die Frage ist die Legalisierung und mit den Preisen. Und ein Problem ist auch die Trump-Regierung in den USA. Die Coca-Plantagen haben sich seit dem Abkommen mit den FARC noch verdoppelt. Dieses Jahr werden hundert gepflanzt, dann nächstes Jahr 200. Und die Kokain-Exporte sind auch gewachsen. Die US-Re-gierung meint, dass das eine Konsequenz aus dem Friedensabkommen mit den FARC ist und wir Kolumbianer sollen eine Aggressionspolitik machen. Aber im Jahr 2000 der Plan Colombia hatte keinen Erfolg, der hatte sogar noch den Paramilitarismus verstärkt und nicht den Frieden. Das ist ein altes Rezept, das nicht funktioniert" (Interview mit einer kolumbianischen Alumna in Deutschland, Skype, 2017).

5.5   Transformation des Rechtssystems in Georgien

Georgien gehört zu den Schwerpunktländern des KAAD in Mittelost- und Südost-europa. Obwohl osteuropäische Stipendiat*innen, vorwiegend aus Polen und dem ehemaligen Jugoslawien, bereits vereinzelt in den Jahren vor 1991 gefördert wurden, sind die institutionellen Förderstrukturen für Osteuropa erst in den 1990er Jahren nach dem Zusammenbruch der Sowjetunion aufgebaut worden. Hierzu wurde für Bewerber*innen aus den Ländern Mittel-, Ost- und Südosteuropas, Kaukasus und Zentralasiens ein spezielles Osteuropaprogramm eingerichtet, das im Vergleich zu den anderen Programmen eine wesentlich kürzere Förderperiode vorsieht.

Georgien wurde 1991 nach dem Zusammenbruch der Sowjetunion unabhängig. Seitdem unterliegt das Land einem ständigen gesellschaftlichen Wandel, der sich stark an den westlichen Ländern ausrichtet. Das kaukasische Land weist gegenwärtig ca. 4 Mio. Einwohner*innen und ein BIP/Kopf in KKP von 10.023 US-Dollar auf. Das Wirtschaftswachstum betrug 2019 2,85 Prozent. Das Universitätssystem ist stark von neueren und privaten Universitäten geprägt, die sich vor allem in der Hauptstadt Tiflis konzentrieren.

Ein Schwerpunkt der Förderung besteht hier seit vielen Jahren im Bereich der Rechtswissenschaft, der zusammen mit den Wirtschafts- und anderen Geisteswissenschaften über drei Viertel aller georgischen KAAD-Stipendiat*innen in den letzten 15 Jahren ausgemacht hat. Das Fallstudienland Georgien präsentiert dabei mit 55 Stipendiat*innen das zweitgrößte osteuropäische Land nach Polen seit 1992. Davon waren die überwiegende Mehrheit Geistes-, Rechts- und Sozialwissenschaftler (insgesamt 45 von 55). Georgische Alumni weisen mit 88 Prozent die höchste Rückkehrquote (in den 2000er Jahren) von allen fünf Ländern in unserer Studie auf. Entsprechend hoch war auch der Anteil an Rückkehrerinnen und Rückkehrern in unserer Studie.

Der Einfluss der georgischen Alumni ist insbesondere mit Blick auf die Entwicklung des Rechtssystems groß. Laut unseren Interviewpartner*innen liegt dies vor allem daran, dass Jurist*innen als Expert*innen mit einem fundierten Rechtswissen relativ gute Berufsaussichten haben und in Georgien sehr breit nachgefragt werden, und zwar nicht nur vom georgischen Staat, sondern auch von Unternehmen und zivilgesellschaftlichen Organisationen. Viele georgische Jurastudierende gehen für ihr Studium nach Westeuropa, und insbesondere nach Deutschland. Dies hat vor allem damit zu tun, dass das georgische Recht sehr stark an die kontinentaleuropäische Rechtsentwicklung angelehnt ist. Bereits die erste demokratische Verfassung Georgiens aus dem Jahr 1918 war sehr stark an das schweizerische, französische und deutsche Recht angelehnt.[38]

Auch nach der Unabhängigkeit von der Sowjetunion im Jahr 1991, als sich Georgien unter dem Präsidenten Schewardnadse nach Westeuropa ausrichtete, versuchten die georgischen Gesetzesgeber*innen die neue Verfassung nach westeuropäischem Recht zu gestalten. Nach dem Ende der Schewardnadse-Ära im Jahr 2003 wurde die georgische Verfassung ebenso wie andere Gesetze abermals reformiert und auch dabei wurde viel von westeuropäischen Rechtssystemen übernommen. Hierbei ging es auch um die Etablierung demokratischer Rechtsnormen in Georgien,

---

38 Das Deutsche Reich war 1918 das erste Land weltweit, das die erste Verfassung Georgiens und somit Georgiens Unabhängigkeit anerkannte, auch auch geopolitischen Gründen in der Kaukasus-Region (Zürrer 1978).

das im Gegensatz zu westeuropäischen Staaten keine demokratischen Traditionen kannte. Viele Jurist*innen haben in unseren Interviews darauf aufmerksam gemacht, dass sich Georgien eigentlich in den gesamten letzten 25 Jahren in einem permanenten verfassungsrechtlichen und politischen Transformationsprozess befindet. Dies kann man exemplarisch an der Transformation Georgiens von einer stark ausgeprägten Präsidialdemokratie hin zu einem parlamentarischen System (seit 2012) verdeutlichen, das die Machtstellung des Präsidenten stark einschränkt.[39] Hatte der georgische Präsident in den 1990er Jahren noch fast alle politischen Entscheidungsbefugnisse in seiner Hand, wurde in den 2000er Jahren zunehmend eine semipräsidiale Demokratie nach französischem Muster etabliert – auch nach den negativen Korruptions- und Kriegserfahrungen unter Schewardnadse – und in den 2010ern wurde schließlich ein Kurs in ein reines Parlamentssystem, ähnlich wie in Deutschland, eingeschlagen.[40]

Aus Deutschland zurückkehrende georgische Jurist*innen spielten in diesem Transformationsprozess eine wesentliche Rolle so wie auch bei der Weiterentwicklung weiterer Bereiche des georgischen Rechtssystems. So werden z. B. Merab Turava (Strafrecht), Paata Turava (Verwaltungsrecht) und Lado Chanturia (Europäisches Recht) als Pioniere der Rechtsentwicklung in Georgien angesehen. Sie studierten und forschten in den 1990er Jahren in Deutschland und brachten ihre dort erworbenen Kenntnisse des deutschen Rechtssystems nach Georgien zurück, wo sie georgische Standardwerke in ihren jeweiligen Rechtsdisziplinen verfasst und entscheidend an Gesetzesentwürfen mitgewirkt haben. Neben ihren akademischen und juristischen Tätigkeiten waren sie auch beratend für verschiedene Ministerien und Behörden tätig und haben sich für die Einführung verschiedener Regelungen des deutschen Rechts in das georgische Rechtssystem stark gemacht. Lado Chanturia ist inzwischen sogar georgischer Botschafter in Deutschland. Zudem setzen sich der heutige georgische Verteidigungsminister, Levan Izoria, der an der Universität Göttingen Jura studierte, zusammen mit dem georgischen Innenminister für eine Reform des Polizeirechts nach deutschem Vorbild ein. Georgische Professor*innen empfehlen aufgrund dieses rechtspolitischen Trends heute noch, bewusst ein Rechtsstudium in Deutschland oder in anderen westeuropäischen Ländern zu absolvieren und danach nach Georgien zurückzukommen, um ihre speziellen Kenntnisse bei der weiteren Implementierung westeuropäischen Rechts (insbesondere deutschen

---

39 Demnach liegen jetzt wichtige Kompetenzen beim Parlament, die vorher nur dem Präsidenten vorbehalten waren, wie z. B. die Hoheit über den Staatshaushalt oder das Militär.

40 Dabei bleibt es abzuwarten, ob diese Entwicklung des Parlamentssystems abgeschlossen ist oder in welche Richtung es sich in Zukunft entwickeln wird.

Rechts) im georgischen Rechtssystem einzubringen (Interviews mit georgischen Alumni und Expert*innen, Tiflis, Oktober 2016). Ein georgischer Rechtswissenschaftler und KAAD-Alumnus fasst dieses Verhältnis zwischen georgischem und deutschem Recht folgendermaßen zusammen:

„Ich will besonders unterstreichen, dass der Näherung der deutschen und georgischen Juristen eine besondere Liebe und Respekt zum deutschen Recht innewohnt. [...] Hier haben viele Georgier die deutsche Sprache gründlich erlernt, was für ihre weitere Arbeit in ihrem Fach besonders wichtig war. Einer der Faktoren für die Approximation zwischen Deutschland und Georgien wurde das Rechtssystem. Das gültige Zivilgesetz Georgiens ist die Rezeption der deutschen Gesetzgebung. Bei der Reform dieses oder jenes Gebiets des Rechtes wird in Georgien immer „das deutsche Modell" berücksichtigt (im Rahmen der Rechtshilfe). Die Reformen in Georgien werden immer von deutschen Experten unterstützt. Im Fernsehen und in der Presse können wir oft hören, dass in Deutschland jene Rechtsfrage gut entschieden ist und wir müssen den Deutschen nachfolgen. Zum Beispiel, als im Jahre 2009–2010 in Georgien umfangreiche wichtige Verfassungsreformen durchgeführt wurde, entstand in der Verfassung Georgiens das konstruktive Misstrauensvotum. Ich will sagen, dass Deutschland ist für uns in jeder Hinsicht vorbildlich" (Interview mit einem georgischen Alumnus in Tiflis, Georgien, 2016).

So waren auch viele ehemals vom KAAD geförderte Stipendiat*innen an verschiedenen rechtlichen Reformen in Georgien in den letzten Jahren beteiligt.

Ein herausragendes Beispiel ist – neben der Einführung des Parlamentarismus, worauf wir weiter unten noch eingehen – die aktuelle Reform des Jugendstrafrechts in Georgien durch ehemalige und aktuelle KAAD-Studierende. Insbesondere ein Alumnus, der zurzeit in Deutschland promoviert und bereits vor seiner Promotion in Deutschland für das Justizministerium gearbeitet hatte, macht sich für Liberalisierungen im Bereich des Jugendstrafvollzugs stark und versucht, präventive Ansätze in das georgische Recht zu integrieren. Hierfür übersetzt er regelmäßig Paragrafen und Textpassagen aus dem deutschen Jugendstrafgesetzbuch ins Georgische und schreibt an Gesetzestexten für die Neukonzipierung des georgischen Jugendstrafrechts mit. Dabei orientiert er sich sehr stark am deutschen Recht.

Ein weiterer KAAD-Alumnus setzt sich im Rahmen des georgischen Strafrechts mit Korruptionsfragen auseinander. Dabei ist es ihm wichtig, nicht nur wissenschaftlich zur Weiterentwicklung des georgischen Rechts beizutragen, sondern der Politik auch dabei zu helfen, demokratische Rechtsprinzipien und Gesetze auch im Politikalltag umzusetzen. Deswegen arbeitet er auch seit 2011 neben seinen Forschungsprojekten in der Vertrauensgruppe zu Korruptionsfragen des Nationalen Parlaments in Tiflis mit. Dabei beschäftigt er sich mit Korruptionsfällen von parteiübergreifenden Parlamentsmitgliedern und mit der rechtlichen Aufklärung dieser Fälle:

> *„Mein Vater war 28 Jahre Staatsanwalt in Georgien, auch nach der Zeit der Sowjetunion. Schon damals war Korruption unter Politikern und auch in der Gesellschaft allgemein weit verbreitet. Dies ist auch heute noch so. […] Ich helfe dabei die Korruption unter Politikern aufzuklären, vor allem auf höchster Staatsebene. Das ist nicht leicht. Vor allem die alte Regierung war korrupt, aber Korruption tritt vereinzelt auch in der neuen Regierung auf."* (Interview mit einem georgischen Alumnus in Tiflis, Georgien, 2016).

Bei dieser Arbeit profitiert er von seinen in Deutschland erworbenen Rechtskenntnissen und deren praktische Anwendung, denn auch das georgische Strafrecht und die Gesetze zur Korruptionsbekämpfung wurden größtenteils von Deutschland kopiert, so der Alumnus. Dabei helfen ihm auch seine guten Deutschkenntnisse, um in unklaren Fällen auch einmal in den deutschen Strafrechtsbüchern nachzuschlagen. Häufig bekommt er dabei auch neue Ideen, wie man einzelne Punkte im georgischen Recht noch deutlicher formulieren könnte. Im Rahmen seiner Lehrtätigkeiten an der Kaukasus-Universität Tiflis ist ihm zudem bewußt geworden, dass es kaum tiefgründige und komparative Lehrbücher auf Georgisch gibt. Deswegen hat er sich vorgenommen, ein Lehrbuch für Strafrecht zu verfassen, das das geltende Recht anhand konkreter Fallbeispiele erklärt. Solche Lehrbücher gebe es in Deutschland zuhauf, an denen er sich beim Schreiben einer georgischen Ausgabe orientieren könne. Auch seine Doktorarbeit, in der er zahlreiche Fälle sowohl anhand des deutschen als auch des georgischen Strafrechts analysiert, würden Stoff für ein Lehrbuch liefern. Trotz seiner zahlreichen akademischen Tätigkeiten kann er sich nach der Promotion eine langfristige Karriere eher im georgischen Staatsdienst als in der Wissenschaft vorstellen (Interview mit einem georgischen Alumnus, Skype, 2017).

Ein anderer georgischer KAAD-Alumnus arbeitete bereits als 23-Jähriger während seines Studiums in Tiflis als Lektor für internationales sowie georgisches Verfassungsrecht am Staatlichen Institut für ökonomische Beziehungen in Tiflis (TEUSI). Während seiner Promotion war er von 2009 bis 2013 als Mitglied im parlamentarischen Ausschuss für Kulturpflege tätig. In diesem Rahmen arbeitete er maßgeblich an einem Gesetzesentwurf zum Schutz des nationalen immateriellen Kulturerbes in Georgien mit. Dabei musste er sich insbesondere um die Recherche zu georgischen Kulturgütern kümmern sowie um den Vergleich von Gesetzen in anderen Ländern zu diesem Thema und um die Implementierung der UNESCO-Weltkulturerbe-Richtlinien in das Gesetz. Zudem war es seine Aufgabe, Gesetzesentwürfe zu prüfen, bevor sie dem zuständigen Minister zum Unterschreiben vorgelegt wurden. Auch während seines sechsmonatigen Forschungsaufenthalts an der Juristischen Fakultät der Universität Bonn war er als Berater im georgischen Ministerium für Kultur- und Denkmalschutz tätig. Zudem unterrichtet er seit 2014 Rechtsphilosophie an der KAAD-Partneruniversität Sulkhan-Saba-Orbeliani-Universität in Tiflis. Seine in Deutschland gemachten Erfahrungen und Kontakte will er er jetzt nutzen, um ein Institut für Rechtswissenschaft nach deutschem Vorbild mit einem Forschungsschwerpunkt auf Rechtsphilosophie aufzubauen. Seine akademischen Vorbilder sind hierfür die Strukturen der Rechtswissenschaftlichen Fakultät der Universität Bonn sowie des Max-Planck-Instituts.

Dabei betont er, dass an georgischen Universitäten in den Bereichen Rechtsphilosophie und Angewandtes Recht kaum tiefer gehende Forschung betrieben wird, sondern die Professor*innen sich eher auf Lehre, das heißt auf die Vermittlung von Rechtsinhalten konzentrieren. Für ihn war es schon immer wichtig, Forschung und politische Praxis miteinander zu verbinden. In diesem Sinne, sagt er, kann Georgien noch viel von Deutschland lernen. Dabei sei auch entscheidend, dass das geschriebene Recht auch in der politischen Praxis strikt umgesetzt wird. Georgien habe damit in seiner noch jungen Demokratiegeschichte, auch aufgrund der ausgeprägten Korruption im Staatsdienst, immer Probleme gehabt. Er möchte dabei helfen, eine „Praxis des gelebten Rechts" in Georgien zu etablieren. Deutschland habe das in seiner jüngeren Geschichte „nach vielen Jahren des Unrechts" auch geschafft. Um die deutsche Rechtsphilosophie in Georgien bekannter zu machen, engagiert er sich neben seiner Beratungstätigkeit im Kulturministerium auch für einen politischen Austausch mit Deutschland. Hierfür lädt er auch deutsche Delegationen (mit Vertreter*innen aus Politik, Wirtschaft und Kultur) nach Georgien ein und organisiert Parlamentsbesuche und Tagesausflüge zu wichtigen nationalen Kulturstätten in Georgien, wie z.B. nach Mzcheta, Georgiens antike Hauptstadt, um den deutschen Gästen die Politik und Kultur Georgiens näher zu bringen und zu einem gesellschaftlichen Austausch zwischen beiden Ländern beizutragen. Zudem half er bei den Vorbereitungen für die Frankfurter Buchmesse 2018, auf der Georgien Schwerpunktland war und auch Bücher zu Georgiens Staats- und Rechtssystem vorgestellt wurden. In diesem Sinne befürwortet er auch eine stärkere Ausrichtung nach Westen und einen zeitnahen Beitritt in die EU (Interview mit einem georgischen Alumnus, Skype, 2017).

Wie bereits erwähnt, waren ehemalige KAAD-Stipendiat*innen auch an der Transformation des einst starren Präsidentialismus in ein mehr parlamentarisch geprägtes System nach deutschem Vorbild beteiligt. Ein KAAD-Alumnus, der mit

einem dreimonatigen KAAD-Stipendium zum Thema „Perspektiven zur Implementierung eines Zweikammersystems in Georgien" am Max-Planck-Institut für
ausländisches öffentliches Recht und Völkerrecht in Heidelberg forschte und zur
Zeit Juraprofessor an der East European University in Tiflis ist, berät seit mehreren Jahren den Obersten Gerichtshof Georgiens. Hierzu unterbreitete er konkrete
Vorschläge, wie ein Zweikammersystem in Georgien ausgestaltet werden könnte,
u. a. durch eine stärkere Einbeziehung der verschiedenen Regionen Georgiens auf
nationaler Ebene nach dem Prinzip des Deutschen Bundesrates.

Auch sind die georgischen Alumni sehr aktiv in der sozialen und akademischen
Netzwerkarbeit: In den letzten Jahren organisierte z. B. der „Club der ehemaligen
Stipendiaten des KAAD in Georgien" zusammen mit anderen georgischen und
internationalen Partner*innen verschiedene Konferenzen, bei denen es um die
Entwicklung und Vernetzung in der Kaukasusregion ging. Diese fanden häufig an
der KAAD-Partneruniversität Sulkhan-Saba Orbeliani Teaching University in Tiflis
statt, deren Rektor ein KAAD-Alumnus ist (vgl. KAAD-Jahresbericht 2011: 89).

Obwohl also viele Stipendiat*innen aus Georgien zurückkehren, ist auch in diesem Fall herauszustellen, dass auch Beiträge von Deutschland aus gemacht werden.
Teilweise sind die Betroffenen sogar davon überzeugt, dass dies von Deutschland
aus besser zu leisten sei, als wenn sie in Georgien vor Ort wären. Dazu zählen ein in
Deutschland gebliebener Georgier, der von Deutschland aus ebenfalls das georgische
Justizministerium berät, sowie ein aktueller Stipendiat, der neben seinem Studium
für den Rechtsausschuss des georgischen Parlaments arbeitet. In seinem Fall besteht
nur durch den Aufenthalt in Deutschland ein Zugang zur Fachliteratur und bei
Fragen ein schneller Kontakt zu deutschen Juraprofessor*innen bzw. Richter*innen:

*„Es ist wirklich so, dass Mitarbeiter aus dem Justizministerium mich regelmäßig
kontaktieren und um Rat fragen, wie dies und das in Deutschland gemacht
wird. Man muss sich das so vorstellen, ich gehe dann in die Bibliothek und
schaue dann in den deutschen Rechtsbüchern nach und übersetze Paragraf für
Paragraf. Das schicke ich dann an meine Kollegen in Georgien. Dort hätte ich
nicht den Zugang zu den Gesetzestexten"* (Interview mit einem georgischen
Alumnus in Deutschland, Skype, 2017).

*„Bei dem Verfassen von Gesetzestexten orientiert er sich sehr nah am deutschen
Recht und an den bisherigen Ergebnissen seines Dissertationsprojekts. Damit
leistet er einen wichtigen Beitrag zur Weiterentwicklung des georgischen Rechts.
Bereits vor seinem Aufenthalt in Deutschland musste er deutsche Gesetze im
Rahmen seiner Arbeit für das Justizministerium analysieren und überprüfen,
inwieweit sie auch in das georgische Rechtssystem implementiert werden*

könnten. Bakuradze betonte, dass man ihn damals nur aufgrund seiner guten Deutschkenntnisse eingestellt habe, weil man händeringend einen Übersetzer mit Rechtskenntnissen suchte. Dabei bemerkte er, dass das sehr gut klappt, weil das georgische Rechtssystem bereits große Ähnlichkeiten mit dem deutschen Rechtssystem aufweist, weil es seit den 1990er Jahren, wie oben erwähnt, in Anlehnung an das deutsche Recht reformiert wird. Bakuradze ist stolz darauf, dass ganze Passagen im georgischen Jugendstrafgesetzbuch aus seiner Feder stammen. In Bezug auf das Jugendstrafrecht plädiert er für mildere Strafen und mehr Präventionsarbeit zur Bekämpfung von Jugendkriminalität. Seiner Meinung nach, hat der georgische Staat über Jahrzehnte hinweg Jugendliche bei kleineren Delikten zu hart bestraft, wie z. B. durch die Verhängung einer Gefängnisstrafe bei Marihuana-Konsum. Nach seiner Promotion in Deutschland würde er gerne wieder als fester Mitarbeiter in der Jugendstrafabteilung im Justizministerium arbeiten" (Interview mit einem georgischen Alumnus in Deutschland, Skype, 2017).

Eine andere KAAD-Alumna wurde nach einem einjährigen Masterstudium „Deutsches und Europäisches Recht und Rechtspraxis" an der Humboldt-Universität in Berlin nach ihrer Rückkehr bereits wieder als Rechtsberaterin in der Nationalagentur für das staatliche Eigentum (AdöR) in Tiflis eingestellt, wo sie schon vor ihrem Deutschlandaufenthalt arbeitete. Für dieses einjährige Weiterbildungs-Studium – das sie mit dem internationalen Master of Laws (LL.M.) abschloß – musste sie ihren Beruf nicht kündigen, sondern wurde dafür beurlaubt. Dabei wurde sie vom CIM-Programm für georgische Rückkehrer*innen[41] unterstützt. Ihre Arbeitsschwerpunkte in der AdöR sind Themen wie die Verwaltung staatlichen Eigentums (Privatisierung staatlicher Unternehmen, Übertragung des Nutzungsrechts etc.) sowie die Organisation von Investitionsprojekten unter der Leitung des Ministeriums für Wirtschaft und nachhaltige Entwicklung. In Zukunft soll sie bei der Implementierung europäischer Richtlinien im Rahmen des Assoziierungsabkommens zwischen Georgien und der EU (bilaterales Freihandelsabkommen) – auf Behördenebene helfen (insbesondere die die Art. 141–150 AA zur Verwaltung staatlichen Eigentums betreffen direkt die Arbeit des AdöR). Bei ihrer Arbeit, insbesondere bei der Interpretation europäischen und deutschen Rechts sowie beim Austausch mit deutschen Behörden profitiert sie direkt von ihren Deutschkenntnissen und ihrer juristischen Spezialausbildung in Deutschland. Auch um

---

41 Ähnlich wie in den anderen Ländern gibt es auch in Georgien das CIM-Programm der GIZ, das Rückkehrern aus Deutschland die Re-Integration in Georgien erleichtern soll, v. a. durch informelle und finanzielle Unterstützung bei der Arbeitsplatzsuche.

diesen innereuropäischen Austausch zu unterstützen, wird diese Stelle vom CIM mitbetreut und mitfinanziert. Der gesamte Vorgang dieser *zirkulären Migration* – zunächst Arbeiten in Georgien, dann für ein Jahr zum Studium nach Deutschland und dann wieder zurück zum Arbeiten nach Georgien – wurde vom CIM in enger Kooperation mit der AdöR organisiert. Die Idee dahinter ist, die georgische Fachkraft im Rahmen eines längerfristigen Studienaufenthalts in Deutschland weiterzuqualifizieren, ohne dass dabei der Arbeitsplatz in Georgien verloren geht oder es zu größeren zeitlichen oder finanziellen Problemen kommt. Die zweite Hälfte des Studiums wurde vom KAAD finanziert.

Georgische Jurist*innen, die in Deutschland studiert oder geforscht haben, aber kein Stipendium vom KAAD bekommen haben, haben nach ihrer Rückkehr ebenfalls eine Funktion im georgischen Staat übernommen. So berät z. B. der Jura-Professor und Dekan der juristischen Fakultät an der Sulkhan-Saba-Orbeliani-Universität, der vor sieben Jahren ohne Stipendium sein Jura-Examen an der Universität Bremen absolvierte, neben seiner Universitätstätigkeit gleichzeitig das Justizministerium und andere staatliche Einrichtungen. Dabei hat er seinen Schwerpunkt auf das Zivilrecht gelegt und engagiert sich sehr stark dafür, dass das Eigentumsvorbehaltsprinzip, das es grundsätzlich im georgischen Zivilrecht gibt, auch häufiger in Rechtsstreitigkeiten angewandt wird.[42] Andere ehemalige georgische Studierende in Deutschland machten eine politische Karriere und haben hohe Leitungspositionen in georgischen Ministerien und Behörden übernommen. Dazu gehören der oben angesprochene Botschafter in Deutschland, Lado Chanturia, und der georgische Verteidigungsminister, Levan Izoria. Ein KAS-Alumnus, der vor 10 Jahren zum Thema „Parteienrecht in Georgien und Deutschland" an der Universität Hamburg promovierte und zurzeit als Staatssekretär im georgischen Diasporaministerium arbeitet, ist ein weiteres Erfolgsbeispiel.[43] Im Diasporaministerium ist er für die Organisation internationaler Studierendenmigration zuständig.[44]

---

42 Zurzeit promoviert er auch an der Staatlichen Universität Tiflis zum Thema „Eigentumsvorbehalt im deutschen und georgischen Zivilrecht".

43 Die Konrad-Adenauer-Stiftung (KAS) fördert im Schnitt nur einen Stipendiaten pro Jahr aus der Kaukasusregion (Georgien, Armenien und Aserbaidschan) (Interview mit einem Vertreter der KAS, Tiflis, Georgien, 2016).

44 Das georgische Diasporaministerium, das eigens für die im Ausland lebenden Georgier*innen ins Leben gerufen wurde, ist auch für die Kooperation mit den „Jungen Botschaftern Georgiens" im Ausland verantwortlich. Der Status „Junger Botschafter" geht auf eine Idee des Alumnus zurück, die er während seiner Tätigkeit im AStA der Universität Saarbrücken hatte. Er wollte, dass georgische Studierende einen „direkten Draht" zum georgischen Staat bekommen und gleichzeitig auch offizielle Vertreter*innen des georgischen Staates im Ausland sind. Als er nach seiner Rückkehr anfing für die

In seinen Arbeitsbereich fällt auch die Verwaltung des staatlichen Stipendien-programms IEC (International Education Center)[45], das eine Masterstudium und eine Promotion von georgischen Studierenden im Ausland fördert. Ungefähr 80 georgische Studierende werden jährlich über dieses Programm gefördert (Inter-view mit einem georgischen KAS-Alumus in Tiflis, Georgien, 2016). Dabei ist es auch möglich nur zu einem Teil von diesem Programm gefördert zu werden und zu einem anderen Teil von einem anderen Stipendiengeber*innen. Dies ist auch bei einer KAAD-Stipendiatin aus Georgien der Fall.[46]

Demgegenüber sollte angemerkt sein, dass ehemalige georgische Studierende, die nicht in Deutschland oder in anderen europäischen Ländern, sondern in den USA studiert haben, zumeist noch höhere Leitungsfunktionen im georgischen Staat übernommen haben. Dazu gehören z. B. der ehemalige Präsident Micheil Saakasch-wili (2004 bis 2013), der Jura an Columbia University in New York studierte, der aktuelle Ministerpräsident Giorgi Kvirikashvili, der Finanzwesen an der University of Illinois studierte, oder auch einer seiner Amtsvorgänger Nika Gilauri, der einen Business Master von der Temple University in Philadelphia erlangte. Interessanter-weise hat keiner der bisherigen georgischen Präsidenten, Ministerpräsidenten sowie

---

georgische Regierung zu arbeiten, wollte er diese Idee in die Praxis umsetzen und baute ein Netzwerk unter georgischen Studierenden im Ausland auf. Georgische Studierende können sich an der Wahl eines „Jungen Botschafters" in sieben Ländern beteiligen, der sowohl die Interessen der georgischen Studierenden gegenüber dem georgischen Staat vertritt als auch den georgischen Staat im Ausland (Interview mit einem georgischen KAS-Alumus in Tiflis, Georgien, 2016).

45 Das Stipendienprogramms IEC (International Education Center) wurde 2014 vom georgischen Staat ins Leben gerufen, um die internationale Mobilität von georgischen Studierenden insbesondere in der EU und Nordamerika anzukurbeln und damit zu einer besseren internationalen Ausbildung für zukünftige Beamt*innen beizutragen. Im Jahr 2015 haben sich über 500 Studierende beworben, wobei 80 eine Zusage bekommen haben. Die Hauptzielländer der Stipendiat*innen sind neben den USA und Großbritan-nien Deutschland und Frankreich. Das Programm wird hauptsächlich vom georgischen Staat und ferner auch von der Bank of Georgia sowie internationaler Geldgeber*innen finanziert. Ausländische Studierende in Georgien werden nicht gefördert (Interview mit einem georgischen KAS-Alumus in Tiflis, Georgien, 2016).

46 Im Rahmen des Förderprogramms IEC müssen sich die Stipendiat*innen dazu ver-pflichten nach ihrem Studium im Ausland nach Georgien zurückzukehren und für mindestens zwei Jahre eine Position in einer staatlichen Einrichtung oder einer zivil-gesellschaftlichen Organisation in Georgien einzunehmen. Die Rückkehr*innenquote liegt bei fast 100 Prozent und die meisten von ihnen gehen danach in den Staatsdienst. In diesem Sinne fungiert das IEC als eine Art staatliche Elitenrekrutierung, um inter-national geschulte Führungskräfte für den Aufbau Georgiens zu gewinnen.

der Justizminister in Deutschland studiert (die im Ausland studiert haben waren zumeist in Russland oder in den USA, vereinzelt auch in Frankreich).

Andere KAAD-Alumni, die keine direkten Tätigkeiten im Staatsdienst ausüben, engagieren sich ebenfalls für (demokratische) Reformen in Georgien. Dies tun sie vor allem in der Wissenschaft. In diesem Sinne tritt ein Religionswissenschaftler an der Staatlichen Universität Tiflis – der vom KAAD bereits mehrmals für seine Forschungen in Deutschland (Universität Tübingen und Ludwig-Maximilians-Universität München) gefördert wurde – in seinen Schriften und öffentlichen Stellungnahmen immer wieder für eine klare Trennung von Kirche und Staat in der georgischen Verfassung sowie in der politischen Praxis ein. Dabei macht er deutlich, dass es eine Trennung zwischen Staat und Kirche zwar grundsätzlich in der Verfassung bereits angelegt sei, aber die privilegierte Stellung der georgisch-orthodoxen Kirche im Staate, im Gegensatz zu anderen Religionen und Konfessionen, immer noch faktisch vorherrsche. Damit ist die georgisch-orthodoxe Kirche in Georgien gegenüber anderen Kirchengruppen, wie z. B. der katholischen Kirche, sowie anderen Religionen verfassungsrechtlich höhergestellt. Zudem weisen seines Erachtens die Vertreter der orthodoxen Kirche eine (zu) enge Beziehung zur georgischen Regierung auf und üben großen Einfluss mit ihren Stellungnahmen und Politikempfehlungen auf georgische Wahlen aus. Er beschreibt das Verhältnis von Staat und Kirche in Georgien folgendermaßen:

> „Das Hauptproblem hier in der Sphäre von „Religion und Staat" oder „Kirche und Gesellschaft" ist immer noch der kirchlich-orthodoxe Nationalismus und Fundamentalismus. Das heißt, die Gleichsetzung der Konfession und Nation oder Organisierung der Ortskirche nach dem Nationalprinzipien, die nach der kirchlich-theologischen Sprache Phyletismus heißt, ist ein Merkmal der Tätigkeit der gegenwärtigen georgisch-orthodoxen Kirche und des Bewusstseins der Mehrheit der heutigen georgischen Gesellschaft. Über dieses Thema schreibe ich viel. [...] Der Einfluss der orthodoxen Kirche ist manchmal so stark, dass die Regierung gezwungen ist, selbst die Entscheidungen zu verändern, die völkerrechtliche Bedeutungen haben, wenn das von den so genannten orthodoxen Georgiern gefordert wird." (Interview mit einem georgischen Alumnus in Tiflis, Georgien, 2016).

Die starke Verwobenheit zwischen georgisch-orthodoxer Kirche und Staat macht auch der erste georgische „Junior-Botschafter" in Deutschland, der im Fach Politikwissenschaft in Köln promoviert, deutlich:

„Die georgische Kirche hat zu viel Macht. [...] Wenn man für den Staat arbeiten möchte, dann darf man nichts Kritisches gegen die orthodoxe Kirche sagen" (Interview mit dem georgischen „Junior-Botschafter" in Deutschland, Köln, 2016).

Der KAAD-Alumnus an der Staatlichen Universität Tiflis plädiert deswegen für eine verfassungsrechtliche Gleichstellung der religiösen Gruppierungen in Georgien und eine politische Entflechtung zwischen Vertretern der georgisch-orthodoxen Kirche und der georgischen Regierung. Dabei verweist er auch auf die deutsche Verfassung und die politische Praxis in Deutschland, in der religiöse Gruppierungen keinen direkten Einfluss auf politische Entscheidungen nehmen können (Interview mit einem georgischen Alumnus in Tiflis, Georgien, 2016).

Ein weiterer KAAD-Alumnus, der versucht durch seine wissenschaftlichen Arbeiten einen Beitrag zur gesellschaftlichen Entwicklung in Georgien zu leisten, beschäftigte sich bereits im Rahmen seiner Doktorarbeit mit Theorien der Wirtschaftsethik und dem Modell der sozialen Marktwirtschaft in Deutschland (vgl. Khizanishvili 2016).[47] Die praktische Ausgestaltung der sozialen Marktwirtschaft in Deutschland studierte er während eines von der EKD geförderten Forschungsaufenthalts an der Universität Tübingen im Jahr 2010 und später noch einmal mit einem KAAD-Stipendium an der Ludwig-Maximilian-Universität im Jahr 2015. Dabei entwickelte er die Idee, dass man einzelne Aspekte der deutschen sozialen Marktwirtschaft auch auf die Wirtschaftspolitik Georgiens übertragen könne. Er sieht eine soziale Marktwirtschaft als möglichen Lösungsansatz für die wirtschaftlichen Probleme in Georgien an, die er in Verbindung mit einem „Turbokapitalismus nach amerikanischer Art" bringt, der sich rasant nach dem Zusammenbruch der Sowjetunion in Georgien ausbreitete und schnell in eine Krise mit hoher Arbeitslosigkeit und enormer Staatsverschuldung Mitte der 1990er Jahre führte. Die georgische Wirtschaft stehe seiner Ansicht nach heute zwar besser dar als in den 1990er Jahren, dennoch gibt es immer noch krasse Einkommensunterschiede und weit verbreitete Armut – insbesondere in ländlichen Gegenden. Dabei plädiert er für mehr soziale Gerechtigkeit in Georgien und macht dies am Beispiel der Weinbauern deutlich[48]:

---

47 Die Veröffentlichung seiner Doktorarbeit wurde mit finanzieller Unterstützung des KAAD von einem georgischen Verlag in Tiflis publiziert (vgl. Khizanishvili 2016).

48 Georgien ist ein traditionsreiches Weinland, in dem seit über 4000 Jahren mehr als 500 verschiedene Weinsorten hergestellt werden. Der Weinanbau spielt eine große Rolle in der georgischen Wirtschaft und macht dabei fast zehn Prozent des georgischen BIP aus und wird zunehmend auch für den georgischen Export wichtig (NZZ 2019).

„Georgien braucht mehr soziale Gerechtigkeit. Zum Beispiel verdienen die Weinbauern weniger als 100 Euro pro Monat, obwohl die großen Weinunternehmen, die viele kleine Anbaugebiete von Bauern in den letzten Jahren aufgekauft haben, mehrere Millionen durch Exporte ins Ausland, auch in die Europäische Union, verdienen" (Interview mit einem georgischen Alumnus in Telawi, Georgien, 2016).

Interessanterweise merkt er an, dass Grundsätze der sozialen Marktwirtschaft bereits in der georgischen Verfassung verankert sind (dazu zählen u. a. Arbeitnehmer*innenschutz und ein stabiles Sozialversicherungssystem), diese aber von der Politik nicht umgesetzt würden. Das hat ihn auch dazu motiviert, ein Lehrbuch über die Grundzüge der sozialen Marktwirtschaft und wie sie in der georgischen Wirtschaftspolitik umgesetzt werden können in georgischer Sprache zu verfassen. Das Buch soll sich nicht nur an Studierende und Forschende richten, sondern auch an die Politik. Er sieht in der sozialen Marktwirtschaft eine Erfolgsgeschichte und bezieht sich dabei auf die wirtschaftstheoretischen Schriften angefangen bei Alfred Müller-Armack und Walter Eucken,[49] deren praktische Umsetzung von den 1950er Jahren unter dem früheren deutschen Wirtschaftsminister Ludwig Erhard, bis zu den wirtschaftspolitischen Schriften der Gegenwart. Konkrete Themen wie Arbeitnehmer*innenschutz, Kartellbestimmungen, Umweltschutz, Richtlinien für Außenhandel etc. werden in dem Buch behandelt. Der Alumnus ist davon überzeugt, dass eine an der sozialen Marktwirtschaft ausgerichtete Wirtschaftspolitik – die er auch den „sozialdemokratischen Weg" nennt – auch mehr Vorteile für Georgien im Rahmen des Freihandelsabkommens mit der EU bringt – das seit Sommer 2016 in Kraft getreten ist – und Georgien schneller als volles Mitglied in die EU führen wird.[50] Dies begründet er u. a. mit der Verhinderung von Lohndumping und besseren sozialen Absicherungen der Arbeitnehmer*innen. Als Wirtschaftswissenschaftler an der Staatlichen Universität Telawi (in Ostgeorgien) bietet er auch zu diesem Thema Vorlesungen und Seminare an (Interview mit einem georgischen Alumnus in Telawi, Georgien, 2016).

Zudem haben wir noch andere georgische KAAD-Alumni sowie Alumni anderer deutscher Stipendienwerke interviewt. Dazu gehören auch drei Germanist*innen an der Staatlichen Universität und Ilia Universität in Tiflis (vom KAAD und DAAD gefördert wurden), die sich neben ihrer wissenschaftlichen Tätigkeit auch für die

---

49 Beide gelten als theoretische Begründer der sozialen Marktwirtschaft in Deutschland.

50 Die Ziele der sozialen Marktwirtschaft sind auch im Vertrag von Lissabon fixiert. In Artikel 3 heißt es, dass die Europäische Union eine „wettbewerbsfähige soziale Marktwirtschaft" mit Vollbeschäftigung und sozialem Fortschritt anstrebt (Lissaboner Vertrag 2007).

Verbreitung der deutschen Sprache durch Vorträge, Vorlesungen und Deutschunterricht für ein breites Publikum in Georgien einsetzen (Interviews mit KAAD- und DAAD-Alumni in Tiflis, Georgien, 2016).

Viele der interviewten Alumni haben sich also bereits in ihren Master-, Doktor- und Forschungsarbeiten in Deutschland bzw. teilweise bereits schon in ihren Abschlussarbeiten bzw. Forschungstätigkeiten im Herkunftsland mit (entwicklungsrelevanten) Themen beschäftigt, die sie später in ihrem Beruf zum Zentrum ihrer Tätigkeit gemacht haben. So schrieben z. B. die beiden Juristen, die wesentlich an der Reform des Jugendstrafrechts in Georgien mitwirken, ihre Doktorarbeiten zu dem Thema „Deutsches und georgisches Jugendstrafrecht im Vergleich" bzw. „Strafrecht für Minderjährige. Ein Vergleich zwischen Deutschland und Georgien". Zwei andere georgische Alumni setzten sich in ihren Forschungsarbeiten mit der Implementierung eines Zweikammernsystems in Georgien auseinander. Dazu gehört die Forschungsarbeit eines älteren Wissenschaftlers mit dem Titel „Perspektiven der Implementation des Zweikammersystems in Georgien (Standarten des Bikameralismus – Theorie und Praxis)" und eines jüngeren Doktoranden, der zum Thema „Perspektiven zur Implementierung eines Zweikammernsystems in Georgien nach deutschem Vorbild" promovierte. In einer anderen Doktorarbeit eines georgischen Alumnus mit dem Titel „Elementare Grundsätze im deutschen und US-amerikanischen Rechtssystem" werden die Rechtssysteme in beiden Ländern grundsätzlich verglichen. Auch dabei wurde überlegt, inwieweit Elemente aus dem angelsächsischen und dem kontinentaleuropäischen Recht kombiniert auf das georgische Recht zu übertragen werden könnten. Ein weiterer Alumnus arbeitete zum Thema „Die rechtsvergleichende Analyse der Mechanismen einer staatlichen Kontrolle gegen Korruption zwischen Georgien und Deutschland".

Auch nicht vom KAAD geförderte Studierende und Forschende aus Georgien beschäftigten sich mit rechtlichen Themen in Bezug auf Georgien. So z. B. eine ehemalige DAAD-Stipendiatin, die zum Thema „Versammlungsrecht in Georgien" promovierte. Dabei kommt sie zu dem Ergebnis, dass das Versammlungsrecht in Georgien bereits seit Bestehen Georgiens schrittweise nach dem deutschen Versammlungsrecht reformiert wird und wahrscheinlich auch in den nächsten Jahren weiter nach deutschem Vorbild reformiert werden wird. Sie betont aber auch, dass es noch viele Lücken gibt und dass das Versammlungsrecht noch so weit eingeschränkt ist, dass es noch nicht vollständig westeuropäischen Normen entspricht.

Zu erwähnen ist schließlich ein weiterer KAAD-Alumnus, der katholischer Theologe und Rektor der KAAD-Partneruniversität Sulkhan-Saba-Orbeliani-Universität Tiflis ist, einer Universität, die vor kurzem erst unter seiner Schirmherrschaft gegründet worden ist und als erste katholische Universität in Georgien eine besondere Rolle einnimmt. Er ist zugleich er Vorsitzender des KAAD-Partnergremiums in Georgien und unterstützt den KAAD bei der Auswahl geeigneter Stipendiat*innen und bei der Betreuung zurückgekehrter Alumni in Georgien. Für seine Arbeit bekam er 2014 den Preis der „KAAD-Stiftung Peter Hünermann" in Bonn verliehen. Neben seinem Amt als Universitätsrektor forscht er zu Themen der christlichen Fundamentaltheologie und arbeitet an neuen didaktischen Methoden in der Religionswissenschaft in Georgien. Auf seine besonderen Verdienste soll, im nachfolgenden, den Ergebnisteil abschließenden Kapitel eingegangen werden.

5.6   Übergreifende Aspekte

5.6.1   Beiträge zu den Wissenschaftssystemen

In allen Fallstudienländern konnten übergreifende Aspekte des Wissens- und Informationstransfers beobachtet werden, unabhängig von den jeweiligen Besonderheiten eines jeden Landes. Hierzu gehört, dass wir in jedem Land einen Einfluss ehemaliger KAAD-Stipendiat*innen auch auf die jeweiligen Wissenschaftssysteme beobachten konnten, da unter den Geförderten auch viele Wissenschaftler*innen sind bzw. ein Teil der Geförderten nach seinem Studium in der Wissenschaft geblieben ist. Insofern haben wir auch mit vielen Alumni gesprochen, die nach ihrem Studien- oder Forschungsaufenthalt neue Lehr- und Forschungsmethoden mit in ihre Herkunftsländer gebracht haben und nun an ihre Studierenden weitergeben. Die Beispiele hierfür sind vielfältig. Ein kolumbianischer KAAD-Alumnus etwa, der im Bereich Bankrecht in Deutschland promovierte und kurz danach auf eine Professur an der juristischen Fakultät der renommierten Universidad Nacional in Bogotá berufen wurde, führte in Kolumbien „Kapitalmarktrecht in Lateinamerika" als neuen Lehrschwerpunkt ein.

Der oben erwähnte KAAD-Alumnus aus Ghana, der an der Universität Kumasi neue Untersuchungsmethoden der Wasserqualität in Flüssen und Seen entwickelt, lernte die Grundlagen hierfür während seines Studiums in Deutschland kennen. Eine andere ghanaische Alumna des KAAD an der Legon Universität in Accra begründete den in Ghana bis dato unbekannten Forschungsschwerpunkt „Landwirtschaft und Gender", auf den sie während ihrer Promotion in Deutschland stieß und zu dem sie seit ihrer Rückkehr regelmäßig Seminare anbietet.

Andere Alumni haben Netzwerke zwischen ihren Herkunftsländern und Deutschland aufgebaut, die inzwischen teilweise auch weit über Deutschland und das Herkunftsland hinausgehen. Die oben erwähnte indonesische Juristin etwa, die in Deutschland mit einem KAAD-Stipendium promovierte und jetzt Vizedekanin der

Juristischen Fakultät an der KAAD-Partneruniversität Atma Jaya in Indonesien ist, hat ein dichtes Forschungsnetzwerk zwischen Europa und Asien aufgebaut. Hierfür ist sie noch regelmäßig in Europa, zuletzt für einen zweijährigen Postdoc-Aufenthalt in Belgien, wo sie sich mit dem Wettbewerbsrecht in Westeuropa beschäftigt hat. Zurzeit arbeitet sie mit japanischen und koreanischen Kolleg*innen an einer vergleichenden Studie zum Wettbewerbsrecht in asiatischen Staaten. Ein Alumnus aus Palästina, der mittlerweile Professor für Klinische Psychologie mit Schwerpunkt Therapieforschung an der Hochschule Göttingen ist und im Bereich der Angsttherapie und Behandlung von Traumata bei Geflüchteten forscht, versucht, ein Forschungsnetzwerk mit Universitäten im Nahen Osten aufzubauen. Dabei soll vor allem der im Nahen Osten noch junge Zweig der psychologischen Therapieforschung gestärkt werden, der bisher noch in den Kinderschuhen steckt und aufgrund der politischen und sozialen Lage vor Ort schwierig ist.

Auch deutsche Universitäten oder Forschungszentren nutzen die internationalen Studierenden und Forschenden, um neue Partnerschaften aufzubauen, neue Forschungsfelder zu erschließen oder um internationale Forschungsprojekte durchzuführen. Ein Beispiel hierfür ist eine kolumbianische KAAD-Alumna, der während ihrer Promotion in Deutschland ein Angebot von der Helmholtz-Gemeinschaft Deutscher Forschungszentren (HGF) über ein Forschungsprojekt zur Pestizidnutzung in landwirtschaftlich genutzten Böden in Kolumbien unterbreitet wurde. Die HGF wurde nicht nur deswegen auf sie aufmerksam, weil sie in diesem Bereich promovierte, sondern weil sie auch die Forschungsbedingungen in Kolumbien gut kannte. Im Rahmen des Projekts werden heute Bodenproben in Kolumbien entnommen und im HGF-Forschungszentrum in Deutschland ausgewertet. Dabei entstand eine enge Kooperation mit der Partneruniversität in Medellin. Ähnlich war es auch bei einem kolumbianischen KAAD-Alumnus, der eine Partnerschaft zwischen einer deutschen Universität und der Universidad del Rosario in Bogotá initiierte. Ein KAAD-Alumnus aus Palästina war maßgeblich an einem Partnerschaftsabkommen zwischen dem Biologie-Institut der Bethlehem Universität und der Universität Leipzig beteiligt. Ein weiterer Alumnus hat an der Universidad Javeriana, einer Partneruniversität des KAAD in Bogotá, ein Chemielabor aufgebaut, das zu den besten in Kolumbien gehört. Hierfür warb er Drittmittel beim kolumbianischen Bildungsministerium und privaten Fördereinrichtungen ein und stattete das Labor mit Forschungsgeräten aus Deutschland aus. Während seines vom KAAD geförderten Forschungsaufenthalts in Deutschland hatte er intensiv mit diesen Geräten vertraut gemacht. Auch das oben erwähnte deutsch-kolumbianische Friedens- und Konfliktforschungsnetzwerk CAPAZ (Instituto Colombo-Alemán para la Paz) wurde u. a. mit Forschungsgeldern aus Deutschland mitfinanziert (vom DAAD). Ihre internationale Erfahrung und ihre transnationalen Netzwerke bedeuten daher für viele KAAD-Alumni gegenüber anderen (nicht international ausgerichteten) Mitbewerber*innen um Forschungsgeld einen Wettbewerbsvorteil.

Das herausragendste Beispiel ist aber sicher in Georgien zu finden, wo der eben erwähnte ehemalige KAAD-Stipendiat maßgeblich an der Gründung einer Universität beteiligt war, nämlich der oben schon erwähnten katholischen Sulkhan-Saba Orbeliani Universität in Tiflis. Seit 2008 fungiert der Alumnus auch als Rektor der Universität. In dieser Funktion lässt er sich stark von den Erfahrungen seiner Studien- und Promotionszeit in Deutschland leiten. So versucht er, Elemente des Theologiestudiums in Deutschland in Georgien einzuführen (zunächst an der Orbeliani Universität) und neben klassischen Vorlesungen auch Kolloquien und Seminare zur Vertiefung des Lehrstoffes und aktiven Teilnahme der Studierenden anzubieten. Inzwischen sind auch andere KAAD-Alumni als Professor*innen an die Orbeliani-Universität berufen worden bzw. als Lehrbeauftragte tätig, die entsprechende Curricula für ihre Fächer entwickeln. Zudem werden zentrale theologische Schriften und Lehrbücher (vor allem aus dem Deutschen und Englischen) ins Georgische übersetzt. Der erste von drei geplanten Bänden zur Fundamentaltheologie in georgischer Sprache ist bereits erschienen. Dies wird in der Fachwelt als Pionierleistung für die theologische Lehre in Georgien angesehen (KAAD 2013).

Aufnahme 5 Sulkhan-Saba Orbeliani Universität in Tiflis
Quelle: Sulkhan-Saba Orbeliani Universität in Tiflis

5.6.2 Schwierigkeiten bei der Re-Integration

Ein zweiter, wichtiger, übergreifender Befund der Studie ist, dass vielen Alumni die Rückkehr und Re-Integration in ihr Herkunftsland trotz aller Erfolgsgeschichten nicht immer leicht gefallen ist und viele sogar sagten, dass ihnen die Wieder-Eingewöhnung nach der Rückkehr im Herkunftsland sogar schwerer fiel als die Eingewöhnung in Deutschland zu Beginn des Studiums. Oftmals wurde die Rückkehr in die Heimat als „zweiter Kulturschock" beschrieben. In unserer Online-Umfrage waren es fast 60 Prozent, die angaben, solche oder ähnliche Probleme nach der Rückkehr gehabt zu haben. Ein ghanaischer Alumnus sagte dazu:

„Es ist hart für die Rückkehrer, sich wieder in Ghana einzufinden. Es ist sehr anstrengend und frustrierend, dass nichts funktioniert. Das sind sie nicht mehr gewöhnt. In Deutschland funktionieren die meisten Dinge. In Ghana kommen alle zu spät und es passiert lange nichts, bevor es endlich losgeht. Das ist frustrierend, aber langsam gewöhnen wir uns wieder daran" (Interview mit einem ghanaischen Alumnus in Accra, Ghana, 2018).

Als große Probleme bei der Reintegration wurden zudem Luftverschmutzung, Staus in den Großstädten und lange Wege zum Arbeitsplatz genannt. Ein Alumnus aus Indonesien äußerte sich folgendermaßen dazu:

„Es war wirklich ein Kulturschock am Anfang, nach mehreren Jahren in Deutschland wieder zurück in Jakarta zu sein. Für mich war alles viel zu laut am Anfang, die Stadt war so dreckig und der Verkehr war für mich am Anfang auch unerträglich. Das war ich nicht mehr gewöhnt. Ich wollte eigentlich sofort wieder zurück in mein kleines und ruhiges Karlsruhe. Ich war komplett überfordert am Anfang und wusste erst einmal gar nicht, wie ich mich auf die Umstellung einstellen sollte. Das hat sich erst nach mehreren Monaten gelegt" (Interview mit einem indonesischen Alumnus in Jakarta, Indonesien, 2017).

Eine Alumna aus Ghana äußerte sich ähnlich:

„Es hat sehr lange gedauert bis ich mich an das langsame Leben in Ghana gewöhnt habe, und vor allem daran, dass die Reisewege in Ghana so lange dauern und anstrengend sind. In dieser Hinsicht vermisste ich Deutschland am Anfang schon sehr. Es hat einige Monate gedauert bis ich mich wieder daran gewöhnt habe" (Interview mit einer ghanaischen Alumna in Accra, Ghana, 2018).

Zudem stellte aber auch der Umgang mit sozialer Ungleichheit in den Herkunftsländern eine große Herausforderung dar. Viele Alumni haben während ihres
Studiums in Deutschland Werte wie der Schutz von religiösen und sozialen Minderheiten und die soziale Gleichstellung von Mann und Frau zu schätzen gelernt.
Eine kolumbianische Alumna äußerte sich folgendermaßen dazu:

> *„Als ich wieder nach Kolumbien gekommen bin, war es am Anfang schwie-
> rig   mich wieder einzugewöhnen. Es war schwierig. [...] Das größte Problem
> hier, und das habe ich vor meiner Zeit in Deutschland nicht so stark wahr-
> genommen, ist das Frauenbild. Hier gibt es viel Machismo. Und das kann es
> auch sehr schwer machen, hier als Professorin oder Anwältin oder Richterin
> zu arbeiten, weil die Männer einen nicht voll ernst nehmen. Das kann sehr
> schwierig werden. Ich muss noch lernen damit umzugehen. Es ist schwieriger
> als Frau hier Karriere zu machen"* (Interview mit einer kolumbianischen
> Alumna in Bogotá, Kolumbien, 2017).

Knapp 30 Prozent der Befragten in unserer Umfrage gaben zudem an, sehr lange
gebraucht zu haben, einen Beruf zu finden, der ihrer Qualifikation entspricht. Einige
haben sich deswegen selbstständig gemacht (rund 5 % in unserer Onlinebefragung).
Dies betrifft z. B. die oben genannten Ärzt*innen in Palästina wie Unternehmer*innen
in Indonesien. Eine indonesische Alumna, die Veterinärwissenschaft in Deutschland
studierte, hatte fast zwei Jahre nach ihrer Rückkehr eine Stelle gesucht. Danach
fand sie auch nur einen Job als Verkäuferin in einem Tierladen auf Sumatra, wo
sie ungefähr drei Jahre arbeitete, bevor sie wieder entlassen wurde. Heute ist sie
wieder arbeitslos. Eine palästinensische Alumna, die Gesundheitsmanagement in
Heidelberg studierte, suchte fast ein Jahr nach einem Arbeitsplatz nach der Rückkehr in Israel, bis sie einen Arbeitsplatz als Krankenschwester in einem jüdischen
Krankenhaus in Jerusalem fand. Ein kolumbianischer Alumnus schilderte seine
Probleme bei der Jobsuche folgendermaßen:

> *„Ich hatte mich schon von Deutschland aus für verschiedene Jobs an Univer-
> sitäten in Kolumbien beworben, aber leider keinen bekommen. Als ich und
> meine Familie im September 2011 zurückgekommen sind, hatte ich mehrere
> Monate keinen Job gefunden. Erst im Januar 2012 habe ich meine Stelle als
> Assistenzprofessor an der Rosario Universität in Bogotá bekommen. Dort
> arbeite ich jetzt schon fast sechs Jahre"* (Interview mit einem kolumbianischen
> Alumnus in Bogotá, Kolumbien, 2017).

Fast drei Viertel der Befragten gaben in unserer Onlineumfrage jedoch an, dass sie heute mit ihrem Beruf zufrieden sind. Gleichzeitig waren aber auch 63 Prozent der Befragten mit ihrer Bezahlung unzufrieden. Das betrifft insbesondere diejenigen, die im akademischen Bereich arbeiten. Ein indonesischer Alumnus beklagte:

"I work full time, sometimes more than 50 hours in a week, but I earn too little to manage my life. Here at the university I only earn a little bit more than 300 Euros. This is not enough for me and my two little children. My wife has a small job, and earns about 150 Euros. We can not afford a car, so I have to take the public transport system here in Yogyakarta. This takes a lot of time, and sometimes I feel I spend more time on the bus than at the   university, or with my family. I don't see that this situation will change in the future time, or that I will earn more money. It is really difficult" (Interview mit einem indonesischen Alumnus in Jakarta, Indonesien, 2017).

Auch die geringen Forschungsgelder sind ein großes Problem für die wissenschaftliche Arbeit der Alumni. Ein Alumnus in Kolumbien bemängelte:

„Die größte Herausforderung für mich ist es, ein gutes Forschungsteam aufzubauen und Forschungsgelder für meine Projekte zu bekommen. In Kolumbien ist das nicht wie in Deutschland. Man kann nicht einfach Geld bei der Uni oder bei Fördereinrichtungen in Kolumbien beantragen. Hier gibt es nicht so viel Geld für Forschung. Eine der wenigen Möglichkeiten, Geld zu bekommen ist, wenn man mit internationalen Forschern aus Deutschland oder den USA zusammenarbeitet. Die können leichter Geld in ihren Ländern beantragen und davon können auch wir im Forschungsteam profitieren, aber leider konnte ich noch nicht in so einem internationalen Forschungsteam mitarbeiten. […] Es ist auch schwierig, gute Forscher in Kolumbien zu finden, mit denen man gut arbeiten kann und die gelernt haben, wie man gute Forschung macht" (Interview mit einem kolumbianischen Alumnus in Bogotá, Kolumbien, 2017).

Bürokratie und Korruption stellen weitere Herausforderungen dar. Das wurde besonders häufig von den ghanaischen Alumni erwähnt:

„In Ghana zu arbeiten ist jeden Tag eine Herausforderung, besonders weil die staatlichen Behörden immer misstrauisch sind gegenüber neuen Ideen und einem erst einmal Steine in den Weg legen müssen" (Interview mit einem ghanaischen Alumnus in Tamale, Ghana, 2018).

Ein sehr wichtiges Projekt, das den Beruf einer KAAD-Alumna in Ghana sichern sollte, scheiterte fast komplett aufgrund der ghanaischen Bürokratie. Sie sagte:

„Wir mussten wir viele Unterlagen ausfüllen. Und alleine um unser Flugzeug nach Ghana zu bekommen und in Ghana zu nutzen, brauchten wir drei Zusagen, nämlich von der Zivilen Flugbehörde (civil aviation), vom National Security Office und vom Außenministerium. Es dauerte insgesamt über drei Monate, um alle Zusagen zu bekommen. Das war sehr frustrierend [...] Ein großes Problem der Bürokratie hier in Ghana sind auch die langen Behördengänge, vor allem muss man zuerst von einem Vorbüro in das andere, anstatt direkt einen Termin bei der Person zu bekommen, die für die Bearbeitung direkt verantwortlich ist. Dabei braucht man auch bei jeder Person einen Termin. Das kann lange dauern und einem Unternehmen auch viel Geld kosten" (Interview mit einer ghanaischen Alumna in Accra, Ghana, 2018).

Auch anderen ghanaischen Alumni macht die ausufernde Bürokratie zu schaffen:

"It is really difficult to get projects done on time. Because of bureaucracy. You need papers for everything, and it can take a long time until the responsible agents make a final decision. That's true for business, but also for academia. If I get funding for a research project from an international   research foundation, I need also written agreements from the government and from my university. That can take a long time" (Interview mit einem ghanaischen Alumnus in Kumasi, Ghana, 2018).

Zudem war auch die institutionelle Diskriminierung von religiösen Minderheiten ein Problem für Alumni. Das gilt für alle Herkunftsländer in der Fallstudie, wurde aber insbesondere von den indonesischen Alumni erwähnt. In Indonesien, wo sich die muslimische Mehrheitsgesellschaft in den letzten Jahren zunehmend radikalisiert, sieht man auch die wachsende Intoleranz von politischen und juristischen Institutionen gegenüber religiösen Minderheiten im Land. Ein KAAD-Alumnus, der Katholik ist, stellte fest:

„Joko Widodo [Präsident Indonesiens] ist ein Hoffnungsträger für mich. Er ist zwar auch Muslim, aber er ist nicht für die Radikalisierung der Muslime in Indonesien verantwortlich. Sondern es sind eher die lokalen Politiker und Gerichte. Die Einflüsse von Widodo sind dabei sehr begrenzt, wegen der Gewaltenteilung hier in Indonesien. Das ist gut, aber die Gerichte treffen manchmal falsche Entscheidungen, die Christen oder andere Gruppen   diskriminieren

können. Das sind schwere Entscheidungen und Joko findet das bestimmt nicht gut. Ich glaube aber, er gibt sein bestes" (Interview mit einem indonesischen Alumnus in Pontianak, Indonesien, 2017).

Für über 42 Prozent der befragten Alumni in der Online-Studie stellt zudem die fehlende Zuverlässigkeit oder Unpünktlichkeit anderer ein Problem dar (n=212). Fast 36 Prozent der Befragten gaben darüber hinaus an, dass die unterschiedliche Arbeitsweise der Kolleginnen und Kollegen ein Problem für sie darstelle. Ein Kolumbianer wies folgendermaßen darauf hin:

„Die Leute wollen hier viele Dinge gleichzeitig machen. Es ist schwer sich hier auf eine Sache zu konzentrieren. Am Ende werden viele Dinge gleichzeitig gemacht, und dafür aber nichts richtig gut. Häufig werden die Dinge auch überhaupt nicht zu Ende gebracht" (Interview mit einem kolumbianischen Alumnus in Bogotá, Kolumbien, 2017).

In Kolumbien werden Probleme zwischen Mitarbeiter*innen häufig nicht direkt angesprochen, sondern es wird erst einmal versucht, sich ohne größere Konflikte miteinander zu arrangieren. Eine kolumbianische Alumna sagte dazu:

„Ich habe keine Probleme mit Kolumbianern zusammen zu arbeiten, generell gibt es keine Probleme. Mein Vorteil ist, dass ich sehr direkt bin, das war ich schon immer. Ich sage, wenn mir was nicht passt. Das kann vielen Problemen bei der Arbeit vorbeugen. In Kolumbien ist man das nicht so gewöhnt. Man spricht hier Probleme nicht direkt an, sondern versucht, miteinander irgendwie still auszukommen. Aber ich finde, das verursacht noch weitere Probleme. Deswegen spreche ich das direkt an. Nicht immer leicht, vor allem als Frau in diesem Macho-Land" (Interview mit einer kolumbianischen Alumna in Bogotá, Kolumbien, 2017).

An den unterschiedlichen Arbeitsweisen können Alumni auch scheitern, die positive Veränderungen nach ihrer Rückkehr anstoßen wollen. Ein Beispiel aus Kolumbien:

„Ich habe viele Herausforderungen hier. Mein Leben besteht aus Herausforderungen, das habe ich sehr gerne. Es ist Folgendes: Ich habe zunächst an der Uni eine gute akademische Herausforderung gehabt. Ich wollte in Kolumbien, das heißt meine Herausforderung bestand darin, meine Professur so auszuüben, wie es in Deutschland üblich ist. Das heißt, dass ich eine gute Forschung als Professor machen kann, und dass die Studenten wirklich wissenschaftlich

arbeiten können, zu denken beginnen und wissenschaftlich arbeiten. Das war
meine Herausforderung. Es ist mir leider nicht gelungen. Ich war sehr alleine
da und das ist nicht so einfach hier in Kolumbien. Meine Herausforderung im
beruflichen Leben besteht darin, die ausgezeichnete Kanzlei aufzubauen und
zu leiten. Die Leitung werde ich bald an einen der Mitarbeiter abgeben. Aber
eine richtig gute Kanzlei aufzubauen, die auf Dauer halten kann. Ich hoffe,
dass diese Kanzlei immer besteht, auch in 100 Jahren" (Interview mit einem
kolumbianischen Alumnus in Bogotá, Kolumbien, 2017).

Über 90 Prozent der befragten Alumni sind insgesamt trotzdem zufrieden mit der
Entscheidung, in ihr Herkunftsland zurückgekehrt zu sein.

5.6.3   Veränderte Sicht auf die Welt

Wie schon angedeutet, haben wir in unserer Studie die internationalen Studierenden und Alumni auch gefragt, was für sie „globale Gerechtigkeit" bedeutet
und wie sich durch ihr Studium in Deutschland und die generelle Erfahrung der
Migration ihre grundsätzliche „Sicht auf die Welt" verändert hat. Die zentrale,
übergreifende Antwort auf diese Frage war, dass sie durch den Studienaufenthalt
im Ausland eine neue, globale und umfassendere „Sicht auf die Welt" bekommen
hätten. So wurden durch das Studium im Ausland nicht nur ihre akademischen
und beruflichen Fähigkeiten ausgebildet (s. o.), sondern sie wurden auch für globale
Zusammenhänge und Herausforderungen sensibilisiert, insbesondere in Bezug auf
das Verhältnis zwischen Globalen Norden und Globalen Süden, die Entwicklung
des Globalen Südens sowie ihr persönliches Verständnis von „Gerechtigkeit",
„Entwicklung" und „Glaube".

Interessanterweise sahen viele Alumni dabei die größere Verantwortung für die
Entwicklung bei den Ländern des Globalen Südens. Der Norden sollte ihnen aber
mehr Freiraum und Partizipationschancen einräumen. Die Initiative müsse aber
von den Ländern des Globalen Südens selbst kommen. Dabei nehmen sie in der
Mehrheit ihre Rolle als „Entwicklungsmotoren", „Vermittler zwischen dem Süden
und Norden", „Brückenbauer" oder „Change Agents" durchaus an. Ein Stipendiat
sagte in diesem Zusammenhang:

„Ausbildung von Leadership. Afrika fehlen lokale Leader wie ein Martin Luther
einst in Europa oder Martin Luther King in den USA, die unsere Kommunen
mitnehmen und Menschen positiv verändern können. Ich möchte mich nicht
mit den Großen vergleichen, aber wir müssen in diese Richtung denken. Wir

haben die Bildung und das Potenzial, und wir kennen die Geschichte. Und wir haben Erfahrungen in Deutschland gemacht. Wir müssen im Kleinen anfangen und die Kommunen verändern, wir haben es eigentlich in den Händen. Und dadurch werden wir auch selbstständiger und unabhängiger" (Interview mit einem ghanaischen Stipendiat, Skype, 2017).

In Bezug auf die konkreten Lösungsansätze unterscheiden sich die Antworten sehr stark in Abhängigkeit von den Entwicklungsschwerpunkten der einzelnen Länder. Ghanaer*innen wiesen auf die Bedeutung der Umwelt und der Entwicklung der Landwirtschaft in ihrem Land hin. Palästinenser*innen sorgten sich um den Frieden und die gesundheitliche Versorgung. Indonesier*innen verwiesen vor allem auf die Chancen einer wirtschaftlichen Entwicklung, gerade im Technologiesektor, mahnten gleichzeitig aber auch Reformen mit Blick auf den Umweltschutz an. Georgier*innen war die demokratische und rechtliche Entwicklung des Landes wichtig und für Kolumbianer*innen war der Friedensprozess im eigenen Land zentral. Ein kolumbianischer Alumnus sagte dazu:

„Das Wichtigste für Kolumbien ist jetzt, dass sich der Friedensprozess stabilisiert [...]. Ohne den Frieden und das freie Zusammenleben in den stark geschädigten Dörfern wird es keine Entwicklung Kolumbiens geben. Erst wenn der Frieden sicher ist, wird sich Kolumbien gut entwickeln können" (Interview mit einem kolumbianischen Alumnus in Bogotá, Kolumbien, 2017).

Dabei wurde auch deutlich, dass nicht nur der Süden durch das gesammelte Wissen der Alumni profitiert – wie oben im Detail geschildert – sondern auch der Norden vom Süden durch die Stipendiat*innen und Alumni lernen kann. Dazu gehören laut der Alumni und Stipendiat*innen u. a. mehr Spontanität, Gelassenheit, Freundlichkeit und eine stärkere Betonung der Familie und des gesellschaftlichen Miteinanders insgesamt. Ein Alumnus aus Ghana erklärte dazu:

„Es gibt auch Dinge, die Deutschland von Ghana lernen kann. So könnten sich die Deutschen mehr Zeit für Freizeit und ihre Freunde nehmen. Nicht immer nur zu arbeiten, sondern auch einmal Dinge gemeinsam zu machen. Das würde das soziale System im Privaten stärken, nicht nur in der gesellschaftlichen Öffentlichkeit. Wir waren auch erschrocken, wie wenig man sich privat um alte Menschen in Deutschland kümmert. In Ghana kümmern sich die jungen Familienmitglieder um die älteren Familienmitglieder. Man lebt solange mit den Großeltern zusammen bis sie sterben. [...] Die Deutschen haben keine Ahnung von Kunst, das könnten sie von uns lernen. Wir Ghanaer wissen, wie

man Musik macht, tanzt und schöne Kleidung, Figuren und Masken herstellt" (Interview mit einem Alumnus in Accra, Ghana, 2018).

Eine KAAD-Stipendiatin aus Georgien machte deutlich, dass die kulturelle Diversität in den Ländern des Globalen Südens einen Mehrwert für den Norden haben kann:

„Unsere Kultur ist sehr vielfältig, wir sind das zweitälteste christliche Land nach Armenien. Wir haben eine sehr alte Wissens- und Schriftkultur und haben eine sehr lange Tradition der Architektur. Und wir haben die älteste Weinkultur der Welt. Aber im Westen wissen das nicht viele Menschen. Georgien ist immer noch ein unbekanntes Land für sie. In Deutschland erzähle ich viel von Georgien, und die Leute sind dann erstaunt, wie wichtig Georgien auch für die europäische Kultur ist und dass es da immer einen regen Austausch über Jahrtausende gab. Diese Traditionen und das Wissen müssen wir jetzt wiederentdecken und untereinander austauschen, auch auf akademischer Ebene" (Interview mit einer georgischen Stipendiatin, Berlin, 2016).

Diskussion und Schlussfolgerungen

6

6.1 Funktionen internationaler Studierendenmigration in der Entwicklungszusammenarbeit

Insgesamt hat die Studie ein großes Potenzial der internationalen Studierendenmigration und der Arbeit des KAAD in der Entwicklungszusammenarbeit zu Tage gefördert. Im Rahmen ihres entwicklungsbezogenen Wirkens können internationale Studierende vielfältige Funktionen ausüben. Der Wissens- und Ideentransfer ist dabei sicher eine Hauptform, in der (ehemalige) internationale Studierende zur Entwicklung in ihren Herkunftsländern beitragen. Wie wir gesehen haben, wirken sie häufig tatsächlich auch als Multiplikator*innen, indem sie als Wissenschaftler*innen neue Forschungs- und Lehrmethoden einführen und sie an ihre Studierenden weitergeben, als Mediziner*innen Kolleg*innen aus ihren Herkunftsländern nach Deutschland einladen und hier fortbilden oder als Unternehmer*innen neue Arbeitsplätze schaffen usw. Umgekehrt tragen die Alumni auch dazu bei, die deutsche Wirtschaft und den deutschen Hochschulstandort weiterzuentwickeln, wie durch ihre Tätigkeit als Chefärzt*innen, Professor*innen oder Unternehmer*innen. Auch neben dem Beruflichen haben sich die Studierenden und Alumni vielfältig in die deutsche Gesellschaft eingebracht. Zudem pflegen viele Rückkehrer*innen weiterhin enge Beziehungen zu Deutschland.

In vielen Fällen sind die Alumni in Führungspositionen und/oder leisten Pionierarbeit, wenn sie etwa an der Gründung von neuen Universitäten beteiligt sind oder als Mediziner*innen neue Diagnoseverfahren und Therapiemethoden einführen. So tragen die Alumni in ihrem Herkunftsland zu wichtigen Strukturbildungs- und sozialen Differenzierungsprozessen in relevanten gesellschaftlichen Teilbereichen wie Gesundheit, Recht, Politik, Wirtschaft oder Wissenschaft bei.[51] Ebenso wichtig

---

51 Zu Migration und soziale Differenzierung vgl. Bommes 2003.

ist ihre vielfältige Funktion, Brücken zu bauen und Netzwerke zu knüpfen. Dies spielt gerade auch im Wissenschaftsbereich eine zentrale Rolle, da in Netzwerken Wissen nicht nur erworben und transferiert, sondern auch produziert werden kann (vgl. Phelps 2012). Bemerkenswert ist dabei zudem, dass viele Alumni noch relativ jung sind, wie z. B. ein erst 31-jähriger Alumnus, der Richter am Obersten Gerichtshof in Kolumbien ist, ein 28-jähriger Alumnus, der für die Entwicklung von Bohrmaschinen in einem der größten Werkzeugunternehmen Indonesiens zuständig ist, oder eine junge Alumna an der Universität in Accra, die eine führende Forscherin bei der Entwicklung nachhaltiger Landwirtschaftsmethoden in Ghana ist. Das zeigt das enorme Potenzial der Alumni, da viele von ihnen noch den größten Teil ihres Berufslebens vor sich haben und sicherlich auch noch höhere Positionen erklimmen können.

Wir haben zudem gesehen, dass ehemalige Studierende neben ihrer Rolle als Netzwerker*in, auch eine sog. Ankerfunktion zugeschrieben werden kann. Hiermit ist gemeint, dass die Studierenden nicht nur zwischen Deutschland und ihrem Herkunftsland eine Brücke bilden und beide Länder durch ihre Reisen und Aktivitäten vernetzen (s. o.), sondern dass die ehemaligen Studierenden gezielt als Kontaktpersonen von anderen Organisationen gesucht werden, um in den betreffenden Ländern Fuß zu fassen. Dies wäre ohne ihre transnationalen Erfahrungen und ihre Präsenz in beiden Ländern kaum möglich gewesen. Zu diesen Organisationen zählen, wie wir gesehen haben, sowohl Unternehmen und NGOs als auch staatliche Organisationen, wie Universitäten (im Rahmen von Forschungsprojekten) und Organisationen der internationalen Entwicklungszusammenarbeit.

Auch für deutsche Universitäten sind die Alumni wichtige Kontaktpersonen, um neue Netzwerke in die Herkunftsländer der Alumni zu knüpfen. So sind in allen Fallstudienländern Beispiele zu finden, wie Alumni neue Forschungsprojekte und Austauschprogramme für Studierende mit Universitäten in Deutschland initiiert haben, wie z. B. ein palästinensischer Biologe an der Bethlehem Universität, der im Rahmen eines Forschungsprojektes über die Krankheitsübertragung von Zugvögeln mit Wissenschaftler*innen in Deutschland zusammenarbeitet, oder die kolumbianische Soziologin in Bogotá, die über den Friedensprozess in Kolumbien eng mit Wissenschaftler*innen am Zentrum für Konfliktforschung der Universität Marburg und dem CAPAZ (Deutsch-Kolumbianisches Friedensinstitut) an der Universität Gießen zusammenarbeitet.

Schließlich kann Studierendenmigration auch eine Ergänzungs- und Stabilisierungsfunktion von gesellschaftlichen Funktionssystemen, wie dem Gesundheitssystem in Palästina, zugesprochen werden. Zwar ist die Gesundheitsversorgung dort immer noch unzureichend, aber die Rückkehrer*innen konnten durch die Eröffnung privater Praxen zur Stabilisierung des Systems beitragen. Auch Kolumbien kann als ein Fall gesehen werden, wo sich Alumni vor allem für die Stabilisierung und Konsolidierung eines weiterhin sehr fragilen politischen Systems engagieren, insbesondere in der Demokratie- und Friedensentwicklung. Diese Funktion ist sicher ebenso wichtig wie die anderen genannten, allerdings besteht hier auch die Gefahr, dass diese Ergänzungs- und Stabilisierungsmaßnahmen zu einer Fortführung nicht lebensfähiger Strukturen führen können und notwendige Reformen verhindern. Das ist ein Kritikpunkt, der auch häufig in Bezug auf Geldüberweisungen von Migrant*innen in ihre Herkunftsländer (Remittances) geübt wird, vor allem wenn die Gelder für konsumtive Zwecke (wie Essen, Kleidung oder Wohnungsmiete) ausgegeben werden und nicht für zukunftsorientierte Investitionen wie Bildung (Massey/Durand 2004).

Diese Funktionen beziehen sich nicht nur auf Studierende des KAAD, sondern gelten generell für internationale Studierende. So haben wir auch mit anderen ehemaligen Studierenden gesprochen, die in Deutschland studiert hatten, aber ohne KAAD-Stipendium (Vergleichsgruppe), die uns ähnliche Prozesse geschildert haben. So hat z. B. ein vom DAAD geförderter Wissenschaftler der Legon Universität in Accra einen biologisch abbaubaren Pflanzenschutz für den Kakaoanbau mitentwickelt, der zunehmend in Ghana eingesetzt wird.[52] Ein anderer, von uns interviewter Jurist, der Professor an der Staatlichen Universität in Tiflis ist und sein Staatsexamen in Deutschland ohne Stipendienförderung gemacht hat, berät ähnlich wie die zitierten georgischen Juristen das georgische Justizministerium in Zivilrechtsfragen, insbesondere mit Blick auf die Einführung des Eigentumsvorbehaltsprinzips nach deutschem Vorbild.

Zudem gilt das Gesagte auch nicht nur in Richtung Nord-Süd (die wir hier vornehmlich untersucht haben). Auch in Deutschland sind in der Vergangenheit viele Innovationen und wegweisende Veränderung in Wissenschaft und Praxis durch (Re-)Migration von außen angestoßen worden. Man denke nur an das klassische Beispiel deutscher Intellektueller im US-amerikanischen Exil während des Zweiten Weltkriegs, unter denen auch einige Studierende waren, die nach ihrer Rückkehr wesentlich zur Wiederbelebung der Wissenschaft und Demokratisierung in Deutschland beigetragen haben. Auch in den 1950er und 60er Jahren haben viele deutsche Studierende in den USA mit einem DAAD- oder Fulbright-Stipendium studiert und nach ihrer Rückkehr entscheidend zur Entwicklung der deutschen Wissenschaft beigetragen. Dies gilt etwa für den in Deutschland wachsenden Zweig der psychologischen Psychotherapieausbildung, die auf ehemalige Studierende aus

---

52 Interessanterweise war bereits vor fast 20 Jahren ein ähnliches Bioschutzmittel für Kakaopflanzen von einem KAAD-Alumnus entwickelt worden, das sich damals aber noch nicht bei den Kakaobauern durchsetzen konnte.

den USA, die nach dem Zweiten Weltkrieg nach Deutschland zurückgekehrt waren, zurückgeht (Ash/Geuter 1985).

Um in Deutschland zu studieren und später einen erfolgreichen Berufsweg einzuschlagen, haben die Stipendiat*innen zudem viel auf sich genommen. So haben sie nicht nur eine neue Sprache gelernt und ein den meisten fremdes Universitätssystem bewältigt, viele von ihnen waren sich auch nicht zu schade, sich mit (harten und oftmals schlecht bezahlten) Nebenjobs über Wasser zu halten, wie z. B. als Gepäckträger, Reinigungskraft, oder Bedienung bei McDonalds. Und zu alledem mussten einige Stipendiat*innen Diskriminierungserfahrungen oder sogar gewalttätige Angriffe auf sich erleiden. Viele waren zudem über Jahre hinweg von ihren Familien in den Heimatländern getrennt, auch weil sie sich keine Besuche während des Studiums leisten konnten. Das alles erschwerte ihnen das Studium zusätzlich.

6.2   Möglichkeiten für die Gestaltung von Stipendienprogrammen

Aus diesen Ergebnissen lassen sich konkrete Schlussfolgerungen und Ideen für die zukünftige Gestaltung von Stipendienprogrammen ableiten. Die erste Schlussfolgerung betrifft die Einbindung von Alumni, die nach ihrem Studium in Deutschland geblieben sind, in die aktive Entwicklungszusammenarbeit. Es ist in der Studie deutlich geworden, dass Entwicklungsförderung *sowohl* durch Rückwanderung *als auch* durch transnationale soziale Netzwerke aus dem Ausland heraus realisiert werden kann. Somit stellen auch Studierende, die in Deutschland geblieben oder in ein anderes Land nach ihrem Studium gegangen sind, eine entwicklungsrelevante Größe für ihr Herkunftsland dar und könnten in Zukunft mehr in bestehende Aktivitäten eingebunden werden. Im Kontext des KAAD wäre z. B. daran zu denken, sie stärker in die Alumi-Arbeit einzubinden und sie ggf. bei der Gründung eines eigenen Alumni-Vereins in Deutschland zu unterstützen, um sich sowohl mit anderen Alumni in Deutschland als auch mit den Herkunftsländern bzw. anderen Ländern vernetzen zu können.

Die zweite Schlussfolgerung betrifft den Befund der Studie, dass ehemalige Stipendiat*innen mehr Unterstützung bei der Rückkehr bzw. Re-Integration benötigen. Hier sind Anstrengungen vonnöten, die nicht allein von den Stipendienorganisationen geleistet werden können. Vielmehr bedarf es hier einer konzertierten Aktion aller in der Entwicklungszusammenarbeit und speziell im Rückkehrmanagement tätigen Organisationen. Bei unseren Feldforschungen in den verschiedenen Ländern ist uns immer wieder aufgefallen, dass die in der Entwicklungszusammenarbeit aktiven Organisationen vor Ort (insbesondere die, die im Rückkehrmanagement tätig waren, wie z. b. die GIZ oder das Diasporaministerium des Herkunftslandes) kaum miteinander bekannt und untereinander vernetzt waren. Das wurde u. a. in Gesprächen mit dem DAAD und der Konrad-Adenauer-Stiftung in Georgien, mit der Heinrich-Böll-Stiftung in Kolumbien oder dem DAAD sowie der GIZ und dem Goethe-Institut in Ghana und der Friedrich-Ebert-Stiftung in Indonesien deutlich. Erstrebenswert erscheint uns daher der Versuch, den KAAD und die Gruppe der (ehemaligen) internationalen Studierenden stärker in das bereits bestehende Netzwerk von migrationsbezogenen Entwicklungsorganisationen einzubinden bzw. sie sogar zu einem strategischen Bezugspunkt zu machen. In Zukunft sind hier viele Synergieeffekte möglich, um die Re-Integration im Herkunftsland einfacher zu gestalten. In diesem Kontext könnte der KAAD ein wichtiger Baustein oder sogar der Kopf eines größeren Netzwerks werden. In Ghana beispielsweise kooperieren KAAD-Alumni bereits mit der GIZ im Rahmen des CIM-Rückkehrerprogramms. Darüber hinaus bestehen Kooperationen mit mehreren Forschungsinstituten auf akademischer Ebene, einschließlich des West African Science Service Centre on Climate Change and Adapted Land Use (WASCAL), das vom BMBF finanziert wird, und des Zentrums für Entwicklungsforschung (ZEF) der Universität in Bonn sowie der Legon Universität in Accra. In Indonesien sind KAAD-Stipendiat*innen bereits in der oben erwähnten indonesischen Katholischen Alumni-Organisation KONTAK und in DAAD-Alumnigruppen aktiv, um transnationale Forschungsprojekte in Indonesien, Deutschland und anderen Ländern anzustoßen oder zu unterstützen.

In diesem Prozess können auch die KAAD-Alumnivereine in Zukunft eine noch wichtigere Rolle spielen. Wie wir gesehen haben, wurden von den KAAD-Alumni bereits in mehreren Herkunftsländern Alumnivereine gegründet. Viele KAAD-Alumni bleiben über diese Vereine in Kontakt untereinander und mit dem KAAD in Deutschland, nachdem sie in ihr Herkunftsland zurückgekehrt sind. In Zukunft könnten diese Strukturen noch bewusster ausgebaut und gefördert werden, inklusive der Stärkung einer Alumni-Kultur nach amerikanischem Vorbild. Auch hier gibt es in Ghana wieder gute Ansätze. So haben Alumni hier eine landesweite Vereinigung (KAAD Association of Scholars from West Africa, KASWA) mit mehr als 60 aktiven Mitgliedern gegründet, die sich aus drei regionalen Verbänden in Nord-, Mittel- und Südghana zusammensetzt. Über Facebook- und WhatsApp-Alumnigruppen sind die Mitglieder ständig in Kontakt. Es werden regelmäßig Treffen organisiert, wo soziale und entwicklungsbezogene Themen diskutiert werden, oft in Kooperation mit Universitäten und Kirchen. Dazu gehörte in den letzten Jahren auch die Frage, wie ein friedliches und dialogbasiertes Zusammenleben zwischen Christen und Muslimen in Ghana gestärkt werden kann. Auch in Indonesien gibt es eine gut organisierte, landesweite KAAD-Alumnigruppe (Ikatan Alumni KAAD di Indonesia) mit vielen Mitgliedern und regelmäßigen Treffen in verschiedenen Regionen (und Inseln) Indonesiens. U. a. unterstützen sich hier die Alumni gegenseitig bei der Jobsuche. So wurde uns z. B. berichtet, dass ein Alumnus nach einer einjährigen Arbeitslosigkeit durch die Vermittlung über das Netzwerk des Alumnivereins eine Stelle in einem Maschinenbauunternehmen in Jakarta finden konnte.

Auch ein weiterer Ausbau der Kooperationen und Abstimmung mit anderen Stipendienorganisationen birgt Potentiale. So könnten etwa die Stipendienprogramme in Deutschland mit Stipendienprogrammen im Herkunftsland stärker miteinander verzahnt werden (jedes Fallstudienland in unserer Studie hat eigene staatliche Stipendienprogramme für Studierende, die im Ausland studieren wollen), um eine bessere Betreuung nach einer möglichen Rückkehr zu gewährleisten. Dies ist bereits heute vereinzelt der Fall. Zum Beispiel wurde das Studium einer ehemaligen KAAD-Stipendiatin aus Georgien je zur Hälfte mit einem Stipendium vom KAAD und mit einem Stipendium des georgischen Staates finanziert. Auch eine Kooperation mit dem DAAD, der ebenfalls Stipendien für Studierende aus dem Globalen Süden im Kontext der Entwicklungszusammenarbeit vergibt und entsprechende Alumni-Netzwerke aufgebaut hat,[53] könnte verstärkt werden.

Ein weiteres wichtiges Thema betrifft die Integration in Deutschland und die Erleichterung des Studienalltags hier. Die Interviews, die wir mit aktuellen Stipendiat*innen in Deutschland geführt haben, deuten darauf hin, dass es einigen Stipendiat*innen doch schwerfällt, in Deutschland Fuß zu fassen und auch Kontakt zu deutschen Kommiliton*innen aufzubauen. Zwar mildern die KHGs diese Problematik ein Stück weit ab, aber es fällt doch auf, dass die große Anonymität an deutschen Universitäten ein Problem für internationale Studierende darstellt und auch viele Universitätsleitungen noch kein Bewusstsein dafür entwickelt haben, dass es neben einer fachlichen auch einer sozialen Betreuung bedarf.[54] Vielleicht können hier in Zukunft die Hochschulgemeinden eine stärkere Vermittlerrolle zwischen internationalen Studierenden und Universitätsverwaltungen einnehmen, weil sie meistens einen direkteren Zugang zu den internationalen Studierenden haben, die häufig an ihren Veranstaltungen teilnehmen.

---

53 Dazu gehört u. a. das Förderprogramm „Partnerschaften für nachhaltige Lösungen mit Subsahara-Afrika. Maßnahmen für Forschung und integrierte postgraduale Aus- und Fortbildung", das Kooperationen deutscher Hochschulen mit Partnern in Afrika fördert, oder das „African Good Governance Network" (AGGN), das die Ausbildung zukünftiger afrikanischer Führungskräfte in Deutschland unterstützt. Ähnliche Programme des DAAD gibt es auch für Länder des Nahen und Mittleren Ostens und für fernöstliche Länder (DAAD 2018b).

54 Im Übrigen ist auch nicht allen Universitäten die spezifisch entwicklungspolitische Bedeutung internationaler Studierendenmigration bzw. des KAAD bewusst bzw. bekannt.

Darüber hinaus soll auch noch einmal auf den Zusammenhang zwischen Studieninhalten und Entwicklungsbeiträgen, den wir in unserer Studie immer wieder festgestellt haben, hingewiesen werden. So befassten sich schon viele der interviewten Alumni in ihren Master- und Doktorarbeiten in Deutschland bzw. teilweise bereits schon in ihren Abschlussarbeiten bzw. Forschungstätigkeiten im Herkunftsland mit (entwicklungsrelevanten) Themen, die sie später in ihrem Beruf zum Zentrum ihrer Tätigkeit gemacht haben. So schrieben z. B. die beiden Juristen, die wesentlich an der Reform des Jugendstrafrechts in Georgien mitwirkten, ihre Doktorarbeiten zu dem Thema „Deutsches und georgisches Jugendstrafrecht im Vergleich" bzw. „Strafrecht für Minderjährige. Ein Vergleich zwischen Deutschland und Georgien". Ein anderer georgischer Alumnus promovierte zum Thema „Perspektiven zur Implementierung eines Zweikammernsystems in Georgien", was später beim Wechsel von einem präsidentiellen zu einem parlamentarischen System eine Rolle spielte. Ein weiterer schrieb zum Thema „Die rechtsvergleichende Analyse der Mechanismen einer staatlichen Kontrolle gegen Korruption zwischen Georgien und Deutschland". Kolumbianische Stipendiat*innen setzten sich in ihren Examensarbeiten mit dem Friedens- und Demokratieprozess in Kolumbien auseinander usw. Diese Zusammenhänge könnten in Zukunft gezielt bei der Auswahl und Förderung bestimmter Themen bedacht werden.

6.3 Anforderungen an politische Rahmenbedingungen

Schließlich sollen zum Ende auch noch einige Sätze zu den politischen Rahmenbedingungen internationaler Studierendenmigration gesagt werden. Wie eingangs angedeutet wächst die Bedeutung dieser Migrationsart immens. Überall auf der Welt werden internationale Studierende händeringend als „ideale Fachkräfte von morgen" (SVR 2012) gesucht und entsprechend umworben (vgl. Pott et al. 2015, King/Findlay/Ahrens 2010, Hawthorne 2012, King/Raghuram 2013, Münz 2014, Marcu 2015, Bijwaard/Wang 2016, Mendoza/Ortiz 2016). Folglich ist die Zahl der internationalen Studierenden in den letzten zehn Jahren in den OECD-Ländern auf über fünf Millionen gestiegen (OECD 2018, UNESCO 2018). Über 40 Prozent davon studieren in den USA, Großbritannien und China. Weitere 30 Prozent in Australien, Deutschland, Frankreich, Kanada und Russland (International Institute of Education 2017). Allein in Deutschland ist die Zahl von rund 240.000 im Jahr 2008 auf knapp 400.000 im Jahr 2019 gestiegen (DAAD 2019). Internationale Studierende machen damit inzwischen einen Anteil von über zehn Prozent aller eingeschriebenen Studierenden in Deutschland aus (DAAD/DZHW 2018).[55] Im Mittelpunkt stehen dabei die Fachdisziplinen, bei denen der Engpass auf dem heimischen Arbeitsmarkt am größten ist, zur Zeit also vor allem in den MINT-Fächern und in der Medizin (Pott et al. 2015, Hunger/Krannich 2017). Die Mehrheit von ihnen kommt aus Ländern des Globalen Südens (Jöns 2007, Raghuram 2013).[56]

Aus Sicht der internationalen Entwicklungszusammenarbeit ist jedoch zu bemängeln, dass sich der heutige Diskurs über internationale Studierende fast ausschließlich um die der Fachkräftesicherung dreht. Ihre Rolle als Entwicklungsmotoren und „Change Agents" (Weber 2012) ist dagegen so gut wie gar nicht im politischen Bewusstsein verankert, abzulesen nicht zuletzt an der Einführung von Studiengebühren für ausländische Studierende in Baden-Württemberg und beinahe auch in Nordrhein-Westfalen.[57] Wie unsere Studie gezeigt hat, sollte die entwicklungspolitische Dimension aber durchaus Berücksichtigung finden. So könnte eine Forderung sein, die Migration von internationalen Studierenden weiter zu fördern, auch mit mehr Stipendien, und dabei ihre entwicklungspolitische Funktion mitberücksichtigen.[58] Migration hat zwar inzwischen einen festen Platz

---

55 Die meisten Bildungsausländer – also internationale Studierende mit einer ausländischen Staatsangehörigkeit und einer im Ausland erworbenen Hochschulzugangsberechtigung – kamen im Studienjahr 2016/17 aus China (34.997), gefolgt von Indien (15.308), Russland (11.295), Österreich (10.575), Italien (8.550), Kamerun (7.425), Frankreich (7.335) und dem Iran (6.939) (DAAD/DZHW 2018).

56 Weitere Studien zur internationalen Studierendenmigration vgl. Findley et al. 2005, 2012; Geddie 2010; DAAD 2011; Bessey 2012; Ong/Chan 2012; Tejada 2013; Bijwaard/Wang 2013; Leung/Waters 2013; Basford 2014; Beech 2014; Beine et al. 2014; Esser 2014; Ghimire/Maharjan 2014; MacGregor 2014; Roth 2014; Thieme 2014; Efionayi/Piguet 2015; Freisleben 2015; Guissé/Bolzman 2015 und Kritz 2015.

57 So wurden in Baden-Württemberg zum Wintersemester 2017/18 Studiengebühren in Höhe von 1.500 Euro für Studierende aus Nicht-EU-Ländern eingeführt. Schlagartig nach der Einführung ging die Zahl der betroffenen Studierenden um über 20 Prozent zurück (Forschung und Lehre 2018). Ähnliches wurde auch für Nordrhein-Westfalen vermutet (WDR 2019).

58 In diese Richtung gehen auch Forderungen des sog. Globalen Pakt für sichere, geordnete und reguläre Migration – kurz „Global Compact for Migration" – der Vereinten Nationen aus dem Jahr 2018. So heißt es in Ziel 5 des Global Compact: „[...] in Zusammenarbeit mit wissenschaftlichen Einrichtungen und anderen relevanten Interessenträgern vorhandene Möglichkeiten für akademische Mobilität erweitern, einschließlich durch bilaterale und multilaterale Vereinbarungen, die akademische Austausche ermöglichen, wie zum Beispiel Stipendien für Studierende und wissenschaftliche Fachkräfte, Gastprofessuren, gemeinsame Ausbildungsprogramme und internationale Forschungsmöglichkeiten" (Ziel 5, Global Compact for Migration 2018: 12). Und etwas konkreter in Ziel 18: „[...] interinstitutionelle Netzwerke und Kooperationsprogramme für Partnerschaften zwi-

in der internationalen Entwicklungszusammenarbeit, der über das alte Anti-Brain-Drain-Theorem (Verhinderung von Migration) hinausgeht und langfristigere Vorstellungen einer Entwicklung vom Brain Drain zum Brain Gain bzw. einer Brain Circulation umfasst. Die Diskussion dreht sich hierbei aber vor allem um Rücküberweisungen, die Unterstützung transnationaler Netzwerke von Migrantenorganisationen und die Förderung der Rückkehrmigration von Geflüchteten, nicht aber um internationale Studierende.

Dabei ist gerade Studierendenmigration im Rahmen von Stipendienprogrammen eine Form der Migration, die man im Rahmen von internationalen Strukturen – sog. „Global Migration Governance" (vgl. Betts 2010, SVR 2016, Angenendt/Koch 2017, Hunger/Krannich 2019) – gut organisieren und regulieren kann. Denn unsere Studie hat gezeigt, dass Stipendienprogramme nicht nur die Finanzierung des Studiums im Ausland anbieten, sondern auch so konzipiert werden können, dass sie gezielt auf die Bedürfnisse der Stipendiat*innen sowohl während als auch vor und nach dem Studium eingehen. Das betrifft neben den angesprochenen Integrationsmaßnahmen im Studienland und (möglichen) Re-Integrationshilfen nach der Rückkehr im Herkunftsland insbesondere Visaerleichterungen für eine langfristige zirkuläre Möbiität und Unterstützung beim entwicklungsrelevanten Engagement der Absolvent*innen. Zudem kann dabei auch verstärkt auf die Interessen der Herkunftsländer eingegangen werden, indem im Rahmen von internationalen Abkommen z. B. gezielt die Studiengänge und Forschungsprojekte gefördert werden, die sich auf die Entwicklungsschwerpunkte des Herkunftslandes beziehen (wie Landwirtschaft und Umwelt in Ghana, Friedens- und Demokratieprozess in Kolumbien oder Entwicklung des Technologiesektors in Indonesien). Erste kleinere Strukturelemente einer „Global Student Migration Governance" auf UN-Ebene gibt es bereits, wie das UN-Universitätsnetzwerk (UNU) mit eigenem Stipendienprogramm. Jedoch mangelt es diesen Institutionen immer noch an einer ausreichenden Finanzierung und gezielten Zusammenarbeit mit den betroffenen Staaten, Universitäten und

schen dem Privatsektor und Bildungseinrichtungen in den Herkunfts- und Zielländern fördern, um Migranten, Gemeinwesen und teilnehmenden Partnern wechselseitig nutzbringende Möglichkeiten der Aus- und Weiterbildung zu eröffnen, einschließlich auf der Grundlage der bewährten Verfahren des im Rahmen des Globalen Forums für Migration und Entwicklung entwickelten Business Mechanism (Mechanismus zur Einbindung der Wirtschaft); [...] in Zusammenarbeit mit relevanten Interessenträgern bilaterale Partnerschaften eingehen und Programme durchführen, die die Vermittlung und Verbreitung von Fertigkeiten und die berufliche Mobilität fördern, zum Beispiel Studienaustauschprogramme, Stipendien, berufliche Austauschprogramme und Praktikanten- oder Auszubildendenprogramme, die den daran Teilnehmenden nach erfolgreichem Abschluss Möglichkeiten eröffnen, eine Beschäftigung zu suchen und sich unternehmerisch zu betätigen" (Ziel 18, Global Compact for Migration 2018: 25)

anderen relevanten Akteuren. Sollte die vorliegende Analyse dazu beitragen, dies in Zukunft ein Stück weit zu ändern, wäre ein großes Ziel dieser Studie erreicht.

Literaturverzeichnis

Al Tufula Nazareth Institute (2016): Nazareth Nurseries Institute, online: https://altufala.org/en [28.07.2018].

Angenendt, S./Koch, A. (2017): Global Migration Governance im Zeitalter gemischter Wanderungen. Folgerungen für eine entwicklungsorientierte Migrationspolitik, SWP-Studie, Berlin.

Ash, M./Geuter, U. (1985): Geschichte der deutschen Psychologie im 20. Jahrhundert. Ein Überblick, Opladen.

Basford, S. E. (2014): International Student Migration for Development: An Institutional Approach to the Norwegian Quota Scheme, Masterarbeit, University of Tennessee, Knoxville.

Beech, S. (2014): International Student Mobility: The Role of Social Networks, in: Social and Cultural Geography, S. 76–99.

Beine, M./Noël, R./Ragot, L. (2014): Determinants of the International Mobility of Students, in: Economics of Education Review, 41, S. 40–54.

Bessey, D. (2012): International Student Migration to Germany, in: Empirical Economics, 42, S. 345–361.

Betts, A. (2010). Global migration governance – the emergence of a new debate. Global economic governance programme briefing paper, online: https://www.imi.ox.ac.uk/files/news/global-migration-governance_paper_2010.pdf [11.09.2018].

Bhagwati, J.N. (1976): The Brain Drain and Taxation: Theory and Empirical Analysis, Amsterdam.

Bhagwati, J.N. (1983): International Migration of the Highly Skilled: Economics, Ethics and Taxes, in: Feenstra, R.C./Bhagwati, J.N. [Hrsg.]: International Factor Mobility. Essays in Economic Theory, Cambridge, Mass./London, S. 57–70.

Bijwaard, G./Wang Q. (2013): Return Migration of Foreign Students. IZA Discussion Paper, 7185, Bonn.

Bijwaard, G./Wang, Q. (2016) Return migration of foreign students, in: European Journal of Population, 32 (1), S. 31–54.

Bommes, M. (2003): Migration in der modernen Gesellschaft, in: Geographische Revue, 5 (2), S. 41–58.

British Psychological Society (2016): Psychology in Gaza and the West Bank, online: https://thepsychologist.bps.org.uk/volume-19/edition-5/psychology-gaza-and-west-bank [30.06.2018].

© Der/die Autor(en) 2021
S. Krannich und U. Hunger, *Studierendenmigration und Entwicklung*,
https://doi.org/10.1007/978-3-658-32048-5

Candan, M. (2013): Die irakische Diaspora in Deutschland: Ihr Beitrag im Wiederaufbau-
    prozess im Irak nach 2003, in: WISO Diskurs 4/2013, S. 65–75.
DAAD (2011): Viele Alumni stoßen Veränderungen an, online. http://millennium-express.
    daad.de/viele-alumni-stosen-veranderungen-an/ [25.11.2018].
DAAD (2017): DAAD-Hochschulpreis 2017, Bonn.
DAAD (2018a): Ländersachstand: Indonesien, online: https://www.daad.de/medien/der-
    daad/analysen-studien/laendersachstand/indonesien_daad_sachstand.pdf [12.09.2018].
DAAD (2018b): Regionalspezifische Programme, online: https://www.daad.de/hochschulen/
    programme-regional/de/ [12.11.218].
DAAD/DZHW (2018): Wissenschaft weltoffen kompakt. Daten und Fakten zur Internatio-
    nalität von Studium und Forschung in Deutschland, online: http://www.wissenschaft-
    weltoffen.de/kompakt/wwo2018_kompakt_de.pdf [05.09.2018].
DAAD (2019): Internationale Studierende an deutschen Hochschulen 2019, online: https://
    www.daad-kyrgyzstan.org/de/2020/05/21/internationale-studierende-an-deutschen-
    hochschulen-2019/ [13.07.2020].
De Haas, H. (2007): The Impact of International Migration on Social and Economic Develop-
    ment in Moroccan Sending Regions: A Review of the Empirical Literature, International
    Migration Institute, Working Paper 3, online: http://www.migrationinformation.org/
    feature/print.cfm?ID=125 [06.07. 2012].
Der Spiegel (2017): Ein deutsches Arbeitsamt für Afrika, online: https://www.spiegel.de/spie-
    gel/ghana-ein-arbeitsamt-nach-deutschem-vorbild-soll-fluechtlinge-bremsen-a-1193056.
    html [23.03.2018].
Eckholt, M. (2011): Das Stipendienwerk Lateinamerika-Deutschland. Weltkirchlich-wissen-
    schaftliche Stipendienarbeit und ihr Dienst an der universitären Kultur, in: Eckholt, M.
    (Hrsg.): Prophetie und Aggiornamento: Volk Gottes auf dem Weg. Eine internationale
    Festgabe für die Bischöfliche Aktion Adveniat, Berlin, S. 13–29.
Efionayi, D./Piguet E. (2015): Western African Student Migration: A Response to the Glo-
    balisation of Knowledge, in: International Development Policy, 5, S. 88–105.
Esser, U./Maiworm, F./Gillessen, M. (2014): Ergebnisbericht zur Evaluierung des Programms
    STIBET I und STIBET III Matching Funds, Bonn, online: https://www.daad.de/medien/
    der-daad/medien-publikationen/publikationen-pdfs/2014-06_stibet_00_dokmat_bd76.
    pdf [05.09.2018].
FAZ (2011): Das Flugbenzin kommt bald vom Acker, online: https://www.faz.net/aktu-
    ell/wirtschaft/wirtschaftspolitik/jatropha-pflanze-das-flugbenzin-kommt-bald-vom-
    acker-1642716.html [28.09.2018].
Faist, T./Fauser, M./Reisenauer, E. (2013): Transnational Migration, Cambridge.
Findlay, A. M./Stam, A./King, R./Ruiz-Gelices, E. (2005): International Opportunities. Search-
    ing for the Meaning of Student Migration, in: Geographica Helvetica, 60 (3), S. 192–200.
Findlay, A.M./King, R./Smith, F.M./Geddes, A./Skeldon, R. (2012): World Class? An Investi-
    gation of Globalisation, Difference and International Student Mobility, in: Transactions
    of the Institute of British Geographers, 37, S. 118–131.
Forschung und Lehre (2018): Weniger Studierende nach Einführung von Studiengebühren,
    online: https://www.forschung-und-lehre.de/weniger-studierende-nach-einfuehrung-
    von-studiengebuehren-206/ [17.08.2020].
Freisleben, R. U. (2015): International Student Mobility for Institutional Capacity Develop-
    ment in Indonesia. An Analysis of the Contributions of International Education for Civil

Servants to Knowledge Networks in Development Studies and Practice, Masterarbeit, Universität Utrecht.

Fulbright (2018): Notable Fulbrighters, online: https://eca.state.gov/fulbright/fulbright-alumni/notable-fulbrighters [12.09.2018].

Galeano, E. (1988): Die offenen Adern Lateinamerikas. 13. Auflage, Wuppertal.

Geddie, K. (2010): Transnational Landscapes of Opportunity? Postgraduation Settlement and Career Strategies of International Students in Toronto, Canada and London, UK, Doktorarbeit, University of Toronto.

Ghimire, A./Maharjan K. (2014): Student Returnees and Their Reflection on Contribution to Nepal: Use of Knowledge and Skills, in: Migration and Development, 4 (1), S. 110–129.

Global Compact for Migration (2018): Global Compact for Safe, Orderly and Regular Migration, online: https://www.un.org/en/ga/search/view_doc.asp?symbol=A/RES/73/195 [18.07.2020].

Guissé, I./Bolzman C. (2015): Etudiants du Sud et internationalisation des hautes écoles: Entre illusions et espoirs, Un parcours du combattant vers la qualification et l'emploi, Geneva.

Hawthorne, L. (2012): Designer Immigrants? International Students and Two-Step Migration, in: The SAGE Handbook of International Higher Education, Thousand Oaks, CA, S. 417–436.

Hunger, U. (2000): Vom „Brain-Drain" zum „Brain-Gain". Migration, Netzwerkbildung und sozio-ökonomische Entwicklung: Das Beispiel der indischen „Software-Migranten", in: IMIS Beiträge, 16, S. 7–21.

Hunger, U. (2001): Indiens „Softwareboom": Herausforderungen an Entwicklungstheorie und -politik, in: Frantz, C./Konegen, N. [Hrsg.]: Entwicklungsperspektiven in Asien und Afrika, Münster, S. 202–219.

Hunger, U. (2003): Vom Brain Drain zum Brain Gain. Die Auswirkungen der Migration von Hochqualifizierten auf Abgabe- und Aufnahmeländer. Gutachten in Auftrag der Friedrich-Ebert-Stiftung, Bonn.

Hunger, U. (2004): Indian IT-Entrepreneurs in the US and India. An Illustration of the "Brain Gain Hypothesis", in: Journal of Comparative Policy-Analysis, 6 (2), S. 99–109.

Hunger, U. (2005): Vier Thesen zur deutschen Entwicklungshilfepolitik für Indien, in: Aus Politik und Zeitgeschichte, 27, S. 12–18.

Hunger, U. (2008): Offenheit für Migration – die bessere Entwicklungspolitik?, in: Thränhardt, D. [Hrsg.]: Entwicklung durch Migration. Jahrbuch Migration 2006/2007, Berlin, S. 128–141.

Hunger, U./Candan, M. (2013): Brain Drain and Brain Gain. The Recent Debate, Online-Dossier, Network "Migration in Europe", online: http://www.migrationeducation.org/fileadmin/uploads/ CandanHunger2013_02.pdf [28.03.2013].

Hunger, U./Krannich, S. (2017): Einwanderung neu gestalten: Transparent, attraktiv, einfach, Forschungsstudie im Auftrag der Friedrich-Ebert-Stiftung, Bad Godesberg, online: http://library.fes.de/pdf-files/wiso/ 13374.pdf [17/10/2019].

Hunger U./Krannich S. (2019): Internationale Migration und Migrationspolitik 2018: Wo kommen wir her, wo stehen wir und wie geht es weiter?, in: Zeitschrift für Außen- und Sicherheitspolitik (ZfAS), Jubiläumsausgabe, S. 167–176.

Hünermann, P. (2019): KAAD: Eine Zukunftswerkstatt, in: Geiger, H./Kalbarczyk, N./ Krüggeler, T./Kuhn, M./Leimbach, M. [Hrsg.]: Bildung und Wissenschaft im Horizont von Interkulturalität, Ostfildern, S. 243–264.

International Institute of Education (2017): Project Atlas 2017 release: A look at global mobility trends, online: file:///C:Users/taylo/AppData/Local/Packages/Microsoft.MicrosoftEdge_8wekyb3d8bbwe/TempState/Downloads/Project-Atlas-2017-graohics_08(1).pdf [26.08.2018].

Jöns, H. (2007): Transnational Mobility and the Spaces of Knowledge Production: a Comparison of Global Patterns, Motivations and Collaborations in Different Academic Fields, in: Social Geography, 2, S. 97–114, online: http://www.soc-geogr.net/2/97/2007/sg-2-97-2007.pdf [30.08.2018].

Kaiser, M./Wagner, N. (1991): Entwicklungspolitik. Grundlagen, Probleme, Aufgaben, Bonn.

KAAD (2010ff.): Jahresberichte 2010ff, Bonn.

Khizanishvili, Vasil (2016): Ethical Economics, Tiflis.

Khouri, F. (1985): The Arab-Israeli Dilemma, Syracuse.

King, R./Findlay, A./Ahrens, J. (2010): International Student Mobility Literature Review: Final Report. Higher Education Funding Council for England, online: http://www.hefce.ac.uk/pubs/rereports/Year/2010/studmoblitreview/Title,92244,en.html [10.09.2018].

King, R./Raghuram, P. (2013): International Student Migration: Mapping the Field and New Research Agendas, in: Population, Space, and Place, 19, S. 127–137.

König, H. J. (2008): Kleine Geschichte Kolumbiens, München.

Körner, H. (1999): „Brain Drain" aus Entwicklungsländern, in: IMIS-Beiträge, Nr. 11, S. 55–64.

Krannich, S. (2016): Migration and Institutional Change: The Cases of Southern Mexican States and Their Emigrant Communities in the United States of America, Pravni Vjesnik, Journal of Law and Social Sciences, 32 (1), S. 155–170.

Krannich, S. (2017): The Reconquest of Paradise? How Indigenous Migrants Construct Community in the United States and Mexico, Münster.

Krannich, S./Metzger S. (2018): Netzwerke für Bildung – Das bildungsbezogene Engagement von Migrantenorganisationen zwischen Integration und Transnationalität, in: Zloch, S. [Hrsg.]: Wissen in Bewegung. Migration und globale Verflechtungen seit 1945, Berlin, S. 128–144.

Krannich, S. (2019): Diaspora-Netzwerke: Analyse der Potenziale und Herausforderungen der Netzwerkarbeit der GIZ, Gutachten im Auftrag der GIZ, Eschborn.

Kritz, M. (2015): International Student Mobility and Tertiary Education Capacity in Africa, in: International Migration, 53 (1), S. 29–49.

Leung, M./Waters J. (2013): British Degrees Made in Hong Kong: An Enquiry into the Role of Space and Place in Transnational Education, in: Asia Pacific Education Review, 14, S. 43–53.

MacGregor, K. (2014): The Shifting Sands of International Student Mobility. University World News, online: http://www.universityworldnews.com/article.php?story=20140912112348627 [17/10/2019].

Magnis-Suseno, F. (2015): Garuda im Aufwind: das moderne Indonesien, Berlin.

Marcu, S. (2015): Uneven mobility experiences: life-strategy expectations among Eastern European undergraduate students in the UK and Spain, Geoforum, 58, S. 68–75.

Massey, D./Durand, J. (2004): Behind the Smokes and Mirrors: Research from the Mexican Migration Project, New York.

Mendoza, C./Ortiz, A. (2016) Students on the move: academic career and life transitions of foreign PhD students in Spain, in: Domínguez-Mujica, J. [Hrsg.]: Global Change and Human Mobility, Singapore, S. 249–263.

Menzel, U. (1992): Das Ende der Dritten Welt und das Scheitern der großen Theorie, Berlin.

Metzger, S. (2015): Entwicklungspolitisches Engagement marokkanischer Migrantenorganisationen in Deutschland, online: https://www.cimonline.de/static/media/giz2016-dediasporastudie-marokko.pdf [18.03.2020].

Münz, R. (2014): The Global Race for Talent: Europe's Migration Challenge, Bruegel Policy Brief, 2, online: http://bruegel.org/wp-content/uploads/imported/publications/pb_2014_02_.pdf [16/01/2016].

New York Times (2018): Indonesia Church Bombings Carried Out by Family With Children in Tow, Muktita Suhartono, online: https://www.nytimes.com/2018/05/13/world/asia/indonesia-church-suicide-bomber.html [18.07.2020].

NZZ (2016): Ein Schwede will Ghana aus der Kloake helfen, online: https://www.nzz.ch/international/nahost-und-afrika/die-groesste-muellhalde-von-westafrika-ein-schwede-will-ghana-aus-der-kloake-helfen-ld.91166 [26.08.2018].

NZZ (2019): Fast die Hälfte der Georgier sind Bauern, online: https://www.nzz.ch/wirtschaft/georgien-tourismus-und-landwirtschaft-besitzen-potenzial-ld.1495924?reduced=true [21.08.2020].

OECD (2018) Education at a Glance 2018: OECD Indicators, Paris.

Ong, K.C./Chan, D.D.K. (2012): Transnational Higher Education and Challenges for University Governance in China, in: Higher Education Policy, 25 (2), S. 151–170.

Oxfam (2011): Achieving a Shared Goal: Free Universal Health Care in Ghana. Executive Summary, online: https://www.oxfam.de/system/files/achieving_a_shared_goal_summary.pdf [21.08.2020].

Palestinian Health Ministry (2004): Health, Health Care, and Distribution. Palestine Annual Report, HMIS, Ramallah.

Phelps, C. (2012): Knowledge, Networks, and Knowledge Networks: A Review and Research Agenda, in: Journal of Management, 38 (4), S. 1115–1166.

Pott, A./Barthelt, F./Meschter D./Meyer zu Schwabedissen, F. (2015): Internationale Studierende – aktuelle Entwicklungen und Potenziale der globalen Bildungsmigration. Kurzdossiers, Bundeszentrale für politische Bildung, online: http://www.bpb.de/gesellschaft/migration/kurzdossiers/212090/internationale-studierende [10.09.2018].

Portes, A./Zhou, M. (2012): Transnationalism and Development: Mexican and Chinese Immigrant Organizations in the United States, in: Population and Development Review, 38 (2012) 2. S. 192–220.

Portes, A./Fernández-Kelly, P. (Hrsg.) (2015): The State and the Grassroots. Immigrant Transnational Organizations in Four Continents, New York.

Pries, L. (2008): Die Transnationalisierung der sozialen Welt. Sozialräume jenseits von Nationalgesellschaften. Frankfurt/Main.

Pries, L. (2010): Transnationalisierung. Theorie und Empirie neuer Vergesellschaftung. Wiesbaden.Raghuram, P. (2013): Theorising the Spaces of Student Migration, in: Population, Space and Place, 19, Nr. 2, S. 138–154.

Roth, R. (2014): Willkommensregionen für ausländische Studierende. Studie im Auftrag der Bertelsmann Stiftung, Gütersloh.

SVR (2012): Mobile Talente? Ein Vergleich der Bleibeabsichten internationaler Studierender in fünf Staaten der Europäischen Union, online: http://www.svr-migration.de/content/wp-content/uploads/2012/04/Studie_SVR-FB_Mobile_Talente.pdf [29.07.2013].

SVR (2016): Global Migration Governance: Deutschland als Mitgestalter internationaler Migrationspolitik, online: https://www.svr-migration.de/wp-content/uploads/2017/07/SVR-FB_Migrationspolitik.pdf [21.08.2020].

Tejada, G. (2013): Migration, Scientific Diasporas and Development: Impact of Skilled Return Migration on Development in India, Cooperation and Development Center (CODEV) und International Labor Office (ILO), online: https://cooperation.epfl.ch/files/content/ sites/cooperation/files/Migration-ScientificDiasporas-Development.pdf [23.08.2018].

Talitha Kumi (2018): Unsere Schule, online: https://www.talithakumi.org/de/schule-2/ schule/ [19.07.2020].

Thieme, S./Lindberg E./Chakrabarti, P. (2014): Brain Drain or Brain Circulation? Career Paths of International Students Swiss Scholarships for International Students at ETH Zurich and the University of Zurich, Zürich.

Thränhardt, D. (2005): Entwicklung durch Migration: Ein neuer Forschungsansatz. Aus Politik und Zeitgeschichte, 27, online: http://www.bpb.de/apuz/28964/entwicklung-durch-migration-ein-neuer-forschungsansatz?p=all [25.11.2018].

UN (2017): The Sustainable Development Goals (SDGs) in Ghana, Accra.

UNESCO (2018): Global Flow of Tertiary-Level Students, online: http://uis.unesco.org/en/ uis-student-flow [16.04.2019].

Van Hear, N. (2003): Refugee Diasporas, Remittances, Development, and Conflict. Migration Information Source, online: http://www.migrationinformation.org/feature/display. cfm?ID=125 [25.11. 2018].

Weber, H. (2010): Wissenschaftsmarkt und Wissenschaftskultur: Der Mehrwert des internationalen Austauschs am Beispiel von Vietnam und Deutschland. online: http://kaad. de/fileadmin/kaad/pdf/ Vortrag_Weber.pdf [24.11.2014].

Weber, H. (2012): Change Agents for Civil Society and Church in Myanmar: The Role of KAAD-Alumni. Vortrag im Rahmen des KAAD-Alumnitreffens in Myanmar, Bonn.

WDR (2019): Keine Studiengebühr für Nicht-EU-Studenten in NRW, online: https://www1. wdr.de/nachrichten/landespolitik/keine-studiengebuehren-100.html [17.08.2020].

Zürrer, Werner (1978): Kaukasien 1918–1921. Der Kampf der Großmächte um die Landbrücke zwischen Schwarzem und Kaspischem Meer, Düsseldorf.

Anhang

Liste der durchgeführten Interviews

Interviews mit Mitarbeiter*innen bzw. Gremienmitgliedern des KAAD

1. Generalsekretär, Bonn, 08.07.2016
2. Geistlicher Beirat, Berlin, 21.06.2016
3. Geistlicher Beirat, Bonn, 29.04.2017
4. Leiter Afrika-Referat, Bonn, 27.10.2016
5. Referentin Afrika-Referat, Bonn, 27.10.2016
6. Leiter Asien-Referat, Bonn, 27.07.2016
7. Referentin Asien-Referat, Bonn, 27.07.2016
8. Leiter Lateinamerika-Referat, Bonn, 20.10.2016
9. Referentin Lateinamerika-Referat, Bonn, 20.10.2016
10. Leiterin Referat Naher und Mittlerer Osten, Bonn, 07.10.2016
11. Leiterin Referat Naher und Mittlerer Osten, Bonn, 12.02.2018
12. Referentin Referat Naher und Mittlerer Osten, Bonn, 07.10.2016
13. Leiter Osteuropa-Referat, Bonn, 14.06.2016
14. Referent Osteuropa-Referat, Bonn, 14.06.2016
15. Auswahlgremium, KHG Bonn, 09.03.2017
16. Auswahlgremium, KHG Münster, 13.04.2017
17. Ehem. Präsident, Bonn, 28.04.2017
18. Ehem. Präsident, Bonn, 23.04.2016

Interviews mit georgischen KAAD-Stipendiat*innen und Alumni in Deutschland

19. Alumnus, Jurist, Hannover, 10.03.2017
20. Stipendiatin, Public Policy, Universität Erfurt, 26.08.2016
21. Stipendiatin, Jura, Humboldt-Universität Berlin, 05.08.2016
22. Alumnus, Jurist, Köln, 13.02.2017
23. Stipendiat, European Studies, Freie Universität Berlin, 05.08.2016

© Der/die Autor(en) 2021
S. Krannich und U. Hunger, *Studierendenmigration und Entwicklung*,
https://doi.org/10.1007/978-3-658-32048-5

Interviews mit georgischen KAAD-Alumni in Georgien

24. Germanistin, Staatliche Universität Tiflis, 03.10.2016
25. Germanistin, Staatliche Universität Tiflis, 06.10.2016
26. Jura-Professor, East European University Tiflis, 03.10.2016
27. Wirtschaftswissenschaftler, Universität Telawi, 26.09.2016
28. Jurist, Tiflis, 03.10.2016 und 21.02.2017
29. Germanistin, Rustavi, 03.10.2016
30. Religionswissenschaftler, Orbeliani-Universität Tiflis, 22.09.2016
31. Wirtschaftswissenschaftler, Staatliche Universität Tiflis, 22.02.2017
32. Rechtsphilosoph, Tiflis, 28.02.2017
33. Rektor, Orbeliani-Universität Tiflis, 28.09. und 03.10.2016

Interviews mit Studierenden oder Alumni aus Georgien mit einem Stipendium einer anderen Stiftung bzw. ohne Stipendium

34. Stipendiat, KAS, Politikwissenschaft, Universität Köln, 14.09.2016
35. Aktuelle Juniorbotschafterin, Universität Frankfurt, 19.04.2016
36. Stellv. Juniorbotschafterin Georgien, Jura, Universität Jena, 09.05.2016
37. Studentin, kein Stipendium, Germanistin, Universität Bonn, 14.04.2016
38. Studentin, kein Stipendium, Jura, Universität Köln, 12.04.2016
39. Stipendiat, DAAD, Jura, Universität Köln, 14.09.2016 und 09.02.2017
40. Stipendiat, DAAD und KAS, Jurist, Diaspora-Ministerium, 29.09.2016
41. Stipendiat, KAS, Projektkoordinator der KAS, Tiflis, 24.09.2016
42. Student, kein Stipendium, Jurist, Orbeliani-Universität Tiflis, 26.09.2016
43. Politikwissenschaftlerin, Kaukausus-Universität Tiflis, 28.09.2016
44. Juristin, Tiflis, 05.10.2016
45. Unternehmer, Tiflis, 05.10.2016
46. Unternehmer, Tiflis, 28.09.2016
47. Germanist, Professor, Ilia Universität Tiflis, 03.10.2016

Interviews mit Institutionen und Organisationen in Georgien

48. Staatssekretär, Diasporainstitut Georgien, Tiflis, 29.09.2016
49. Vizegouverneur, Region Kwareli, Kwareli, 26.09.2016
50. Mitarbeiterin, Goethe-Institut, Tiflis, 27.09.2016
51. Büroleiter, DAAD, Tiflis, 23.09.2016
52. Mitarbeiter, DAAD, Tiflis, 23.09.2016
53. Orbeliani-Universität, Tiflis, 21.09.2016
54. Dekan, Orbeliani-Universität, Tiflis, 28.09.2016
55. Chief Operating Officer, Gazelle Finance, Tiflis, 01.10.2016

Interviews mit palästinensischen KAAD-Stipendiat*innen und Alumni in Deutschland

56. Alumna, Psychologin, Düsseldorf, 09.11.2016
57. Alumnus, Arzt, Koblenz, 11.03.2017
58. Alumna, palästinensische Botschafterin, Berlin, 16.03.2017
59. Alumnus, Psychologe, München, 11.03.2017
60. Stipendiat, Freie Universität Berlin, 01.11.2016
61. Alumnus, Arzt, Essen, 09.11.2016
62. Stipendiat, Universität Osnabrück, 29.10.2016
63. Stipendiatin, Universität Marburg, 31.10.2016
64. Alumnus, Apotheker, München, 16.03.2017
65. Alumnus, Arzt, Frankfurt, 20.03.2017
66. Alumnus, Psychologe, Universität Regensburg, 10.02.2017
67. Alumnus, Arzt, Homburg, 11.03.2017

Interviews mit palästinensischen KAAD-Alumni in Israel/Palästina

68. Ärztin, Krankenhaus Jerusalem, 04.12.2016
69. Arzt, Privatklinik „Al Shifa", Beit Sahour, 28.11.2016
70. Leiter, NGO „Christen helfen Christen", Bethlehem, 22.11. und 25.11.2016
71. Sprachwissenschaftler, Universität Tel Aviv, 04.12.2016
72. Mitarbeiterin, Zentrum für Frühpädagogik, Nazareth, Skype, 01.03.2016
73. Sprachwissenschaftler, Universität Bethlehem, 22.11.2016
74. Gesundheitsforscher, Universität Bethlehem, 21.11. und 25.11.2016
75. Ärztin, Ramallah, 26.11.2016
76. Ärztin, Ramallah, 26.11.2016
77. Ärztin, Bethlehem, 23.11.2016
78. Zahnärztin, Jerusalem, Skype, 06.01.2017
79. Leiter, NGO "Tent of Nations", Bethlehem, 28.11. und 29.11.2016
80. Mediziner, Ramallah, 19.03.2016
81. Chemiker, Bethlehem, 27.11.2016

Interviews mit Rückkehrer*innen mit einem Stipendium einer anderen Stiftung bzw. ohne Stipendium in Israel/Palästina

82. Studentin, ohne Stipendium in Russland, Bethlehem, 28.11.2016
83. Stipendiat, Heinrich-Böll-Stiftung, Freie Universität Berlin, Tel Aviv, 07.12.2016
84. Student, ohne Stipendium in Deutschland, Bethlehem, 24.11.2016
85. Studentin, ohne Stipendium in Jordanien, Bethlehem University, 28.11.2016
86. Lehrer, ohne Stipendium, Bethlehem, 25.11.2016

87. Dekan, Stipendium in den USA, Bethlehem University, 28.11.2016
88. Student, ohne Stipendium in England, Tel Aviv, 14.11.2016
89. Mediziner, privates Stipendium, Bethlehem, 30.11.2016
90. Tourismusmanager, ohne Stipendium in Frankreich, Tel Aviv, 19.11. und 02.12.2016
91. Mediziner, ohne Stipendium in Rumänien, Beit Jala, 27.11.2016
92. Leiter Krankenhaus, privates Stipendium, Bethlehem, 30.11.2016

Interviews mit Institutionen und Organisationen in Israel/Palästina

93. Leiterin, DAAD, Tel Aviv, 17.11.2016
94. Leiter, FES, Tel Aviv, 15.11.2016
95. Professor, Tel Aviv Universität, 15.11.2016
96. Professor, Hebräische Universität Jerusalem, 16.11.2016
97. Ehem. Vizedekan, Universität Jerusalem, 22.11.2016
98. Dean of Research, Bethlehem University, 28.11.2016
99. Rektor, Priesterseminar, Beit Jala, 25.11.2016
100. Pastor, Evangelisch-Lutherische Kirche, Bethlehem, 25.11.2016
101. Leiterin, Caritas Babykrankenhaus, Bethlehem, 23.11.2016
102. Leiterin, Staatliches Krankenhaus King Hussein, Beit Jala, 27.11.2016
103. Leiter, „Dibs", privates Krankenhaus, Bethlehem, 30.11.2016
104. Vertreter, Gesundheitsministerium in Bethlehem, 29.11.2016
105. Mitarbeiter, Combatants for Peace, Jerusalem, 23.11.2016

Interviews mit indonesischen KAAD-Stipendiat*innen und Alumni in Deutschland

106. Stipendiatin, Hochschule Konstanz, 10.05.2017
107. Stipendiatin, Musikhochschule Hannover, 21.05.2017
108. Alumna, Chemikerin, Stuttgart, 14.09.2017
109. Stipendiatin, Universität Erlangen-Nürnberg, 07.05.2017
110. Alumna, Ingenieurin, München, 14.09.2017
111. Alumnus, Maschineningenieur, Rüsselsheim, 06.09.2017
112. Alumnus, Chemiker, Vechta, 13.09.2017
113. Alumnus, Computer-Mechaniker, Frankfurt/Main, 02.09.2017
114. Alumnus, Ingenieur, Berlin, 05.09.2017
115. Stipendiat, TU Dresden, 13.05.2017
116. Stipendiatin, Hochschule Hamburg, 13.05.2017

Interviews mit indonesischen KAAD-Alumni in Indonesien

117. Soziologe, Atma Jaya Universität, Jogyakarta, 02.06.2017
118. Unternehmer, Onlineshop, Jakarta, 27.05.2017
119. Maschinenbauingenieur, Unternehmer, Jakarta, 18.06.2017
120. Juristin, Atma Jaya Universität, Jakarta, 13.06.2017
121. Architekt, GIZ, Bandung, 24.06.2017
122. Jurist, Atma Jaya Universität, Jogyakarta, 02.06.2017
123. Elektroingenieur, Unternehmer, Pontianak, 08.06.2017
124. Ingeneurin, Unternehmerin, Jakarta, 26.05.2017
125. Ingenieur, Direktor, Energieunternehmen, Jakarta, 26.05.2017
126. Mitglied, KAAD-Partnergremium, Gründer NGO, Pontianak, 09.06.2017
127. Vize-Rektorin, Atma Jaya Universität, Jakarta, 13.06.2017
128. Veterinärin, arbeitslos, Balembang, 30.05.2017
129. Politikprofessor u. Politiker, Jakarta, 27.05.2017
130. Philosophiedozent, Philosoph. Hochschule, Jakarta, 28.05.2017
131. Psychologe, NGO „Go East", Jogyakarta, 03.06.2017
132. Psychologe, Beratungsunternehmen, Pontianak, 09.06.2017
133. Juristin, Atma Jaya Universität, Jakarta, 24.05.2017
134. Ehem. Dekan, Juristische Fakultät, Atma Jaya Universität, Jakarta, 27.05.2017
135. Chemiker, Chemieunternehmen, Jakarta, 20.06.2017
136. Ökonom, Atma Jaya Universität, Jakarta, 13.06.2017
137. Ingenieur, Möbelunternehmen, Pontianak, 09.06.2017

Interviews in Indonesien mit Rückkehrer*innen mit Stipendium einer anderen Stiftung oder ohne Stipendium

138. Ingenieur, Schiffsbauunternehmer, Pontianak, 07.06.2017
139. Jura-Professorin, Atma Jaya Universität, Jakarta, 27.05.2017
140. Leiterin, International Office, Atma Jaya Universität, Jakarta, 13.06.2017
141. Philosophin, Indonesische Universität, Jakarta, 14.06.2017
142. Mtglied, KAAD-Partnergremium, DAAD-Alumnus, 25.05.2017
143. Chemikerin, Chemieunternehmen, Jakarta, 11.06.2017
144. Elektroingenieur, Unternehmer, Jakarta, 22.06.2017
145. Philosoph, Indonesische Universität, Jakarta, 20.06.2017

Interviews mit Vertreter*innen von Institutionen und Organisationen in Indonesien

146. Koordinator, „Migration for Development", GIZ, Jakarta, 12.06. 2017
147. Dekanin, Jurafakultät Atma Jaya Universität, Jakarta, 26.05.2017

148. Mitarbeiter, DAAD, Jakarta, 15.06.2017
149. Leiter, KAS, Jakarta, 16.06.2017
150. Schriftsteller, ehem. Dekan, Philosophische Hochschule, Jakarta, 14.06.2017
151. Mitarbeiterin, FES, Jakarta, 21.06.2017

Interviews mit kolumbianischen KAAD-Stipendiat*innen und Alumni in Deutschland

152. Alumnus, Alice Salomon Hochschule, Berlin, 19.10.2017
153. Stipendiat, Universität Konstanz, 19.10.2017
154. Alumnus, Politologe, Misereor, Aachen, 29.01.2017
155. Alumna, Juristin, Konstanz, 21.12.2017
156. Stipendiatin, Pädagogische Hochschule, Heidelberg, 19.10.2017
157. Alumna, Chemikerin, Münster, 20.12.2017
158. Stipendiatin, Universität Bonn, 07.10.2017
159. Alumnus, Romanist, Übersetzer, Berlin, 02.02.2018
160. Alumna, Juristin, Hamburg, 21.12.2017
161. Alumna, Biochemikerin, Frankfurt/Main, 15.12.2017
162. Stipendiatin, Universität Göttingen, 18.10.2017
163. Alumnus, Doktorand, Universität Gießen, 22.12.2017

Interviews mit kolumbianischen KAAD-Alumni in Kolumbien

164. Alumna, Juristin, Bogotá, 30.10.2017
165. Alumna, Romanistin, Universidad Nacional, Bogotá, 28.10.2017
166. Alumna, Politologin, NGO "Help Age", Barranquilla, 20.11.2017
167. Alumna, Universidad Nacional, Bogotá, 02.11.2017
168. Alumnus, Germanist, Universidad Nacional, Bogotá, 31.10.2017
169. Alumna, Soziologin, Universidad del Rosario, Bogotá, 31.10.2017
170. Alumnus, Jurist, Bogotá, 22.11.2017
171. Alumnus, Philosoph, Universidad del Rosario, Bogotá, 10.11.2017
172. Alumnus, Romanist, Universidad Javeriana, Bogotá, 27.10.2017
173. Alumna, Juristin, Bogotá, 01.11.2017
174. Alumnus, Biologe, Universidad Javeriana, Bogotá, 30.10.2017
175. Alumna, Psychologin, Medellin, 07.11.2017
176. Alumnus, Consultant, Bogotá, 28.10.2017
177. Alumna, Versicherungsangestellte, Medellin, 05.11.2017
178. Alumna, UNO Kolumbien, Bogotá, 27.11.2017
179. Alumna, BASF, Bogotá, 15.11.2017
180. Alumna, Mitarbeiterin, Straßenbau STRABAG, Medellin, 08.11.2017

181. Alumnus, Physiker, Universidad Javeriana, Bogotá, 17.11.2017
182. Alumna, Lebensmitteltechnologin, Agrarinstitut Bogotá, 20.11.2017
183. Alumnus, Psychologe, Universidad Nacional, Bogotá, 31.10.2017
184. Alumnus, Assistenzrichter Oberster Gerichtshof, Bogotá, 24.11.2017

Interviews in Kolumbien mit Rückkehrer*innen mit Stipendium einer anderen Stiftung oder ohne Stipendium

185. Mitarbeiter, DAAD-Stipendiat, Universidad Nacional, Bogotá, 05.12.2017
186. Lehrerin, kein Stipendium, Germanistin, Medellin, 12.01.2018
187. Forscherin, kein Stipendium, Universidad de Antioquia, Medellin, 09.11.2017
188. Politologe, DAAD-Stipendiat, NGO Colombia, Bogotá, 20.11.2017
189. Wissenschaftlerin, DAAD-Stipendiatin, Universidad Javeriana, Bogotá, 03.12.2017

Interviews mit Vertreter*innen von Institutionen und Organisationen in Kolumbien

190. Leiter, DAAD, Bogotá, 16.11.2017
191. Mitarbeiterin, Goethe-Institut, Bogotá, 15.11.2017
192. Mitarbeiter, Caritas, Bogotá, 31.10.2017
193. Leiter Sprachabteilung, Goethe-Institut, Bogotá, 16.11.2017
194. Projektkoordinatorin, Goethe-Institut, Bogotá, 15.11.2017
195. Leiter, Heinrich-Böll-Stiftung, Bogotá, 14.11.2017
196. Referatsleiterin, Caritas, Bogotá, 31.10.2017
197. Rektorin, Universidad Javeriana, Bogotá, 05.12.2017
198. Projektkoordinatorin, FES, Bogotá, 14.11.2017

Interviews mit ghanaischen KAAD-Stipendiat*innen und Alumni in Deutschland

199. Stipendiat, Universität Leipzig, 11.05.2017
200. Alumnus, Mitarbeiter, NGO, Bonn, 17.02.2018
201. Stipendiatin, Universität Frankfurt/Main, 25.04.2017
202. Stipendiat, Universität Bayreuth, 26.04.2017
203. Stipendiat, Universität Frankfurt/Main, 27.04.2017
204. Stipendiatin, Universität Göttingen, 06.05.2017
205. Stipendiatin, Universität Bayreuth, 12.05.2017
206. Stipendiat, Universität München, 06.05.2017
207. Stipendiatin, Universität Göttingen, 12.05.2017
208. Stipendiat, Universität Göttingen, 11.05.2017
209. Alumnus, Unternehmer, Universität Leipzig, 08.02.2018

Interviews mit KAAD-Alumni in Ghana

210. Alumna, Mitarbeiterin, ILV-Fernerkundung GmbH, Accra, 22.02.2018
211. Alumnus, Universität Tamale, 10.03.2018
212. Alumna, Legon Universität, Accra, 20.02.2018
213. Alumnus, KNUST Universität, Kumasi, 03.03.2018
214. Alumnus, KNUST Universität, Kumasi, 01.03.2018
215. Alumna, KNUST Universität, Kumasi, 07.03.2018
216. Sur Place-Alumnus, KNUST Universität, Kumasi, 01.03.2018
217. Sur Place-Alumnus, Student, KNUST Universität, Kumasi, 01.03.2018
218. Sur Place-Alumnus, Kommunalverwaltung, Kumasi, 28.02.2018
219. Sur Place-Alumnus, Projektmitarbeiter, UNICEF, Tamale, 06.03.2018
220. Alumnus, Universität Tamale, 05.03.2018
221. Sur Place-Alumnus, NGO CFTC, Tamale, 09.03.2018
222. Alumnus, KNUST Universität, Kumasi, 04.03.2018
223. Alumna, CIKOD, Accra, 12.03.2018
224. Alumnus, Lehrer, Kumasi, 02.03.2018
225. Sur Place-Alumnus, Student, KNUST Universität, Kumasi, 02.03.2018
226. Alumnus, Elektroingenieur, Accra, 21.02.2018
227. Alumnus, CIM-Programmkoordinator, GIZ, Accra, 23.02.2018

Interviews in Ghana mit Rückkehrer*innen mit Stipendium einer anderen Stiftung oder ohne Stipendium

228. Mitarbeiter, BMBF-Stipendium, WASCAL, Accra, 12.03.2018
229. Biologin, DAAD, Universität Wa, 11.03.2018
230. Mitarbeiterin, KAS, Accra, 24.02.2018
231. Geograph, DAAD, Legon Universität, Accra, 20.02.2018
232. Mitarbeiterin, Kommunalverwaltung, Tamale, 05.03.2018
233. Biologe, BMBF-Stipendium, Universität Cape Coast, 17.03.2018
234. Entwicklungsforscher, BMBF-Stipendium, WASCAL, Accra, 12.03.2018
235. Hotel Manager, ohne Stipendium, Accra, 26.02.2018

Interviews mit Vertreter*innen von Institutionen und Organisationen in Ghana

236. Mitarbeiterin, Sprachprogramm, Goethe-Institut, Accra, 13.03.2018
237. Mitarbeiterin, Goethe-Institut, Accra, 17.03.2018
238. Mitarbeiter, UNHCR, Accra, 26.02.2018
239. Mitarbeiter, DAAD, Accra, 13.03.2018
240. Mitarbeiter, Peace Core, Tamale, 10.03.2018
241. Leiter, KAS, Accra, 16.03.2018

242. Mitarbeiter, GIZ, Accra, 24.02.2018
243. Leiterin, DAAD, Accra, 13.03.2018
244. Leiter, WASCAL, Accra, 17.03.2018
245. Mitarbeiter, KAS, Accra, 16.03.2018

Liste der durchgeführten Beobachtungen

Beobachtungen in Georgien

1. Besichtigung der Orbeliani-Universität, Tiflis, 26.09.2016
2. Teilnahme an KAAD-Alumnitreffen in der Orbeliani-Universität, 03.10.2016
3. Besichtigung der Kaukasus-Universität, Tiflis, 28.09.2016
4. Besichtigung der Staatlichen Universität Tiflis, 27.09.2016
5. Teilnahme am öffentlichen Gottesdienst mit Papst Franziskus im Micheil-Meschi-Stadion, 01.10.2016
6. Besichtigung und Teilnahme am Gottesdienst in der katholischen Kirche von Tiflis, 30.09.2016
7. Besichtigung des Nationalparlaments von Georgien, Tiflis, 28.09.2016
8. Teilnahme an der Feier zum Tag der Deutschen Wiedervereinigung in der Deutschen Botschaft, Tiflis, 03.10.2016
9. Besichtigung der Gebäude der Regionalverwaltung von Kachetien, Telawi, 26.09.2016
10. Besichtigung der Räumlichkeiten des georgischen Diaspora-Instituts, Tiflis, 29.09.2016
11. Besichtigung der Räumlichkeiten des DAAD, Tiflis, 23.09.2016
12. Besichtigung der Räumlichkeiten des Goethe-Instituts, Tiflis, 27.09.2016
13. Besichtigung der Räumlichkeiten der Konrad-Adenauer-Stiftung, Tiflis, 22.09.2016
14. Besichtigung der Räumlichkeiten der NGO „Human Rights Education and Monitoring Center", Tiflis, 24.09.2016

Beobachtungen in Israel und Palästina

15. Besichtigung der Universität Bethlehem, 22.11.2016
16. Besichtigung der Hebräischen Universität Jerusalem, 21.11.2016
17. Besichtigung der Universität Tel Aviv, 15.11.2016
18. Besichtigung des privaten Caritas Baby Hospitals in Bethlehem, 23.11.2016
19. Besichtigung einer privaten Kinderarztpraxis in Ramallah, 26.11.2016
20. Besichtigung des Staatlichen Krankenhauses King Hussein, Beit Jala, 27.11.2016
21. Besichtigung des privaten Krankenhauses Al Shifa in Beit Sahour, 28.11.2016

22. Rundgang und Besichtigung des privaten Entbindungskrankenhauses „Dibs",
    Bethlehem, 30.11.2016
23. Besuch eines Tourismus-Unternehmens, Bethlehem, 24.11.2016
24. Besichtigung des Friedensprojekts „Tent of Nations" (Westjordanland),
    30.11.2016
25. Besichtigung der Einrichtungen des palästinensischen Gesundheitsministe-
    riums in Bethlehem, 27.11.2016
26. Besichtigung der Lutherischen Kirche, Bethlehem, 28.11.2016

Beobachtungen in Indonesien

27. Besichtigung der Atma Jaya Universität, Jakarta, 24.05.2017
28. Besichtigung der Philosophischen Hochschule, Jakarta, 25.05.2017
29. Besichtigung eines Bildungsunternehmens, Jakarta, 26.05.2017
30. Besichtigung eines Energieunternehmens, Jakarta, 26.05.2017
31. Besichtigung der Atma Jaya Universität, Yogyakarta, 04.06.2017
32. Besichtigung eines Computerunternehmens, Yogyakarta, 05.06.2017
33. Besichtigung eines Schiffsbauunternehmens, Pontianak, 07.06.2017
34. Besichtigung des Regierungsgebäudes von West-Kalimantan, Pontianak,
    07.06.2017
35. Teilnahme an der KAAD-Alumni-Tagung, Pontianak, 07.-10.6.2017
36. Besichtigung der Räumlichkeiten der GIZ, Jakarta, 12.06.2017
37. Besichtigung der Räumlichkeiten des DAAD, Jakarta, 15.06.2017

Beobachtungen in Kolumbien

38. Besichtigung der Universidad Javeriana, Bogotá, 29.10.2017
39. Besichtigung der Universidad Nacional, Bogotá, 02.11.2017
40. Besuch einer Kinderpsychologiepraxis, Medellin, 07.11.2017
41. Besichtigung der Universidad Nacional, Medellin, 08.11.2017
42. Besichtigung der Räumlichkeiten der Friedrich-Ebert-Stiftung, Bogotá,
    12.11.2017
43. Besichtigung der Räumlichkeiten der Heinrich-Böll-Stiftung, Bogotá,
    14.11.2017
44. Besichtigung der Räumlichkeiten des DAAD, Bogotá, 16.11.2017
45. Besichtigung der Räumlichkeiten des Goethe-Instituts, Bogotá, 16.11.2017
46. Besichtigung einer Kanzlei, Bogotá, 22.11.2017
47. Besichtigung des Obersten Gerichtshofes, Bogotá, 24.11.2017

Beobachtungen in Ghana

48. Besichtigung der Legon Universität, Accra, 20.02.2018
49. Besichtigung der Räumlichkeiten der GIZ, Accra, 23.02.2018
50. Besichtigung des W.E.B. Centers, Accra, 26.02.2018
51. Besichtigung der KNUST Universität, Kumasi, 03.03.2018
52. Besichtigung und Teilnahme am Gottesdienst in der katholischen Kirche von Kumasi, 04.03.2018
53. Besichtigung der Universität Tamale, 08.03.2018
54. Besichtigung und Teilnahme am Gebet in der zentralen Moschee von Tamale, 09.03.2018
55. Besichtigung der Räumlichkeiten des DAAD, Accra, 11.03.2018
56. Besichtigung der Räumlichkeiten des Goethe-Instituts, Accra, 11.03.2018
57. Besichtigung der Räumlichkeiten der Konrad-Adenauer-Stiftung, Accra, 15.03.2018

KAAD-Partneruniversitäten in den Fallstudienländern

Sulkhan-Saba Orbeliani University
3 Kalistrate Kutateladze Str.
30105 Tbilisi
Georgien

Kwame Nkrumah University of Science Technology (KNUST)
c/o St. Gregory the Great Major Seminary, P.O. Box KS 99
Kumasi
Ghana

Atma Jaya University
Nusa Loka – Bumi Serpong Damai
Tangerang Selatan 15318
Jakarta
Indonesien

Bethlehem University
P.O.Box 11407
Gilo Jerusalem / Israel

Universidad Javeriana
Cra. 7ª No. 40ª-54 Casa Navarro
Bogotá
Kolumbien

KAAD-Alumnivereine in den Fallstudienländern

KAAD-Partnerkomitee Georgien
3 Kalistrate Kutateladze Str.
30105 Tbilisi
Georgien

Regional KAAD Partner Committee for West Africa
c/o St. Gregory the Great Major Seminary, P.O. Box KS 99
Kumasi
Ghana

KAAD Committee Indonesia
Nusa Loka – Bumi Serpong Damai
Tangerang Selatan 15318
Jakarta
Indonesien

KAAD Regional Committee Palestine
P.O.Box 11407
Gilo Jerusalem / Israel

Consejo KAAD
Cra. 7ª No. 40ª-54 Casa Navarro
Bogotá
Kolumbien

Hinweise zu den Autoren

Dr. Sascha Krannich ist wissenschaftlicher Mitarbeiter am Institut für Geschichte der Medizin an der Justus-Liebig-Universität Gießen mit den Schwerpunkten Migration, Menschenrechte und Global Health sowie Mitglied der Forschungsgruppe Migration und Menschenrechte (FGMM) an der Justus-Liebig-Universität Gießen. Zudem ist er Lehrbeauftragter an der Hochschule Fulda. Email: sascha.krannich@ histor.med.uni-giessen.de.

Prof. Dr. Uwe Hunger ist Professor für Politikwissenschaft mit dem Schwerpunkt Migration an der Hochschule Fulda, Privatdozent am Institut für Politikwissenschaft an der Westfälischen Wilhelms-Universität Münster, Sprecher des Arbeitskreises Migrationspolitik in der Deutschen Vereinigung für Politikwissenschaft (DVPW) und Fellow am Forschungskolleg der Universität Siegen sowie am Center for Comparative Migration Studies an der University of California San Diego. Email: uwe. hunger@sk.hs-fulda.de oder hunger@uni-muenster.de.